走向国际系列丛书



# 广东商业环境

Guangdong Shangye Huanjing

孔韬 孔繁正 主编 / 王宇能 赵媛媛 副主编

东北财经大学出版社
Dongbei University of Finance & Economics Press
大连

图书在版编目（CIP）数据

广东商业环境 / 孔韬，孔繁正主编．—大连：东北财经大学出版社，2019.11

（走向国际系列丛书）

ISBN 978-7-5654-3680-2

Ⅰ．广…　Ⅱ．①孔…②孔…　Ⅲ．区域经济发展-商业环境-广东-教材　Ⅳ．F127.65

中国版本图书馆CIP数据核字（2019）第202269号

东北财经大学出版社出版

（大连市黑石礁尖山街217号　邮政编码　116025）

网　址：http://www.dufep.cn

读者信箱：dufep@dufe.edu.cn

大连图腾彩色印刷有限公司印刷　东北财经大学出版社发行

幅面尺寸：170mm×240mm　字数：258千字　印张：13.5

2019年11月第1版　2019年11月第1次印刷

责任编辑：张旭凤　责任校对：何　力

封面设计：冀贵收　版式设计：原　皓

定价：48.00元

教学支持　售后服务　联系电话：（0411）84710309



如有印装质量问题，请联系营销部：（0411）84710711

广东，是中国改革开放的先行地和试验田，是中国第一经济大省，地区生产总值总量连续30年排名全国第一。随着《粤港澳大湾区发展规划纲要》的出台，广东在国家战略中的地位愈发重要，这也必将吸引更多投资者参与广东的经济建设。

“广东商业环境”是广东省各高校经济管理类专业，特别是市场营销专业的基础课程。本书针对普通高等职业学校、成人高校、应用型本科院校及与商业环境相关课程初学者的需要进行编写，作为其了解广东、认识广东、投资广东、建设广东的重要参考。书中吸收了商业理论与实践的新成果，根据粤港澳大湾区建设背景下现代商业人才需具备的基本知识与技能要求，注重商业人才职业能力的培养，从社会环境、生产环境、经济环境、竞争环境等方面阐述了商业环境分析的基本理论、基本技能和基本方法。

全书共由5个模块和23个单元构成，主要包括以下内容：广东省对外贸易状况，广东省的自然、人文环境，广东省的格局特色，广东海上丝绸之路的历史地位和影响，粤港澳大湾区商业环境，广东省沿海经济带商业环境，广东省战略性新兴产业发展分析，广东开展与海上丝绸之路沿线国家和地区合作与交流情况等。

本书在从编排体例上全方位服务师生在校教与学的同时，兼顾了学生职业方向和用人单位的需要，实现教学资源与教学内容的有效对接，融“教、学、做”为一体。在教材内容编写上，沿用情景启发教学模式，融情景、体验、拓展、互动为一体，打造生动、立体课堂，提高学生学习兴趣及主动性，体现“以学生为中心”的理念。每个情景项目均体现了“主体教材+教学资源库”一体化特点，主体教材内容涵盖了学习目标、案例引入、学习内容、阅读拓展、学习成果等。此外，本书有针对性地配套了微课及课件等电子学习资源，请登录“才济书苑”输入学习卡中的激活码找到该课程进行学习。我们试图寓教学方法于教材之中，既为教师课堂教学讲授留有余地，也便于学生独立思考，更好地理解必须掌握的知识点。

本书由广东农工商职业技术学院孔韬、孔繁正任主编，王宇能、赵媛媛任副主编。本书执笔人依次是：模块一赵媛媛、模块二孔韬、模块三孔繁正、模块四王宇能、模块五孔韬。孔繁正拟定大纲，孔韬进行总纂。本书在编写过程中吸收了国内外专家、学者的研究成果和先进理念，参考了大量相关的文献、著作、教材和网络资料，得到了广东农工商职业技术学院校长杜方敏教授、副校长何伟教授、教务处处长高俊文教授、国际交流学院陈慧教授，广东广垦绿色农产品有限公司董事长李光见先生、深圳百果园实业发展有限公司校企合作总监熊自先先生等专家、学者、企业家的大力支持，在此谨向所有专家、学者、企业家、参考文献的编著者表示衷心的感谢！同时，也感谢出版社编辑们的辛勤付出！

本书是编者老师集体智慧的结晶，书中内容不尽成熟，难免有疏漏和不足之处，但已尽了最大努力，恳请读者批评指正。

孔繁正

2019年6月

广东商业环境
课程介绍

## 模块三　广东商业环境地区篇 / 79



## 模块四　广东商业环境产业篇 / 129



## 模块五　广东商业环境国际篇 / 165

# 模块一

## 商业环境分析的基本理论

### 学习目标

通过本模块学习，应该达到以下目标：

理论目标：了解社会环境、生产环境、经济环境、竞争环境的基本理论。

实务目标：掌握各类环境要素和分析方法，了解中国的各类环境状况。

案例目标：通过案例内容及讲解，对各类环境的作用导向建立概念。

实训目标：可对某一国家或地区的综合环境进行分析判断。

## 案例引入

### 广东打造全国营商环境最高地

10月19日，深圳商事登记制度改革传出消息——开办企业时间压缩至4个工作日内，比全国平均时间快4.5天，比全省快1天。同时，开办企业流程压减至3个环节，深圳开办企业便利度继续走在全国、全省前列。就在同一天，广东省市场监督管理局向外界发布，11月10日起“证照分离”改革在全省推广。截至2018年9月底，广东“证照分离”改革试点地区累计办理业务量4.5万笔，居全国首位，惠及企业4.2万户，办理时限平均压减36.5%。

一项项改革措施的背后，是广东持续深化改革开放、优化营商环境的努力。2018年以来，广东良好的营商环境吸引了多个百亿美元级外资大项目密集落户或动工。7月，德国巴斯夫集团决定投资100亿美元，在湛江建设全球第三大石化一体化基地。这是中国首例重化工行业外商独资项目；8月，富士康科技集团与珠海签署半导体战略合作协议，这是其继2017年落户广州增城的第10.5代显示器全生态产业园之后的又一个重大项目；9月，美国埃克森美孚公司宣布投资100亿美元，在惠州建设化工综合体项目、LNG接收站项目。

改革激发前行动力，开放释放市场活力。在企业家们看来，中国巨大的消费市场，以及广东不断深化改革开放、优化营商环境的努力，正是吸引他们注意力的关键。

（资料来源　刘倩．省市场监督管理局党组书记骆文智：深化“互联网+行政许可服务”让企业“零跑动”[EB/OL]．（2018-12-17）[2019-09-09]．http://news.southcn.com/gd/content/2018-12/17/content_184487895_2.htm）

案例中提到的“营商环境”是商业环境的重要组成部分，可以比较客观地反映出区域商业环境的总体情况。那么何为商业环境？商业环境有哪些构成要素？在接下来的学习中，本模块将重点进行这方面的阐述。

## 学习内容

对于“商业环境”，人们可以从不同角度去理解。作为商业形式化的主要载体，其市场形象体现着商品的应用属性和价值属性，是营造购买的重要手段。一个成功的商业环境能对商品与需求做出合乎逻辑的诠释，并引导消费者进行消费。[1]本书所研究的“商业环境”主要是从广义的角度展开，包括社会环境、生产环境、经济环境、全球环境以及竞争环境等各种影响商业展开的因素。

### 一、社会环境

分析地区商业环境，社会环境是首要考虑的方面，因为任何商业活动的开展离不开人与人的交往。

#### （一）社会环境的概念

社会环境是在自然环境的基础上，通过人类长期有意识的社会劳动，由加工和改造了的自然物质、创造的物质生产体系、积累的物质文化等所形成的环境体系，是与自然环境相对的概念。社会环境一方面是人类精神文明和物质文明发展的标志；另一方面又随着人类文明的演进而不断地丰富和发展，所以也有人把社会环境称为文化-社会环境。

社会环境有狭义和广义之分。狭义的社会环境指组织生存和发展的具体环境，具体而言就是组织与各种公众的关系网络。而广义的社会环境则包括社会政治环境、法律环境、科技环境和文化环境等大的范畴，它们与组织的发展也是息息相关的。[2]

#### （二）社会环境分析

对社会环境的分析需要从人们所处的社会政治环境、法律环境、科技环境、文化环境等宏观方面进行展开。

1.政治环境分析

政治环境引导着企业营销活动的方向，关乎职业发展的前景与变化。一个国家的政局稳定与否，会给企业营销活动带来重大的影响。如果政局稳定，人民安居乐业，就会给企业营销造成良好的环境；相反，政局不稳，社会矛盾尖锐，秩序混乱，就会影响经济发展和市场的稳定。同时，企业在市场营销和对外贸易活动中，也一定要考虑东道国政局变动和社会稳定情况对其可能造成的影响。

政治环境对企业营销活动的影响主要表现为各国政府所制定的方针、政策，如

1　张明．关于商业环境与消费文化的思考［J］．商业时代，2014（19）：142-143.
2　陶应虎，顾晓燕．公共关系原理与实务［M］．北京：清华大学出版社，2006.

人口政策、能源政策、物价政策、财政政策、货币政策等，都会给企业营销活动带来影响。相关资料表明，在国际贸易中，不同的国家也会制定一些相应的政策来干预外国企业在本国的营销活动。主要措施有：进口限制、税收政策、价格管制、外汇管制、国有化政策等。例如，国家通过降低利率来刺激消费的增长；通过征收个人所得税调节消费者收入的差异，从而影响人们的购买行为；通过增加消费税，如对香烟、酒等商品增税来抑制人们的消费需求。

2.法律环境分析

法律环境是指国家或地方政府颁布的各项法规、法令和条例等。它是企业营销活动的准则，企业只有依法进行各种营销活动，才能受到国家法律的有效保护。法律环境的优劣，体现了维护社会文明进步的制度化管理程度和水平。众所周知，法律环境对发展生产力和创造社会文明有着推动性作用。相对来说，法律环境也是一种生产力。法律环境影响着改革、发展、稳定三者的协调关系。从中国发展的过程来看，在法治社会中，个体能够预测行为的结果，也就有了在秩序下追求利益的自由。如果没有了法律的保障，个人对自我利益的贪心将会滋生蔓延，从而稳定的社会生活荡然无存。一旦竞争失去规则，个体将失去自由，弱者将失去利益，权力将失去制约，社会便不再稳定。

3.科技环境分析

科技环境主要指与本企业产品有关的科学技术的现有水平、发展趋势和发展速度。现代企业的发展在很大程度上受到科学技术的影响，包括新材料、新设备、新工艺等物质化的硬技术，以及体现新技术、新管理的思想、方式、方法等信息化的软技术。科学技术的发展和应用，对于提高生产效率、降低成本和开发新产品、新技术有着十分重要的作用，它能为企业带来新的发展机会和生存空间。那些捷足先登的企业抓住机会，一跃而上，从此成为行业的领袖；那些因循守旧、跟不上现代科技发展速度的企业，将在新一轮的竞争中被淘汰。科学技术正在以前所未有的速度向前发展，企业要想发展而不被淘汰，就必须及时掌握科学技术发展的新动向，不失时机地使自己跟上时代前进的步伐。[1]

科技环境对企业经营管理方面的影响主要表现在以下两方面：

（1）对企业市场营销策略的影响

①产品策略。科技的发展、新技术的开发运用，使新产品开发的周期和产品的生命周期大大缩短，产品的更新换代大为加快，积极开发新产品已成为企业开拓新市场和赖以生存与发展的根本条件。

②价格策略。科技的发展及其应用，降低了产品成本，从而使产品价格下降。同时，信息技术的广泛运用，使得企业能更快、更好地运用竞争规律、供求规律和

---

1 胡芳，杨冰．现代企业管理理论与实务［M］．西安：西安电子科技大学出版社，2017.

价值规律等制定和修订价格策略。

③促销策略。科技的发展与应用，使促销手段日益多样化，特别是广告媒体的多样化和广告宣传方式的复杂化尤为突出。

（2）对企业基础管理方面的影响

由于科技的发展，电子计算机、电子扫描装置、光纤通信和传真机等技术设备被广泛应用，大大提高了企业生产经营的效率，使人们的思维方式、生活方式和工作方式等发生了重大变革，并促使劳动者素质普遍提高，从而推动企业整体管理水平的提高。

**4.文化环境分析**

在企业面临的诸方面环境中，文化环境是较为特殊的。它是指企业所处地区的社会结构、风俗习惯、宗教信仰、价值观念、行为规范、生活方式、文化水平、人口规模与地理分布等因素的形成与变动。[1]它不像其他环境因素那样显而易见与易于理解，却又无时不在地对企业的生产经营有着潜移默化的影响，如文化水平会影响人们的需求层次；风俗习惯和宗教信仰可能抵制或禁止企业某些活动的进行；人口规模与地理分布会影响产品的社会需求与消费等。

为此，企业应了解和分析社会文化环境，针对不同的文化环境制定不同的经营策略，组织不同的经营活动。对文化环境的分析一般从以下几个方面入手：

（1）人口因素分析

人口总数直接影响着社会生产总规模；人口的地理分布影响着企业的厂址选择；人口的性别比例和年龄结构在一定程度上决定了社会需求结构，进而影响社会供给结构和企业生产结构；人口的教育文化水平直接影响着企业的人力资源状况；家庭户数及结构的变化与耐用消费品的需求及变化趋势密切相关，因而也就影响到耐用消费品的生产规模等。[2]

（2）宗教信仰分析

不同国家、不同民族的宗教信仰不尽相同。宗教信仰深刻影响着人们的生活方式、消费需求以及生活态度等。不同的宗教有自己独特的对节日礼仪、商品使用的要求和禁忌。某些宗教组织甚至在教徒的购买决策中有着决定性的影响。为此，企业可以把影响大的宗教组织作为自己的重要公共关系对象，在经营活动中也要注意到不同的宗教信仰，以避免宗教的冲突和矛盾给企业营销活动带来的损失。

（3）价值观念分析

价值观念是指人们对社会生活中各种事物的态度和看法。价值观念深刻地影响着个人或组织的目标、决心、行为规范等。不同文化背景下，人们的价值观念

1　张建伟. 现代企业管理［M］. 北京：人民邮电出版社，2017.
2　胡芳，杨冰. 现代企业管理理论与实务［M］. 西安：西安电子科技大学出版社，2017.

往往有着很大的差异，消费者对商品的色彩、标识、式样以及促销方式都有自己褒贬不同的意见和态度。企业营销必须根据消费者不同的价值观念设计产品、提供服务。

（4）消费习俗分析

近些年来，社会环境方面的变化日趋加快，打破了传统习惯。人们开始重新审视自己的信仰、追求和生活方式，穿着款式、消费倾向、业余爱好、对产品与服务的需求不断发生变化，从而使企业面临更严峻的挑战。而消费习俗是指人们在长期经济与社会活动中所形成的一种消费方式与习惯。不同的消费习俗，对商品具有不同的要求。研究消费习俗，不但有利于组织好消费用品的生产与销售，而且有利于正确、主动地引导健康的消费。了解目标市场消费者的禁忌、习惯、避讳等是企业进行市场经营的重要前提。

### （三）中国社会环境分析

中国现在正处于近两百年以来最好的历史时期，不仅政治上相对稳定，法治化进程已经开始，而且市场经济已经初步形成并步入正轨。21世纪的中华大地需求较大，充满人才发展的各种机遇，其社会环境的特点具体表现如下：

#### 1.政治形势发展前景乐观，民族团结、社会安定的政治局面能够继续保持稳定

党的十九大报告指出：中国特色社会主义制度更加完善，国家治理体系和治理能力现代化水平明显提高，全社会发展活力和创新活力明显增强。民主法治建设迈出重大步伐。党的领导体制机制不断完善，社会主义民主不断发展，党内民主更加广泛，社会主义协商民主全面展开，爱国统一战线巩固发展，民族宗教工作创新推进。科学立法、严格执法、公正司法、全民守法深入推进，法治国家、法治政府、法治社会建设相互促进，中国特色社会主义法治体系日益完善，全社会法治观念明显增强。国家监察体制改革试点取得实效，行政体制改革、司法体制改革、权力运行制约和监督体系建设有效实施。

国家的繁荣、民族的昌盛、百姓的康乐，必须有一个安定团结的政治局面；否则，就会给国家带来灾难，给人民带来痛苦。虽然在中华民族的历史上也出现过短暂的民族分裂，但很快就被新的民族团结所代替。在中华民族这个大家庭中，各民族情同姐妹、亲如兄弟，将始终是本质和主流。心系中华，热爱中华，是十多亿中华儿女的共同心声。随着中国经济实力的不断增强，中华民族的凝聚力进一步增强。当然，也不排除极少数民族分裂分子制造事端，影响民族团结和祖国统一，但它最终难以改变中华民族特有的向心力和强大的凝聚力。维护安定团结的政治局面是人心所向。

### 2.健全国家法律制度，增强公民法治观念，形成法律主治、依法而治的大环境

中国是一个社会主义国家，在短短的几十年时间内发生了翻天覆地的变化。与此同时，全社会主张法律主治、依法而治所形成的特定意义上的法治环境也在不断地更新着。

近年来，为适应经济体制改革和对外开放的需要，中国陆续制定和颁布了一系列法律、法规，如《中华人民共和国产品质量法》《中华人民共和国合伙企业法》《中华人民共和国合同法》《中华人民共和国商标法》《中华人民共和国专利法》《中华人民共和国广告法》《中华人民共和国食品安全法》《中华人民共和国环境保护法》《中华人民共和国反不正当竞争法》《中华人民共和国消费者权益保护法》《中华人民共和国进出口商品检验法实施条例》等。企业的经营管理者必须熟知相关的法律条文，才能保证企业经营的合法性，运用法律武器来保护企业与消费者的合法权益。对从事国际营销活动的企业来说，不仅要遵守本国的法律制度，还要了解和遵守国外的法律制度和相关的国际法规、惯例和准则。

当然，法治环境的改善不仅需要政府层面的努力，还需要普通公民增强法律意识和提高法律素质。社会环境在进步，公民的法治观念也在改变。中国法治环境的建设和发展需要不断地通过法律知识的普及和法制宣传教育，使公民摆脱对法律无知的蒙昧状态，抛弃或改变各种传统的不利于法治的法律观念，树立符合法治要求的法律观念。

当前，中国政府根据实际情况，有针对性地加强法制宣传、教育、培训工作，增强公民的法律意识，健全法律服务体系和机构；同时积极探索建立高效、廉洁、公正、公平、公开的解决纠纷的新机制，大力维护社会稳定。《中华人民共和国物权法》《中华人民共和国食品安全法》《中华人民共和国婚姻法》等法律的出台、更新与施行，使处理一些本来游离于法律之外的但是会对社会公众有坏影响的事情时有法可依、有据可循。对于一些具有社会危害性的行为，根据之前的法律条文量刑与实际不相符的，也重新进行了考量与修改。例如2010年“酒后驾车”首次被列入《中华人民共和国刑法》，这就意味着从此之后对酒后驾车的处理不再只是行政处罚、行政拘留那么简单的事了。

### 3.科技实力伴随经济发展同步壮大，为中国综合国力的提升提供了重要支撑

（1）科技投入屡创新高

随着中国经济实力的大幅提升，在一系列强有力的科技政策及措施保障下，中国作为科技活动主体，研发活动投入持续增加，研发经费规模持续扩大，研发队伍不断壮大，科研基础条件大为改善，中国已成为世界科技投入大国。

研发经费投入强度（研发经费与GDP之比）是国际上通用的反映国家科技投入水平的核心指标。改革开放以来，中国研发经费投入强度屡创新高，2002年首次突破1%；2014年又迈上2%的新台阶，达到2.02%；2017年研发经费支出

17 500亿元，比上年增长11.6%，与国内生产总值之比提升至2.12%，达到中等发达国家水平。按汇率折算，中国研发经费总量先后超过英国、德国，并于2013年超过日本，成为仅次于美国的世界第二大研发经费投入国家，目前每年对全球研发经费投入的贡献超过1/6。[1]

人才是科技创新的第一资源。改革开放以来，中国科技人力资源得到恢复和发展，科教兴国、人才强国战略的大力实施使科技创新队伍不断壮大。2017年，全国研发人员总量达621.4万人，按折合全时工作量计算的研发人员为403.4万人，是1991年的6倍，1992—2017年年均增长7.1%。中国研发人员总量在2013年超过美国，已连续5年稳居世界第一位。

不断增加的科技投入使科研基础条件大为改善，国家在基础科学研究（973计划）、高技术研究（863计划）、科技基础条件建设、科技成果转化等多个方面顺利实施一系列发展计划，建立了公开统一的国家科技计划管理平台，形成了包括大科学装置和仪器、国家重点实验室、科学数据库（文献库）、行业技术平台、企业技术中心等较完备的科研条件。截至2017年年底，累计建设国家重点实验室503个、国家工程研究中心131个、国家工程实验室217个、国家级企业技术中心1 276家，科研硬件设施得到持续改善。[2]

（2）科技产出量质齐升

中国的科技产出水平经过多年的深耕厚植与艰苦拼搏，实现了较大跨越：科技论文数量和被引用量迅速扩大，专利申请数量和质量同步提升，知识产权产出、保护和运用能力得到长足发展。

改革开放以来，中国科技论文产出实现快速增长。2016年，中文科技期刊刊登科技论文49.4万篇，是1990年的5.5倍；国外三大检索工具科学论文索引（SCI）、工程索引（EI）和科技会议录索引（CPCI）分别收录中国科技论文32.4万篇、22.7万篇和8.6万篇，数量分别位居世界第二、第一和第二位。论文质量得到进一步提升，根据基本科学指标数据库（ESI）论文被引用情况，2017年中国科技论文被引用次数已超过德国、英国，上升到世界第二位。[3]

2017年，中国专利申请数为369.8万件，是1991年的74倍，1992—2017年年均增长18%；中国专利授权数为183.6万件，是1991年的75倍，1992—2017年年均增长18.1%。在专利数量大幅增长的同时，专利质量也得到同步提升。以最能体现创新水平的发明专利为例，2017年，中国发明专利申请数达138.2万件，占专利申请数的比重为37.4%，比1991年提高14.6个百分点；平均每亿元研发经费产生境内发明专利申请70件，比1991年提高19件，专利实现量质齐升。

---

1　孙传分．用科技引领未来发展［J］．中国经济报告，2018（12）：115-119．

2　上海环盟投资咨询有限公司．2014—2017年中国高新技术产业园发展环境分析［EB/OL］．［2019-09-09］．https://wenku.baidu.com/view/50709f5c00f69e3143323968011ca300a6c3f6f4.html.

3　孙传分．用科技引领未来发展［J］．中国经济报告，2018（12）：115-119．

此外，国家非常重视知识产权保护和运用，先后出台《中华人民共和国商标法》《中华人民共和国专利法》《中华人民共和国著作权法》《中华人民共和国促进科技成果转化法》等多项法律、法规，不断完善保护机制，加强执法力度。2017年，中国受理商标注册申请574.8万件，注册量居世界第一；著作权年登记量突破274.8万件，作品、计算机软件著作权登记量分别达到200.2万件和74.5万件。截至2017年年底，中国已设立3个知识产权法院和一批知识产权法庭，建立了19个知识产权保护中心和76个维权援助中心，知识产权保护社会满意度得到持续提高。[1]

（3）创新体制建设日益完善

党的十八大以来，国家鼓励自主创新，大力倡导"大众创业、万众创新"，各类市场主体的创业创新活力竞相迸发。2017年，中国日均新增企业1.7万家，加上个体工商户等各类市场主体日均新增5.3万家，分别比上年增长9.9%和16.6%。截至2017年年底，全国拥有各类市场主体9 815万家，中国新三板、创业板企业分别达到11 630家和690家，独角兽企业有164家，越来越多的创客、创新爱好者以及普通民众参与到创业创新的大潮中来。

高等院校和科研院所成为科学探索和知识创新的骨干。近些年来，中国出台了多项政策措施促进产、学、研融通合作，取得了明显成效。据统计，在2017年中国规模以上开展产品或工艺创新活动的20.1万家企业中，将高等院校作为合作对象的企业占20.3%，将研究机构作为合作对象的企业占12.1%。2017年，规模以上工业企业对研究机构和高等院校的外部研发经费支出合计为342.6亿元，比2012年增长35.7%。

国家高新技术产业开发区是区域创新发展的主阵地。近些年来，国家高新区建设不断加快，高新区数量已由1990年的27个发展到2016年的146个，区内企业数由1 600家增加到9.1万家，实现了与国家创新城市、自主创新示范区的互动互补、互联互通。此外，上海、北京两个全国科创中心建设深入推进，北京怀柔、上海张江、安徽合肥3个综合性国家科学中心各具特色。京津冀、上海、广东、安徽、四川、武汉、西安、沈阳等8个全面创新改革试验区域的169项改革举措基本落地，探索出一批可复制、可推广的经验。"千年大计"雄安新区将引领中国创新发展的新高度，成为改革开放以来继深圳经济特区和上海浦东新区外又一区域创新的典范。[2]

### 4.文化环境中的人口因素引起消费心理、消费习惯的转变

（1）人口结构呈现新特征，促进产业结构优化升级

①人口年龄结构老龄化趋势明显。2010年，中国劳动力人口占比首次呈现下

1 孙传分．用科技引领未来发展［J］．中国经济报告，2018（12）：115-119.
2 孙传分．用科技引领未来发展［J］．中国经济报告，2018（12）：115-119.

降趋势且在之后连年下滑。根据《中国统计年鉴》的数据可知，2017年中国60岁以上人口超2.4亿，2000—2017年间中国老年人口比重提高了7%，是同期国际平均水平的2倍以上，与之相对应的是中国人均GDP增速亦在2010年后开始下滑，这表明中国依靠劳动人口数量推动经济发展的优势不再明显。[1]

②人口城乡结构比与教育结构的改善。尽管中国人口年龄结构向老龄化的变化，使中国传统经济发展模式和产业结构受到冲击，但是随着中国城镇化建设和高等教育的发展，人口结构中人口城乡结构比和人口教育结构却取得可喜的改善成果，促使居民消费能力和消费结构逐步提升。

③人口城乡结构比的改善意味着中国人口城市化的速度正在加快，未来中国居民的消费能力和消费需求将逐步上升，从而使得消费驱动的经济发展模式将逐步确立。同时，人口城乡结构的改善将为第二、第三产业提供充沛的劳动力资源，有助于产业结构优化升级带动经济发展。1978年，中国第一产业、第二产业、第三产业就业人口占总就业人口的比重分别为70.53%、17.3%和12.18%。当时，劳动就业人口大量集中于第一产业，这与当时中国人口集中于农村的实际情况相符合。随着中国经济发展与城镇化战略的推行，中国农村人口大量向城市转移，同时中国第一产业就业人口比重持续下降，第二产业、第三产业就业人口比重持续上升。2018年，中国第一产业、第二产业、第三产业就业人口比重分别约为27%、28%和45%。中国劳动就业人口主要集中于第二产业和第三产业，第二产业和第三产业就业人口比重已超过70%。1994年以前，中国第三产业就业人口比重低于第二产业就业人口比重；1994年以后，中国第三产业就业人口比重高于第二产业就业人口比重。这表明，中国劳动人口自1994年后更多地向第三产业转移，随着中国服务业的快速发展，第三产业就业人口比重在未来将进一步提高。[2]

④人口教育结构的改善意味着中国的人力资本更加丰富，为中国科技创新型经济发展模式提供了充足的人力资本储备。高等教育的快速发展促使中国人口的教育结构也发生了很大变化，主要表现为中国高学历人口占总人口的比重及人口素质不断提高。截至2018年，全国各级教育普及水平不断提高，国民受教育机会得到进一步扩大，学前教育毛入学率81.7%，比上年提高2.1个百分点；小学学龄儿童净入学率99.95%，比上年提高0.04个百分点；初中阶段毛入学率100.9%；高中阶段毛入学率88.8%，比上年提高0.5个百分点；高等教育毛入学率48.1%，比上年提高2.4个百分点。[3]

---

1 金英君．人口老龄化背景下中国人口结构特征对产业结构优化升级的影响研究［J］．科学决策，2018（11）：1-17.

2 袁敏涛．中国人口结构变化趋势分析［J］．经贸实践，2017（10）：57.

3 佚名．数读2018年全国教育事业发展基本情况［EB / OL］．（2018-02-26）．http://www.moe.gov.cn/fbh/live/2019/50340/mtbd/201902/t20190227-371426.html.

（2）消费习惯呈现五大新趋势

消费习惯的五大发展趋势解读

《2018埃森哲中国消费者洞察》对当前国内新消费浪潮下全新的五大趋势给出了判断。

趋势一：两线买

网购，还是逛店？要便宜，还是要便利？对于零售商来说，这两个二元对立的问题几乎成了生死存亡的终极挑战。如今，二者正逐渐形成一种平衡，从对立走向结合。网购持续发展的同时，实体店也在逐渐完善。线上购物主打方便快捷，实体店消费则强调餐饮、购物、休闲娱乐一体化的无缝综合体验，而消费者对“逛”式体验的追求、对休闲与社交的需求都进一步推动着线下消费迅速回春。阿里巴巴旗下盒马鲜生的成功，就得益于有效地回应了消费者的全渠道购物需求。

随着购物信息更加透明，比价行为正变得越来越大众化，呈现出“数字烙印”。50%的消费者表示在店内购物时会经常使用手机比价，45%的消费者表示会经常使用折扣网站寻找更低价格。这里需要指出的是，消费者“货比三家”不再是追求更低的价格，而是会比较商品各方面的信息，做一个“精明的消费者”。

与此同时，对消费者而言，个人的时间更是金钱，他们热衷比价的同时也意识到时间的重要性，超过一半的消费者认为花钱省时间是值得的，其中71%的消费者希望能够在信息查询和价格比较上节约更多时间。

趋势二：购物社交化

当几乎所有中国消费者都拥有微信时，与其说生活在别处，不如说生活在别人的朋友圈里。消费者普遍相信朋友口碑胜于一切，微信上的种种推荐、分享，刺激着围观朋友的好奇心和购买欲。

近年来，消费社交化趋势愈加明显，购物已然成为社交生活的副产品。在年轻和高收入群体中，这一现象更为显著。而在这一趋势中，社交圈层愈加细分，社交分享的力量越具影响力。在“圈子经济”中，可以说越分享、越冲动、越爱购。《2018埃森哲中国消费者洞察》显示，近九成消费者有自己的兴趣圈子，以美食、旅游、运动健身等最为普遍。兴趣圈子对消费者购买行为产生了极为可观的影响力，多数消费者表示更愿意相信和购买兴趣圈子中推荐的产品，哪怕价格偏高也会接受。

此外，87%的消费者愿意和别人分享购物体验或者发表评论，其中55%的消费者会在社交应用中分享自己的购物体验。这部分消费者更容易受到社交分享的影响和刺激，从而增加冲动购买，使消费呈现出“购买—分享—再购买”的循环式连锁反应。

趋势三：体验至上

中国消费者期盼全渠道的无缝购物体验。在59%的受访者心中，购物过程中，购买的不仅仅是商品，更是购买一种体验。这无形中需要企业全面提升零售的每一个环节，优化每一个可能的消费接触点。为消费者提供“智能购物体验”——如场景化体验和参与性购买体验——尤其值得关注。

57%的消费者购买或表示有兴趣购买虚拟现实或增强现实产品，其中有45%的消费者希望可以通过虚拟现实和增强现实设备体验希望购买的商品。对此，企业一方面需要提前投资有助于加强这类“智能购物”体验的技术手段，另一方面还要在营销上同步升级。“参与”也是消费者寻找适合自己产品的一条特殊途径，是购物的又一种全新体验。从消费者的反馈来看，参与性购物能带来十分积极的效应，最突出的就是帮助消费者找到最适合自己的产品和品牌。

堪称句句经典、字字灼心的白酒界网红江小白就是“参与性购买体验”的教科书。早在2016年第二季度，江小白就推出了“表达瓶产品”，消费者可以通过上传文字和图片，自动生成专属于自己的酒瓶。如果表达内容被选中，还能进行批量生产并在全国上市。这一举动收获了消费者的积极支持，产品上线不足半年，同比销量增长了86%，搜索指数和电商2C的销售增幅超过100%。

趋势四：健身消费

运动健身已成为最新生活方式，并孕育着庞大的消费市场——“运动并消费着”，正成为中国消费新趋势。每周运动5小时以上的运动达人和经常活跃在运动社交圈的“圈子运动族”是运动消费的主力军，他们在购买运动产品和运动健身方面的预算很高；如果既是运动达人又是“圈子运动族”，购买力则更胜一筹。

此外，“运动+新技术”渐渐成为运动消费者期待的组合。44%的消费者表示希望AR/VR技术应用于运动健身领域，41%的消费者希望人工智能和万物互联在运动健身辅助方面得到广泛应用，还有29%的消费者希望户外运动产品也能像共享单车一样共享。

趋势五：拥抱价值经济

购物图一时爽快，但买来的东西经常使用吗？可能大多数人会摇一摇头。的确，收入的增加和消费的便利给冲动消费提供了土壤，闲置物品开始增多。调查显示，近一半的消费者表示：有很多商品在买来一段时间后变得很少使用，超过六成的消费者使用过二手交易平台。

## 二、生产环境

生产环境很大程度上影响该地区的劳动生产效率，特别是制造业一线工人。它涉及法律、政策和劳动纠纷各个方面。

### （一）生产环境概念

生产环境是指劳动者从事生产劳动的总体空间，包括和生产劳动有关的场地、厂房建筑、相应空间的空气流动状况，以及其中的设备布局、通风条件、采光照明等因素。通常在实际生产过程中存在的一切其他因素均可归入生产环境范畴，如噪声、电磁辐射、局部气象条件等。

生产环境是一个相对概念，其具体内容可大可小。矿山企业的生产环境包括和本矿山生产有关的地域范围、相应空间、生产设施、场地内运输等；某车间的生产环境则只包括该车间建筑物内的环境因素，如厂房结构、设备仪器、通风采暖、采光照明、室内空气等。

### （二）生产环境分类

按照生产类型的不同来进行划分，生产环境可分为工业生产环境和农业生产环境两类。

工业生产环境是指工业企业加工、制造工业产品所需要和使用的天然的和人工因素的总和，包括工业用地、厂房、大气、设备、物料等，是工业综合环境的一个重要组成部分。工业生产环境由气候、水、地形等自然因素和物料、能源、设备、工具、资金、技术、信息等人为因素组成。

农业生产环境是指影响农业生物生存和发展的各种天然的和经过人工改造的自然因素的总和，包括农业用地、用水、大气、生物等，是农业综合环境的一个重要组成部分。农业生产环境由气候、土壤、水、地形、生物要素及人为因子所组成。

### （三）国内生产环境分析

国内生产环境受到其构成要素发展、变化的影响，在不同的阶段呈现出相应的特点。从相互影响的程度与发展演变的历程来看，无论工业生产环境还是农业生产环境，都在生产技术进步、生产要素丰沛、生产效率提高的同时对自然环境因素等产生污染或构成威胁，这是环境构成要素之间的相互影响所造成的必然结果，也是经济发展过程中必须协调好、解决好的关键问题。

#### 1.工业生产环境分析

进入21世纪以来，原有的粗放式的工业增长模式遭遇越来越多的挑战和制约。其主要包括：第一，中国工业大而不强的局面日益突出。随着全球化进程的不断推进，中国工业依靠低要素价格形成的比较优势随着中国自身要素成本的上升以及来自其他后发国家的竞争而不断弱化，而建立在技术进步和创新基础上的产业竞争优势又尚未形成。中国工业迫切需要通过转变发展方式提升自己的国际竞争力。第二，传统的资源要素驱动型的工业增长模式给中国经济社会带来了严重的资源消耗和环境破坏，日益严峻的资源环境约束迫使中国工业必须转变发展方式，提高工业生产的集约化和绿色化水平。

1992年，联合国环境与发展大会提出并制定首个全球可持续发展议程后，中国很快制定了第一个涵盖经济、社会、资源、环境各方面的国家可持续发展行动计划——《中国21世纪议程》。1995年，党的十四届五中全会首次将可持续发展提升至战略高度，并纳入《国民经济和社会发展“九五”计划和2010年远景目标纲要》。[1]

2003年，党的十六届三中全会提出科学发展观，主张“全面、协调、可持续的发展观”。2007年，党的十七大不仅决定将科学发展观和建设资源节约型、环境友好型社会等内容写入新修订的《中国共产党党章》，而且提出了建设生态文明的先进理念。

根据发达国家环保产业发展经验来看，当治理环境污染投资占GDP比例达到1%～1.5%时，可以控制环境恶化的趋势；比重达到3%时才能使环境质量得到明显改善，且投资高峰期一般可持续10年以上。从图1-1可以看出，中国的环境污染治理投资总额占比最高在2010年，达到1.84%，仍然未超过2%。截至2016年，占比下降到1.24%。2016年GDP总额为74.4万亿元，增速为7.99%，假设到2020年GDP年复合增速为7%，环境污染治理投资总额达到2%，则2020年中国环境污染治理投资将有1.95万亿元的空间。

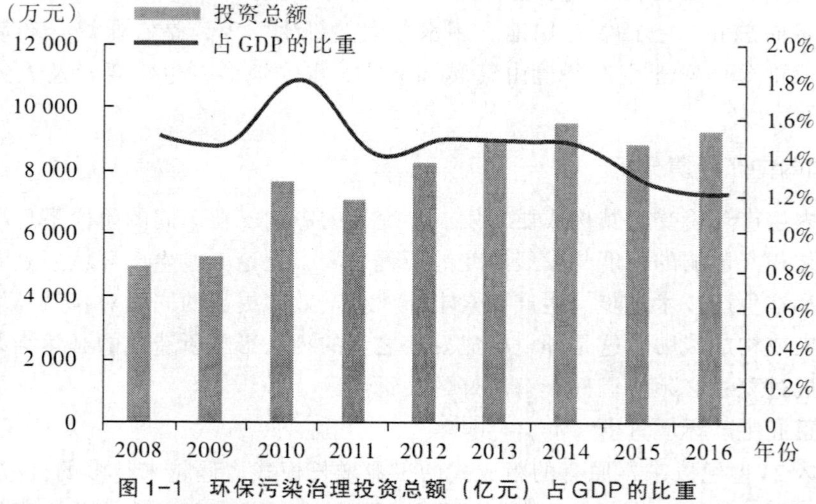


**图1-1　环保污染治理投资总额（亿元）占GDP的比重**

（数据来源　国家统计局. 2018年中国工业污染治理行业发展趋势及市场前景预测［EB/OL］.（2018-01-05）. http://www.chyxx.com/industry/201801/600564.html）

2012年，党的十八大提出把生态文明建设纳入中国特色社会主义事业，正式形成经济、政治、文化、社会、生态建设“五位一体”总体布局。党的十九大报告也明确了中国特色社会主义事业总体布局是“五位一体”、战略布局是“四个全面”，强调坚定道路自信、理论自信、制度自信、文化自信；明确全面深化改革总目标是完善和发展中国特色社会主义制度、推进国家治理体系和治理能力现

1　刘艳红，郭朝先. 改革开放四十年工业发展的“中国经验”［J］. 经济与管理，2018（3）：1-11.

代化。

2016年，在“十三五”规划和《中国制造2025》战略部署基础上，工信部专门制定了《工业绿色发展规划（2016—2020年）》，确定了未来5年工业绿色发展的五大目标和十项重点任务，着力构建工业绿色发展的推进体制及其配套的政策体系。

如图1-2所示，2018年，第三季度全国工业产能利用率为76.5%，较上年同期下降0.3个百分点。前3个季度，全国工业产能利用率为76.6%，与上年同期持平。

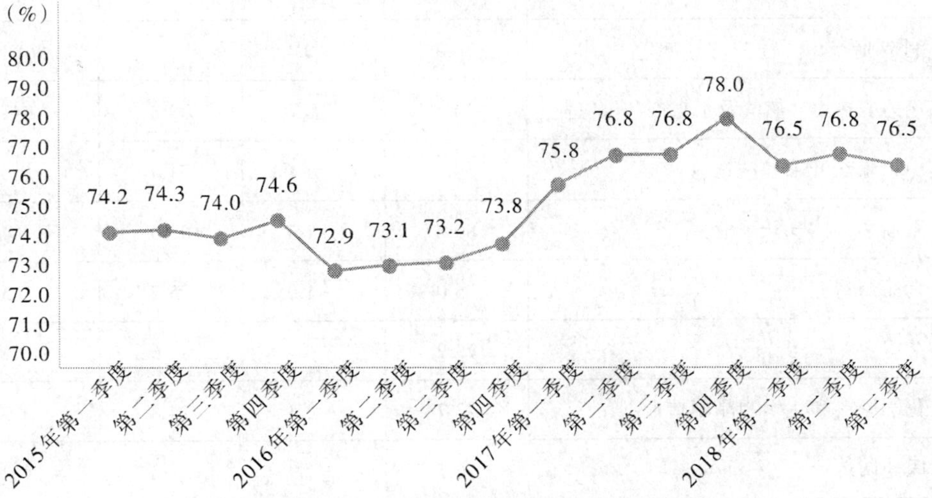


图1-2　分季度工业产能利用率

（数据来源　国家统计局．2018年三季度全国工业产能利用率为76.5%［EB/OL］.（2018-10-20）．http://www.gov.cn/xinwen/2018-10/20/content_5332885.htm）

分三大门类看，第三季度，采矿业产能利用率为71.1%，比上年同期回升0.1个百分点；制造业产能利用率为76.9%，较上年同期下降0.4个百分点；电力、热力、燃气及水生产和供应业产能利用率为74.4%，较上年同期回升0.7个百分点。

分主要行业看，2018年第三季度，煤炭开采和洗选业产能利用率为71.1%，食品制造业为75.0%，纺织业为79.9%，化学原料和化学制品制造业为73.7%，非金属矿物制品业为71.3%，黑色金属冶炼和压延加工业为78.7%，有色金属冶炼和压延加工业为78.8%，通用设备制造业为75.5%，专用设备制造业为78.4%，汽车制造业为79.6%，电气机械和器材制造业为77.3%，计算机、通信和其他电子设备制造业为80.4%（见表1-1）。

中国的工业经济要实现可持续发展，必须改变以“高投入、高消耗、高污染、低质量、低效益、低产出”和“先污染，后治理”为特征的传统工业化道路，走资源节约和环境友好的绿色发展之路。

表1-1　　　　　　2018年三季度工业产能利用率

| 行业 | 第三季度 | | 前3个季度 | |
| --- | --- | --- | --- | --- |
| | 产能利用率（%） | 比上年同期增减（百分点） | 产能利用率（%） | 比上年同期增减（百分点） |
| 工业 | 76.5 | −0.3 | 76.6 | 0 |
| 其中：采矿业 | 71.1 | 0.1 | 72.4 | 1.7 |
| 制造业 | 76.9 | −0.4 | 77.0 | −0.1 |
| 电力、热力、燃气及水生产和供应业 | 74.4 | 0.7 | 73.3 | 1.1 |
| 其中：煤炭开采和洗选业 | 70.1 | 1.1 | 71.4 | 4.0 |
| 石油和天然气开采业 | 89.3 | 1.4 | 87.9 | −0.4 |
| 食品制造业 | 75.0 | −1.0 | 75.7 | 0.5 |
| 纺织业 | 79.9 | 0 | 80.6 | 0.2 |
| 化学原料和化学制品制造业 | 73.7 | −2.3 | 74.8 | −1.9 |
| 医药制造业 | 76.5 | −1.9 | 77.8 | −0.7 |
| 化学纤维制造业 | 82.5 | −1.7 | 82.0 | −1.4 |
| 非金属矿物制品业 | 71.3 | −0.3 | 70.0 | −0.5 |
| 黑色金属冶炼和压延加工业 | 78.7 | 2.0 | 78.1 | 2.7 |
| 有色金属冶炼和压延加工业 | 78.8 | 0.3 | 79.2 | 1.0 |
| 通用设备制造业 | 75.5 | −1.0 | 77.4 | 0.7 |
| 专用设备制造业 | 78.4 | 3.4 | 78.9 | 3.6 |
| 汽车制造业 | 79.6 | −2.5 | 80.6 | −1.1 |
| 电气机械和器材制造业 | 77.3 | −1.5 | 77.9 | −1.3 |
| 计算机、通信和其他电子设备制造业 | 80.4 | 0 | 79.0 | −0.6 |

（数据来源　国家统计局. 2018年三季度全国工业产能利用率为76.5%［EB/OL］.（2018-10-20）. http://www.stats.gov.cn/tjsj/zxfb/201810/t20181019_1628847.html）

国内农业生产环境分析

2.农业生产环境分析

改革开放以来，中国农业生产取得了举世瞩目的成就。但是，由于长期以来对农业生态环境问题的认识不足，没有正确处理好发展农业生产和保护农业生态环境的关系，片面追求农作物产量，导致农业生态系统平衡遭到破坏，农业生产环境日益恶化，已严重制约了农业生产乃至整个社会经济的可持续发展。

（1）农业生产环境问题的根源

①过度施用化肥。国际上一般认为每公顷 225 千克为化肥施用的安全上限，而中国化肥施用量可达每公顷 400 千克，化肥有效利用率仅在 30%～40%，其余 60%～70% 的化肥有的进入地表水体和地下水体，造成水体污染；有的堆积于土壤，使土壤结构性状发生改变，造成土壤污染，降低土壤生产力。

②大量喷施化学农药。中国农业生产中，农药有效利用率只有 10%～30%，且以化学农药为主。大量未被利用的化学农药残留于作物、土壤、地表水、地下水等环境要素中，污染危害极大。

③难降解农用薄膜大量使用。农业生产过程中，大量使用农用薄膜，且易降解农用薄膜的比例比较低，造成农业生产的“白色污染”日益严重。

④畜禽养殖污染严重。分散式、小规模畜禽养殖大量存在，使畜禽养殖废物难以得到有效处理，对地表水体和地下水体造成极大污染，是导致水体富营养化的碳、磷等营养元素的主要来源。

⑤农业生产中的固体废物，没有得到有效回收利用。农业生产中的秸秆、林木枝条等农业固体废物，未得到有效的回收利用，农民以焚烧等简单方式进行处置，对大气环境造成很大污染。[1]

（2）全国农业污染状况

农田化肥施用、农田固体废弃物、畜禽粪便、水产养殖垃圾和农村生活污染，构成了中国农业面源的五大污染源。

1990—2008年，中国因化肥施用引致的TN排放从313.27万吨增加到408.88万吨，TP 排放从16.66万吨增加到25.03 万吨；1990—2007年，中国畜禽养殖粪便排放的COD总量从4 414.43万吨增加到5 947.41万吨，生化需氧量（BOD）总量从3 801.30万吨增加到5 151.08 万吨，TN量从1 077.73万吨增加到1 452.99万吨，总磷（TP）量从268.38万吨增加到446.77万吨；中国每年农用薄膜残留量约为30万吨，残存率为40%左右，这些农用薄膜多为不可降解塑料，它们严重威胁到中国的农村生态环境安全。

（3）全国农业污染治理现状

农业农村部在2007年第一次全国污染源普查基础上，构建了全国农田面源污

1 荆璧．我国农业生产环境污染的现状和成因及治理对策［N］．科学导报，2018-08-28（B02）．

染国控监测网络，开展长期监测。结果显示，2013年以来农田总磷排放量开始下降，总氮排放量趋稳。2017年，中国水稻、玉米、小麦三大粮食作物化肥利用率为37.8%，农药利用率为38.8%。[1]

## 三、经济环境

要引进海外企业以发展地方经济，当地就必须优化经济环境，形成投资“洼地”，吸引外来资本，才能最大限度地改善区域经济格局。目前，各个地方对于优化经济环境的重要性已经普遍认同，但出于种种原因，在怎样看待经济环境、如何优化经济环境等方面还存在许多观念上的误区，并产生许多消极后果。

### （一）经济环境概念

所谓经济环境是指构成企业生存和发展的社会经济状况和国家经济政策。社会经济状况包括经济要素的性质、水平、结构、变动趋势等多方面的内容，涉及国家、社会、市场及自然等多个领域。国家经济政策是国家履行经济管理职能，调控国家宏观经济水平、结构，实施国家经济发展战略的指导方针，对企业经济环境有着重要的影响。[2]

### （二）经济环境分析

经济环境是企业营销活动的外部社会经济条件，主要是由经济体制、经济发展水平、社会经济结构、经济政策、社会购买力、消费者收入水平、消费者支出模式、消费者储蓄和信贷等多种因素构成。经济环境分析就是要对这些要素进行分析，运用各种指标准确分析宏观经济环境对企业经营活动的影响，从而制定正确的企业经营战略。

#### 1.经济体制

经济体制是指国家经济的组织形式。经济体制规定了国家与企业、企业与企业、企业与各经济部门之间的关系，并通过一定的管理手段和方法，调控或影响社会经济流动的范围、内容和方式等。社会的经济关系，即参与经济活动的各个方面、各个单位、各个个人的地位和他们之间的利益关系，就是通过这样的体制表现出来。

当今中国的社会主义市场经济体制已经建立。党的十九届三中全会也提出，我们要通过科学设置机构、合理配置职能、统筹使用编制、完善体制机制，使市场在资源配置中起决定性作用，更好地发挥政府作用，更好地推进党和国家各项事业发展，更好地满足人民日益增长的美好生活需要，更好地推动人的全面发展、社会全面进步、人民共同富裕。

1 中国农业科学院发布的《中国农业绿色发展报告2018》。
2 张建伟，盛振江．现代企业管理［M］．北京：人民邮电出版社，2017.

2.经济发展水平

经济发展水平是指一个国家经济发展的规模、速度和所达到的水准。反映一个国家经济发展水平的常用指标有国内生产总值、人均国民收入、经济发展速度、经济增长状况等。

3.社会经济结构

社会经济结构是指国民经济中不同经济成分、不同产业部门以及社会再生产各个方面在组成国民经济整体时相互的适应性、量的比例和排列关联的状况。社会经济结构主要包括五方面内容，即产业结构、分配结构、交换结构、消费结构和技术结构，其中最重要的是产业结构。

4.经济政策

经济政策是指国家制定的一定时期内实现国家经济发展目标的战略和策略，包括综合性的全国经济发展战略和产业政策、国民收入分配政策、价格政策、物资流通政策、金融货币政策、劳动工资政策、对外贸易政策等。

5.社会购买力

社会购买力是指一定时期内社会各方面用于购买产品的货币支付能力。国民收入的使用主要由消费和储蓄两部分构成。其中，消费部分又分为个人消费和社会消费，前者形成居民购买力，后者形成社会集团购买力。市场规模取决于购买力的大小。调查社会购买力水平，要注意国家经济政策和分配政策对居民购买力的影响，注意不同地区居民货币收入的变动情况。

6.消费者收入水平和支出模式

消费者支出模式取决于消费者的收入水平。随着消费者人均收入的增长，消费者用于购买食品方面的支出比重会有所下降，而用于耐用消费品、服装、交通、教育、旅游、娱乐、卫生保健等方面的支出比重会上升。调查消费者支出模式除要考虑消费者收入水平外，还要考虑不同国家和地区的生活习惯、价值观念以及所处的家庭生命周期不同阶段等因素。

7.消费者储蓄

消费者储蓄可以减少当前消费，增加未来的消费。在一定时期内，消费者储蓄水平直接影响到消费者的本期货币支出和潜在购买力水平。所以，消费者储蓄的增减变动会引起市场需求规模和结构的变动，从而对企业的经营活动产生影响。消费者储蓄情况受政策、利率、通货膨胀水平等因素的影响。

## （三）国内经济环境分析

国内经济环境分析

**1.经济发展由高度的计划经济体制向着更加灵活的市场经济体制转变，供给侧结构性改革的效果初步显现，扭转了经济向下的态势**

中国的经济发展举世瞩目，人民生活水平普遍提升，生活质量不断提高，中国对外经济技术合作愈发广泛，出口产品种类日益增加。

自2012年以来，中国国民经济运行由高速过渡至中高速，由过去10%以上持续下降到7%左右。由图1-3可见，2004—2017年，中国经济运行可分为两个阶段：2004—2010年，经济运行呈现高速发展态势，除2008、2009年受国际金融危机影响GDP低于10%以外，其余年份GDP增速均大于10%，其中2007年达到顶点，增速为14.2%。2011—2017年为第二阶段。2011年GDP增速下降至10%以下，为9.5%，成为国民经济运行的转折点。2012年以来，经济运行呈现中高速发展态势，GDP增速在7%左右徘徊。2017年，在世界经济增长持续乏力的背景下，GDP增速为6.9%，在供给侧结构调整下，以创新为驱动，持续释放市场主体活力，保持了中高速增长态势。[1]供给侧结构性改革的动能包含两个重要方面：一是消费在拉动经济增长当中比较强劲；二是在消费当中，旅游、体育、保健服务业方面的扩张，以高技术的投入为新的动能，以高技术当中的生产性服务业和生活性服务业里面的高端技术方面的拉动为新的增长点。[2]

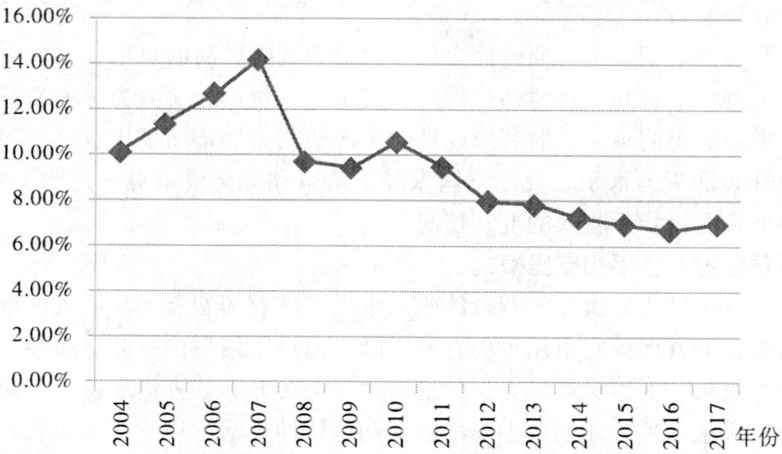


图1-3　2004—2017年GDP增速走势图

（数据来源　根据国家统计局（http://www.stats.gov.cn/）相关资料整理而成）

丰厚的经济基础为中国高等院校培养新型端口人才提供了重要的物质基础。随着中国国家经济实力的提升，越来越多的外国企业创建驻华总部。目前中国是全世界第二大经济体，也是全世界唯一拥有所有工业门类的国家，这样的工业基础为中国高新技术的发展和军事的研究提供了有力的保证，雄厚的经济实力又帮助相关行业不断进行产业升级。"一带一路"倡议的提出正是反映中国经济自信的重大举措，宣示着中国对世界经济复苏正在尽自己的大国责任。[3]

1　陈东. 经济新常态下我国产业结构调整的优化路径研究［J］. 经济师，2018（12）：75-76.

2　李培林，陈光金，张翼. 社会蓝皮书：2018年中国社会形势分析与预测［M］. 北京：社会科学文献出版社，2018.

3　黄逸. 我国经济制度对经济发展的影响［J］. 时代金融，2017（35）：17.

**2.统筹规划、合理布局，重组、优化产业结构，加强产业间的密切协作，构建竞争力强的协作分工体系**

随着居民收入水平提升、消费观念转变，新的商业机会不断涌现，尤其是互联网的普及，推动了电子商务的迅速崛起，消费需求在助推经济增长中起着举足轻重的作用。

由图1-4可见，2012—2017年，消费支出对GDP的贡献率呈现上升态势，2017年为58.8%。

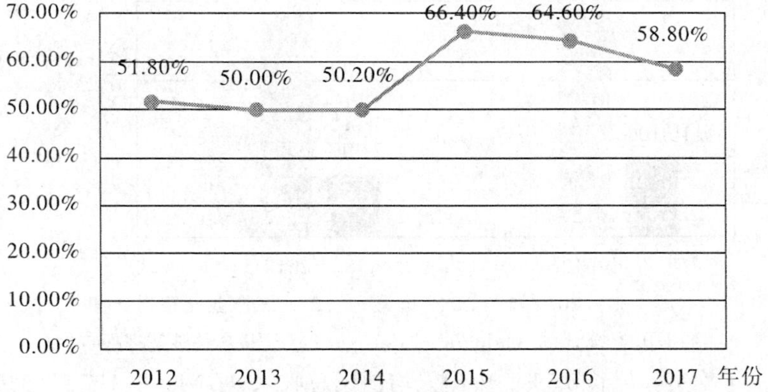


图1-4 2012—2017年消费支出对GDP的贡献率走势图

（数据来源 根据国家统计局（http://www.stats.gov.cn/）相关资料整理而成）

随着传统产业结构的转型、升级，第一、二、三产业的比重也呈现出不断优化的态势。由图1-5可见，2012年第一、二、三产业比重分别为10.1%、45.3%、44.6%，而2017年第一、二、三产业比重分别为7.9%、40.5%、51.6%。整体可见，第三产业比重增加较快，第一、二产业比重有所下降，进一步说明产业结构优化不断推进。以总部经济、楼宇经济和街区经济为代表的“三新经济”已经成为中国经济发展的重要引擎，高新技术产业、高端装备制造业、战略性新兴产业的发展不断壮大，明显快于传统产业。而中国第三产业生产指数也在整体增长态势保持了较高的发展水平，战略性新兴服务业、科技服务业、高技术服务业的营业收入的增长更是快于全部规模以上服务业。除此之外，城镇化建设进程持续推进，2017年达到58.52%；“一带一路”倡议、京津冀经济圈等，突破地域界限，推进经济的协同发展；经济结构优化升级，由粗放型向集约型转变，强调以创新为驱动，推动产业向中高端发展。[1]

**3.可观的经济增速、庞大的人口数量、较高的进口倾向，共同构成了“中国社会购买力”的市场基础与进口需求的重要动力源**

改革开放40多年来，经济增长带来了国民收入水平的显著提高。国家统计局数据显示，2017年，中国人均国内生产总值为59 660元，扣除价格因素，比1978年增

1 陈东．经济新常态下中国产业结构调整的优化路径研究［J］．经济师，2018（12）：75-76.

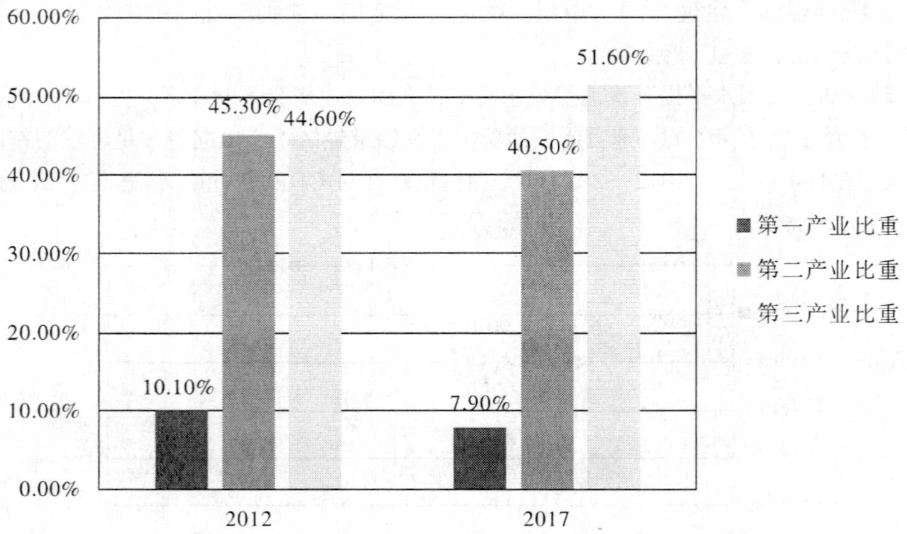


图1-5　2012年与2017年第一、二、三产业比重对比图

（数据来源　根据国家统计局（http://www.stats.gov.cn/）相关资料整理而成）

长22.8倍，年均实际增长8.5%。中国人均国民总收入（GNI）由1978年的200美元提高到2016年的8 250美元，超过中等偏上收入国家的平均水平。居民收入的提高形成了强大的中国购买力，拉动了国际贸易，为世界各国提供了巨大的商品和服务市场。

从国际市场营销角度来看，中国逐步展示其强劲的市场潜力。中国近14亿的人口是潜在市场需求的重要基础。同时，尽管中国面临美国的贸易打压，需要进行一些必要的产品生产结构调整，但是凭借年均6%以上的经济增长率，仍然是世界上增长率比较高的国家。改革开放40多年来，中国的人均国民总收入从1978年的200美元上升到8 000多美元。如果按照中国现在的边际倾向，人均收入每增长1美元，对进口的需求大约增加20美分。可以说，中国社会购买力成为世界经济前进过程中不容忽视的强大力量。

当前，中国社会主要矛盾已经转化为人民日益增长的美好生活需要和不平衡不充分的发展之间的矛盾。在消费方面，这体现为随着中国经济的发展及人均收入水平的提高，中国民众的需求结构出现了明显的提升。也就是说，人们从过去追求单纯的温饱，向追求生活内容多样化、高质量的方向提升，由此带来了对产品和服务质量及多样化的追求。然而，中国的产品生产结构和总量并没有伴随着人民群众需求层次的提升和生活质量要求的变化而迅速改变。这种供求缺口就形成了对广大海外优质商品的“中国购买力”。可以说，中国对外开放的需求是中国经济增长的自主选择。中国拥抱世界市场，是经济发展的自然过程。

值得注意的是，在开放的市场经济环境下，进口商品供给增多会加强中国企业的市场意识和创新压力，促使其调整产业和产品结构，提高产品的层次和质量。因此，开放的市场使中国企业勇于加入全球市场进行竞争，从竞争中既实现满足人民日益增长的美好生活需要，又推动中国产业结构和产品结构不断升级和转型。

**4.收入水平的增长带动了居民消费支出向精神消费以及身体健康消费方面的倾斜，有利于优化居民消费结构**

改革开放40多年来，中国经济发展取得了显著成就，曾多年GDP增长速度在10%以上。虽然近年来GDP增长速度有所下滑，但是依然有6%以上的增长速度，GDP总量仍有可观的增长量，而且经济增长的质量明显提升，当前中国已经成为世界第二大经济体。伴随着中国经济发展速度的显著提升，中国居民收入水平也得到了大幅提升。

由表1-2可以看出，2013年中国人均可支配收入为18 311元，2017年达到了25 974元，增长近41.85%。收入水平的变化必然会带来消费行为的变化。2013年中国居民人均消费支出为13 220元，2017年增长到18 322元，增长38.59%，年均增长率在7.8%左右。

伴随着居民消费总量的增长，中国居民消费结构也在发生变化，最为明显的就是食品等生活必需品支出在居民消费支出中的比重不断下降。国家统计局资料显示：2017年中国居民平均恩格尔系数为29.3%，说明中国居民食品支出比重进一步下降。与之相反的是科学、教育、文化、旅游等方面的支出在居民消费支出中的比重不断上升。这说明收入水平的增长不仅带来了居民消费水平的增长，也带来了居民消费结构的转变。[1]

**5.受"新常态"阶段经济增速换挡、人口抚养比趋于上升、新生代消费倾向的增加等因素影响，中国居民储蓄率增速呈现逐渐放缓的趋势**

改革开放以来，中国居民储蓄率快速增长，储蓄率之高跃居世界各国前列。根据《新中国六十五年统计资料汇编》及《中国统计年鉴2017》中的相关数据，1978—2017年中国居民储蓄率表现出较为明显的阶段性特征：

①1978—1988年：改革开放之初，中国居民储蓄率表现出快速上升的趋势，在1984年达到峰值19.85%，随后开始下降，并在1988年降至9.91%，低于1978年的水平。

②1989—1999年：在1992年邓小平同志视察南方以后，建立中国特色社会主义市场经济体制的目标逐步形成。居民储蓄率正是在此后才呈现出持续快速上升并在高位稳定的特点，并在1999年达24.25%，增幅接近2.5倍。

③2000—2006年：居民储蓄率在此期间内保持缓慢增长态势。

④2007—2012年：2007年，美国次贷危机爆发，个人与市场的系统性风险大大加深了经济运行中的不确定性，居民储蓄率快速增长，其间最高水平是2012年的30.60%。

⑤2012年以来，金融危机带来的恐慌情绪逐渐消散，加之政府和企业储蓄的快速增长，这一阶段居民储蓄率的增速开始有所放缓。

---

1　江国才，余益民，罗筱梅．收入增长对居民消费结构的影响：实证分析及策略选择［J］．商业经济研究，2018（22）：58-61.

表1-2　2013年第一季度至2018年第三季度中国居民收入以及各项消费支出

| 指　标 | 人均可支配收入（元） | 人均消费支出（元） | 人均食品烟酒消费支出（元） | 人均衣着消费支出（元） | 人均居住消费支出（元） | 人均生活用品及服务消费支出（元） | 人均交通通信消费支出（元） | 人均教育、文化、娱乐消费支出（元） | 人均医疗保健消费支出（元） | 人均其他用品和服务消费支出（元） |
|---|---|---|---|---|---|---|---|---|---|---|
| 2013年第一季度 | 5 006 | 3 370 | 1 120 | 350 | 695 | 205 | 395 | 311 | 212 | 84 |
| 2013年上半年 | 9 049 | 6 257 | 1 941 | 560 | 1 387 | 393 | 776 | 586 | 448 | 167 |
| 2013年前三季度 | 13 557 | 9 476 | 2 875 | 748 | 2 128 | 606 | 1 185 | 1 004 | 684 | 248 |
| 2013年全年 | 18 311 | 13 220 | 4 127 | 1 027 | 2 999 | 806 | 1 627 | 1 398 | 912 | 325 |
| 2014年第一季度 | 5 562 | 3 755 | 1 246 | 367 | 762 | 225 | 459 | 350 | 243 | 104 |
| 2014年上半年 | 10 025 | 6 916 | 2 163 | 598 | 1 504 | 432 | 896 | 632 | 503 | 189 |
| 2014年前三季度 | 14 986 | 10 402 | 3 157 | 801 | 2 297 | 658 | 1 349 | 1 087 | 781 | 272 |
| 2014年全年 | 20 167 | 14 491 | 4 494 | 1 099 | 3 201 | 890 | 1 869 | 1 536 | 1 045 | 358 |
| 2015年第一季度 | 6 087 | 4 076 | 1 352 | 400 | 835 | 249 | 524 | 330 | 275 | 110 |
| 2015年上半年 | 10 931 | 7 546 | 2 336 | 639 | 1 620 | 468 | 1 013 | 700 | 567 | 204 |
| 2015年前三季度 | 16 367 | 11 286 | 3 401 | 848 | 2 460 | 701 | 1 524 | 1 196 | 860 | 296 |
| 2015年全年 | 21 966 | 15 712 | 4 814 | 1 164 | 3 419 | 951 | 2 087 | 1 723 | 1 165 | 389 |

续表

| 指　标 | 人均可支配收入（元） | 人均消费支出（元） | 人均食品烟酒消费支出（元） | 人均衣着消费支出（元） | 人均居住消费支出（元） | 人均生活用品及服务消费支出（元） | 人均交通通信消费支出（元） | 人均教育、文化、娱乐消费支出（元） | 人均医疗保健消费支出（元） | 人均其他用品和服务消费支出（元） |
|---|---|---|---|---|---|---|---|---|---|---|
| 2016年第一季度 | 6 619 | 4 454 | 1 468 | 405 | 898 | 267 | 574 | 423 | 303 | 114 |
| 2016年上半年 | 11 886 | 8 211 | 2 537 | 652 | 1 773 | 502 | 1 104 | 790 | 642 | 211 |
| 2016年前三季度 | 17 735 | 12 247 | 3 664 | 867 | 2 676 | 760 | 1 669 | 1 351 | 960 | 300 |
| 2016年全年 | 23 821 | 17 111 | 5 151 | 1 203 | 3 746 | 1 044 | 2 338 | 1 915 | 1 307 | 406 |
| 2017年第一季度 | 7 184 | 4 796 | 1 535 | 403 | 978 | 277 | 645 | 480 | 352 | 127 |
| 2017年上半年 | 12 932 | 8 834 | 2 678 | 668 | 1 919 | 535 | 1 211 | 869 | 718 | 236 |
| 2017年前三季度 | 19 342 | 13 162 | 3 847 | 890 | 2 915 | 820 | 1 795 | 1 471 | 1 086 | 337 |
| 2017年全年 | 25 974 | 18 322 | 5 374 | 1 238 | 4 107 | 1 121 | 2 499 | 2 086 | 1 451 | 447 |
| 2018年第一季度 | 7 815 | 5 162 | 1 615 | 441 | 1 107 | 310 | 676 | 454 | 424 | 135 |
| 2018年上半年 | 14 063 | 9 609 | 2 814 | 710 | 2 157 | 598 | 1 286 | 932 | 860 | 253 |
| 2018年前三季度 | 21 035 | 14 281 | 4 063 | 927 | 3 269 | 898 | 1 931 | 1 556 | 1 275 | 361 |

（数据来源　根据国家统计局（http://www.stats.gov.cn/）相关资料整理而成）

按照中国经济的发展目标，2005—2050年中国经济年均增长5.96%，2050年全国GDP将达248.32万亿元，这显示出中国经济在今后30多年的发展中将呈现增速逐步减缓的态势。从人口结构的变化来分析，未来中国的人口老龄化问题将会更加突出。中国人口与发展研究中心预测，到2050年中国的总抚养比将上升到65%，老人抚养比将提高到40%。此外，消费习惯、消费信贷等的发展变化同样会导致居民储蓄率的下降。随着80后、90后的成长，不同于他们的父辈，新生代拥有更高的消费倾向，伴随着金融服务和消费信贷的完善和创新，预计未来新生代居民的储蓄率会呈现逐渐降低的趋势。[1]

## 四、竞争环境

### （一）竞争环境概念

竞争环境是指与企业经营活动有现实和潜在关系的各种力量和相关因素的集合，它直接影响着企业的生存和发展。[2]竞争环境的变化不断产生威胁，也不断产生机会。对企业来说，如何检测竞争环境的变化，规避威胁，抓住机会，就成为休戚相关的重大问题。任何对环境变化的迟钝与疏忽都会对企业造成严重的甚至是决定性的打击。

### （二）竞争环境分析

俗话说，知己知彼方能百战百胜。在制定竞争战略，评估外部环境时，需要回答一个基本问题：企业在选择竞争市场时可能会出现什么情况？在回答这个问题的同时，可能会提出某些其他的有关问题。首先是企业参与竞争的是什么市场：为了给市场定位，企业必须了解客户的需求，并且使他们明白企业的竞争对象是谁。[3]

通过对竞争环境分析，企业能够清晰地认识市场状况和市场竞争强度，根据本企业的优势，制定正确的竞争策略；了解竞争对手优势，取长补短，扬长避短，与竞争者在目标市场选择、产品档次、价格、服务策略上有所差别；与竞争对手形成良好的互补经营结构。

#### 1.五种基本竞争力量

波特五力模型分析

根据美国学者迈克尔·波特（Michael Porter）的研究，一个企业所面对的竞争环境状态取决于五种基本竞争力量（如图1-6所示），这五种力量综合起来影响着产业的吸引力以及现有企业的竞争战略决策。一个公司的竞争战略的目标在于使公司在行业内进行恰当定位，从而

1 乔继红，张建平，景祥云，等．人口结构、消费倾向与中国居民储蓄率——基于多模型的组合预测[J]．吉林金融研究，2018（10）：1-6.

2 杨红云．国内竞争环境变化对制造业发展的影响综述[J]．北方经贸，2011（10）：11-13.

3 孙月珠．竞争环境分析[J]．中国中小企业，2000（6）：24-25.

最有效地抗击五种竞争作用力并影响它们朝向自己有利的方向变化。这五种力量分别为行业中现有竞争者的竞争能力、潜在竞争者进入的能力、替代品的替代能力、供应商的议价能力、购买者的议价能力。这五个方面也就形成了竞争环境分析的基础。

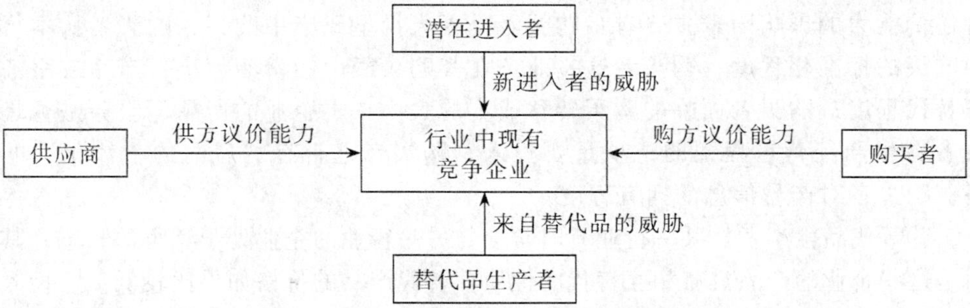


图1-6　驱动行业竞争的5种力量分析模型

①行业中现有竞争企业。这种竞争力量是企业所面对的最强大的一种力量，这些竞争者根据自己的一整套规划，运用各种手段（价格、质量、造型、服务、担保、广告、销售网络、创新等）力图在市场上占据有利地位，争夺更多的消费者。现有企业间的竞争状态取决于如下因素：现有竞争者的数量和集中度；行业增长速度；固定和存储成本；产品特色与用户的转移购买成本；行业内生产能力增加状况；竞争对手类型；退出壁垒。

②潜在进入者。潜在进入者是行业竞争的一种重要力量，这些新进入者大都拥有新的生产能力和某些必需的资源，期待能建立有利的市场地位。一方面，新进入者加入该行业，会带来生产能力的扩大，带来对市场占有率的要求，这必然引起与现有企业的激烈竞争，使产品价格下跌；另一方面，新加入者要获得资源进行生产，从而可能使得行业生产成本升高。这两方面都会导致行业的获利能力下降。某一行业潜在进入者威胁的大小主要取决于行业的进入障碍。影响行业进入障碍的因素主要有：规模经济、产品差异化壁垒、转移购买成本、资本需求壁垒、资源供应壁垒、销售渠道壁垒、资产专用性壁垒、在位优势、政府政策及有关法律限制、进入壁垒的其他因素（如长期合同壁垒、技术壁垒等）。

③供应商。对某一行业来说，供应商竞争力量的强弱，主要取决于供应商行业的市场状况以及他们所提供物品的重要性。供应商的威胁手段一是提高供应价格；二是降低相应产品或服务的质量，从而使下游行业利润下降。供应商讨价还价能力的影响因素主要有：供应商的集中程度和本行业的集中程度；供应品的可替代程度；本行业对于供应商的重要性；供应品是否为本行业的主要投入资源；供应品的特色和转变费用；供应商前向一体化的可能性；本行业内企业后向一体化的可能性。

④购买者。购买者的竞争力量需要视具体情况而定，但购买者所需产品的数

量、购买者转而购买其他替代产品所需的成本和购买者所各自追求的目标是最主要的内容。购买者可能要求降低购买价格，要求高质量的产品和更多的优质服务，其结果是使得行业的竞争者们相互竞争、残杀导致行业利润下降。购买者讨价还价能力的影响因素主要有：购买者是否大批量或集中购买；购买者从本行业中购买的标准化程度；购买者这一业务在其购买额中的份额大小：产品或服务的可替代程度；购买者面临的购买转移成本的大小：本企业的产品、服务是否是购买者在生产经营过程中的一项重要投入；购买者是否有“后向的一体化”的策略；购买者对产品信息的拥有程度。

⑤替代品生产者。某一行业有时常会与另一行业的企业处于竞争的状态，其原因是这些企业的产品具有相互替代的性质。替代产品的价格如果比较低，它投入市场就会使本行业产品的价格上限处在较低的水平，这就限制了本行业的收益。本行业与生产替代产品的其他行业进行的竞争，常常需要本行业所有企业采取共同措施和集体行动。分析替代品的威胁主要从两个方面着手：第一，判断哪些产品是替代品；第二，判断哪些替代品可能对本企业经营构成威胁。

2.行业内战略集团

行业内战略集团，是指在一个产业内执行同样或类似战略并具有类似战略特征的一组企业。在一个产业中，如果所有的企业都执行基本相同的战略，则该产业中只有一个战略集团。如果每个企业都奉行与众不同的战略，则该产业中有多少企业便有多少战略集团。当然，在正常情况下，一个产业中仅有几个战略集团，它们采用性质根本不同的战略。每个战略集团内的企业数目不等，但战略雷同。[1]

在同一战略集团内的企业除了广义的战略方面外，还在许多方面彼此非常相近。它们在类似的战略的影响下，会对外部环境做出类似的反应，采取类似的竞争行动，占有大致相同的市场份额。这种特征可以用战略集团图勾画出来。作为产业内部竞争分析的一种工具，战备使用图（如图1–7所示）横轴代表纵向一体化，纵轴代表专业化程度，圆圈的大小表示每一战略集团中企业市场占有率之和。

如果说一组企业相同或相似，主要是指这一组企业的战略及其竞争地位的决策变量比较接近。根据波特的观点，这些决策变量主要有：专业化程度、产品质量、技术领先程度、品牌、营销渠道选择、促销策略、售后服务、纵向一体化、成本结构、财务杠杆、与母公司的关系、与母国及东道国的关系。根据这些战略变量，将行业内企业划分为一个或多个战略集团。

一般而言，利用2个或3个关键战略特征，就可以界定一个行业内的战略集团。战略集团分析是一种分析预测工具，具有以下三方面作用。

1 张建伟．现代企业管理［M］．北京：人民邮电出版社，2017.

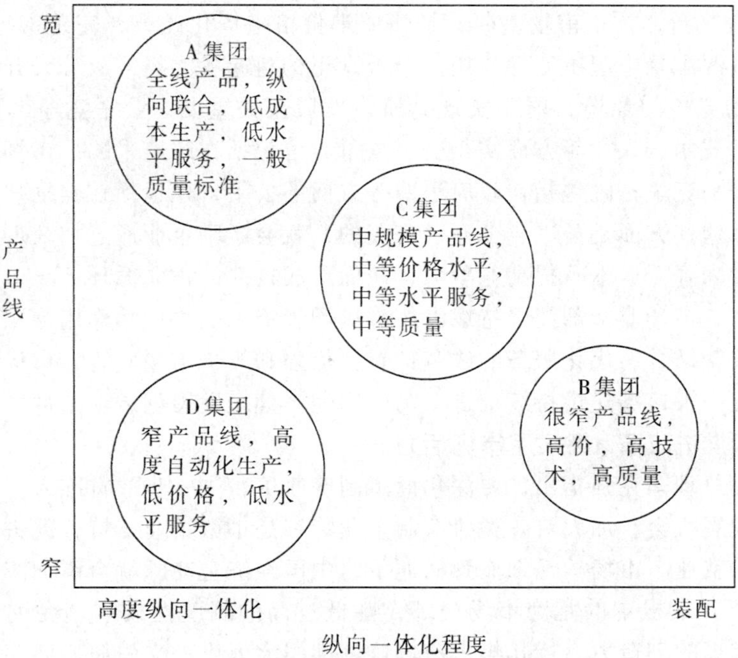


**图1-7 战备使用图**

①它有助于很好地了解战略集团间的竞争状况，也可以很好地了解某一战略集团与其他战略集团相比有何区别，说明每个战略集团内企业的战略及其与其他战略集团的区别。

②它有助于很好地了解企业怎样从一个战略集团转移到另一个战略集团去。战略集团间的转移取决于转移壁垒的高低及阻力的大小。

③它还可以预测市场变化或者发现战略机会。

### （三）国内竞争环境分析

中国改革开放已经40多年，加入WTO也已经17年，市场经济进入较为成熟的阶段。2017年中国经济总量占世界比重达到15%，GDP超过12万亿美元，仅次于美国。但同时，中国人均GDP才位列全球第70位左右，远低于美国、日本和欧洲等国家和地区；中国的劳动力工资已经接近美国的30%，但劳动生产率不足它的10%；中国出口的产品附加值比美、日、欧低20个百分点左右。这些数据的对比，迫切要求中国从低效率的高速增长模式中切换出来，走上真正高质量的发展道路。在推进高质量发展的过程中，建立透明有序的市场制度、营造公平公开的竞争环境是最重要保障。[1]

党的十九大报告强调，清理废除妨碍统一市场和公平竞争的各种规定和做法；

1 李东生. 营造公平竞争环境 促进经济高质量发展［J］. 中国市场监管研究，2018（9）：17-18.

打破行政性垄断，防止市场垄断，加快要素价格市场化改革，完善市场监管体制；使市场在资源配置中起决定性作用。能否真正构建起各类经济成分公开、公平、公正参与市场竞争的环境，对于实现高质量发展至关重要。公平竞争，既包括在资源、资金、技术、人才等方面实行公平竞争，也包括在政府采购、市场准入等需求方面实行公平竞争；既包括在政府税费等方面的公平，也包括在奖励扶持等方面的公平。如果这些方面是公平、公开、公正的，就会激励企业通过加大创新投入、提升管理质量来降低成本、提高竞争力，从而形成良性的正向循环。

近年来，市场监管部门坚持以发挥市场配置资源的决定性作用为主线，按照简政放权、放管结合、优化服务的改革部署，加强和改善市场监管，市场秩序不断规范，全国统一大市场建设持续推进，为中国经济健康发展创造了条件。

**1.持续推进改革，激发了市场活力**

国务院总理李克强指出，要深化商事制度改革，进一步放宽准入，让市场主体拥有更多发展机会。加大对各类所有制企业特别是小微企业支持，促进提升企业竞争力和扩大就业。市场的毛细血管畅通了，中国经济主动脉就会更加澎湃有力。商事制度改革，最根本的是为市场松绑，降低过高的制度性成本，促进市场主体发展，激发市场的创造力。近几年，市场监管部门大力推进“先照后证”和工商登记制度改革，将注册资本实缴制改为认缴制，将企业年检改为年报公示，简化市场主体住所登记，推进电子营业执照和全程电子化登记管理，实施“多证合一、一照一码”改革。这些改革措施降低了创办企业的门槛，方便了市场主体，提升了服务效率，优化了市场准入环境，市场主体持续快速增长。2018年1—7月，日均新增市场主体5.61万户，其中企业1.83万户，实有市场主体10 379.4万户，新设市场主体成为中国经济转型升级和高质量发展的重要推动力。[1]

**2.加强竞争领域执法，优化了营商环境**

建设全国统一大市场，是市场机制充分发挥作用的重要基础。中国由计划经济向市场经济体制转变的过程，就是由垄断的、分割的市场，向竞争的、开放的市场转变的过程。近几年，中国大力推进反垄断和反不正当竞争执法，着力查处重大典型的垄断案件和不正当竞争案件，威慑和警示市场主体，有效预防和制止垄断和不正当竞争行为。强化经营者集中反垄断全链条监管。查处行政性垄断行为，防止政府对市场行为的不当干预。截至2018年，《反垄断法》实施10年来，查处垄断协议案163件和滥用市场支配地位案54件，累计罚款金额超过110亿元，查处滥用行政权力排除、限制竞争案183件，震慑了违法者，净化了市场环境；审结经营者集中2 283件，查处未依法申报案件22件，有效预防市场垄断，维护市场公平竞争。建立并推动实施公平竞争审查制度，从源头上防止出台排除限制竞争的政策措施。强

1 甘霖．维护公平竞争的市场环境 促进中国经济高质量发展——在2018市场监督管理论坛上的主旨演讲［J］．中国市场监管研究，2018（9）：5-8.

有力的执法，维护了市场公平竞争，推进了全国统一开放、竞争有序的市场建设，促进了中国营商环境不断优化。[1]

### 3.突出重点领域监管，维护了市场秩序

围绕促进国民经济发展和维护群众切身利益，近几年，市场监管部门对公共服务、教育、医药、银行业、农村市场、网络交易等重点行业和领域积极开展了执法活动，重点整顿和规范了市场秩序，为促进经济发展创造了良好的市场环境。同时，对平台竞争、电子商务、数字经济等新领域新业态，加强问题分析和监管研究，坚持包容审慎开展监管。包容审慎监管的落脚点是监管，不是不管，包容是态度，是给予新业态发展的时间和空间；审慎是原则，是坚持科学的分析和严谨的论证。在监管中坚持两个相结合，即重点执法和常态执法相结合，严格监管和包容监管相结合，实现有效监管的目标，维护良好的市场秩序。[2]

### 4.创新市场监管机制，提升了监管效率

党的十九大报告中提到：要加快完善社会主义市场经济体制，深化商事制度改革，打破行政性垄断，防止市场垄断，加快要素价格市场化改革，放宽服务业准入限制，完善市场监管体制。创新和完善宏观调控，发挥国家发展规划的战略导向作用，健全财政、货币、产业、区域等经济政策协调机制。[3]激发市场活力和公正监管相辅相成，没有公正的监管，就没有市场公平竞争，就可能出现劣币驱逐良币，并容易滋生寻租腐败，也不利于发挥市场作用倒逼企业创新和提质。新形势下市场监管不同于高度集中计划体制下的市场管理，需要创新监管方式、分类实施。因此，对于一般商品和服务领域可建立企业信息公示制度、经营异常名录制度和严重违法失信企业名单制度，全面推行“双随机、一公开”监管，推动建立政府部门间信息共享和联合惩戒机制；对投诉举报的突出问题或公众关注的产品和服务等要开展重点监管；对食品药品、特种设备等实行全程监管，严把每一道关口，坚决守住人民生命健康和安全的防线，用严管重罚把“害群之马”逐出市场；对新产业、新业态坚持包容审慎监管，支持其创新发展，守住基本规则和安全底线，并坚决破除阻碍市场活力发挥的各类垄断。这些新的监管机制和措施，突出了事后监管和信用监管，减少了对市场主体正常经营行为的过多干预，保证了监管的公平和透明，提升了监管效率，增强了监管的科学性和有效性。

中国市场监管在改革中取得了显著成效，但仍存在一些突出的问题：部分领域市场竞争不充分，垄断和不正当竞争行为偶有发生，市场公平竞争需要更加有力地维护；全国统一大市场尚未形成；市场主体公平竞争的自律性有待提高，公平竞争

---

1　甘霖．维护公平竞争的市场环境 促进中国经济高质量发展——在2018市场监督管理论坛上的主旨演讲［J］．中国市场监管研究，2018（9）：5-8．

2　甘霖．维护公平竞争的市场环境 促进中国经济高质量发展——在2018市场监督管理论坛上的主旨演讲［J］．中国市场监管研究，2018（9）：5-8．

3　新华网．十九大报告全文［EB/OL］．（2017-10-27）．http://www.spp.gov.cn/tt/201710/t20171018_202773.shtml．

的意识尚未深入人心；市场信用体系仍待完善，失信行为需要得到监管；市场监管体制不完全适应经济发展的需要，改革需进一步深入等等。这些问题具有明显的阶段性特征，影响了市场机制充分发挥作用，成为影响和制约中国经济高质量发展的重要因素，需要着力加以解决。

## （四）国际竞争环境分析

改革开放40多年以来，中国比较成功地完成了扩大出口、加快投资、简单纳入全球分工体系的任务，已经从一个相对封闭的经济体发展成为世界商品贸易大国，从一个高度重视利用外部资金扩大国内投资的资本吸收国发展成为对外投资能力急剧增强的国家。如今的中国经济总量已雄居世界第二，把世界第三的日本远远甩在身后，且已经达到世界第一的美国经济总量的67.36%。

在中国经济深度融入全球经济体系的背景下，中国企业的国际竞争环境出现了多方面的变化，包括行业结构、竞争格局、消费者需求、技术发展、国际经贸等都有可能出现重大的调整，主要表现在：

### 1.新一轮产业结构调整和转移在加快进行，新的国际分工格局正在形成

国际贸易与国际投资的互动是产业结构调整和新国际分工格局形成的基础和主要动力。传统的贸易主导型的国际分工已向以国际生产、跨国经营的投资主导型的国际分工转变，国际产业分工的梯度结构进一步深化，从产品、工艺、零组件的产业内分工进一步向沿着同产业的产业链结构——研究、开发、制造、营销——实行分工。

当代技术创新、新技术的发展和国际间比较优势的动态变化是促进国际分工发展的决定性因素。新技术的生命周期越来越短，技术创新的速度越来越快，创新成本即创新对资本、人才及制度环境的要求越来越高；同时，信息技术和以之为核心的其他新技术产业具有很强的规模效应、很强的外部性及学习效应，因而这些产业本质上就是全球性产业，在全球形成很长的产业链；同时技术创新加快要求创新技术的商业化进程相应加快，这些特点使得具有研究和创新优势、应用开发和制造优势的国家在国际分工链上重新排序。

当代世界市场的扩大和市场结构的变化是国际分工深化的基础性条件。当代世界市场的扩大主要表现在随着发展中国家和地区的经济发展，一大批新兴市场出现，特别是经济转轨国家经济的崛起。这些地区是发展中经济和高收入产油国以外增长率最高的地区。因此这些国家和地区成了又一批新兴大市场。这些市场拓展了世界市场的广度和深度，为处于不同发展阶段的各类国家参与国际分工提供了巨大的空间和机会。当代世界市场结构的变化除了上述区域结构的变化以外，还表现在主要区域市场需求的变化。发达国家的市场需求趋向饱和，选择更加多样化和个性化，而新兴市场的需求尚待进一步开发。

国际直接投资和跨国公司是推动新一轮产业转移和结构调整及新国际分工格局形成的主导力量。发达国家竞相实行基地重组，把包括高新技术产业链中的制造环节的制造基地而不仅仅是低技术制造基地向新兴大市场转移，既利用后者的比较优势，取得最佳的资源配置效果，又可以占领当地市场和周边市场，发挥市场的辐射功能。与此同时，新兴经济体和发展中国家也竞相吸引外资及扩大相互间的直接投资，以借助外资实现国内的产业升级占领对方市场，由此引发激烈的引资竞争。

### 2.跨国并购汹涌澎湃，全球企业市场和全球生产体系加速形成

在国际产业大转移的进程中，特别值得注意的是国际生产增长的大部分是由跨国并购而不是由新建投资推动的。这波世界企业发展史上最大的并购浪潮，席卷了全球重要的行业。企业跨国并购是近年来发达国家直接投资增长的主要动力之一。大规模的企业并购活动，对国际直接投资的规模和方向有举足轻重的影响。

目前的并购浪潮与19世纪末至20世纪初在美国发生、在1898年至1902年期间达到顶峰的并购浪潮有着一些共同之处。这两次并购浪潮都受到重大技术发展、新的并购融资手段和规制变化的影响。正如上一次美国发生的并购高潮推动了产品和服务的国内市场以及国内生产体系的形成，并产生了与之相配合的国内企业市场一样，当前的国际性并购高潮也推动了产品和服务的全球市场以及国际生产体系的形成，同时产生了与之相配合的日益全球化的企业市场。跨国公司通过跨国并购这种进入方式，可以获得速度优势和所有权优势，最迅速地取得规模效益和市场垄断地位，并通过互补型并购分摊创新成本，获得新的技术资产、增强竞争力。

众多的超大型跨国公司加速并购、联合，为面向21世纪竞争进行全球和地区的战略性结盟和重组，进一步构筑和完善“以世界为工厂、以各国为车间”的国际化生产体系，提供了前所未有的发展机遇。

### 3.区域经济一体化迅猛发展，区域内分工模式与竞争格局快速变化

根据中国国际贸易促进委员会的分析，全球将深受“逆全球化”思潮再次兴起和贸易保护主义日趋严重的影响，国际贸易在2019年面临着更多不确定不稳定的因素。[1]当前，日本、韩国、中国等都在积极探索双边合作和区域合作的可能性，酝酿与多个亚洲国家以及其他国家签订自由贸易协定。

东亚地区原分工模式也随之发生变化，亚洲经济大竞争时代已经到来。随着国际经济环境的变化和中国经济的崛起，中国“崛起的十年”和日本“失去的十年”使东亚产业分工、技术梯次转移的格局改变，20世纪70年代逐步发展起来、由日本主导的雁阵模式已被打破，不再有效。中国经济的崛起打破了日本主导的亚洲地

---

1　佚名．2019年全球国际贸易面临新挑战［EB/OL］.（2018-12-31）. http://www.ccpit.org/Contents/Channel_4117/2018/1231/1108319/content_1108319.htm.

区经济雁行发展格局，亚洲正在进入一个激烈竞争的时代，而日本安享过去成功发展的经验，失去了自我改革的能力和竞争力，因而陷入危机境地。

中国经济规模巨大、幅员广阔，面对经济全球化逆潮的严峻挑战，中国在加快转变经济发展方式的过程中，依然要稳定外需、保证出口，以缓解就业压力、积累国际竞争经验。积极参与国际竞争，主动迎接挑战，相信中国经济的明天定会更加辉煌。

## 阅读拓展

### 2018年“双11”收官成交额定格2 135亿

2018年“双11”销售额达到顶峰，一场现象级商业再度创造了新奇迹。11月12日零时，“双11”一锤定音，在显示天猫“双11”成交额的大屏幕上，数字最终定格在了2 135亿元人民币，相较于去年的1 682亿增长了近27%。

这场被阿里巴巴视为商业奥林匹克的“双11”，每一个数字节点均见证了这场商业盛典（如图1-8所示）。从11月11日凌晨开始，100亿元、362亿元、571亿元、912亿元、1 000亿元、1 111亿元、1 207亿元、1 500亿元、1 682亿元、2 000亿元直到2 135亿元，11个成交额的节点将2018年“双11”串联成线。“因为相信，所以看见”这句Slogan在直播现场随处可见，如今则成为佐证“双11”成交量的语言。

图1-8　2018年天猫“双11”盛典

正如阿里巴巴首席执行官张勇所言，电子商务会改变整个商业，商业会被重新定义，消费者的生活会被重新定义。与此同时，“双11”驱动着物流行业发生着翻天覆地的变化，1天10亿快递量在“双11”第十年成为现实。11月11日23小时18分钟09秒，2018年天猫“双11”物流订单超10亿。1天10亿包裹，成为十年天猫“双11”最具代表性的里程碑。实时滚动的数据大屏背后早已不是单纯电商业务比拼，“双11”以电商为中心，席卷了科技、制造、零售、金融、物流等多领域。曾经仅在线上狂欢的“双11”已经深入到线下，延展至供应端，并调动着千万个品牌商、商超、百货购物中心、物流、金融企业一同联动。据了解，100个新零售商圈、20万家智慧门店、62家银泰百货、41家居然之家、近100家盒马鲜生、470余家新零售商超、100万饿了么和口碑商家为“双11”配备了资源。

（资料来源　王晓然，赵述评. 2018年“双11”收官成交额定格2 135亿［EB/OL］.（2018-11-12）. http://www.bbtnews.com.cn/2018/1112/273508.shtml）.

## 学习成果

### 主要概念和观念

主要概念

社会环境　生产环境　经济环境　竞争环境

主要观念

★ 对社会环境的分析需要从人们所处的社会政治环境、法律环境、科技环境、文化环境等宏观方面进行展开。

★ 生产环境很大程度上影响该地区的劳动生产效率，特别是制造业一线工人。它涉及法律政策和劳动纠纷各个方面。

★ 丛亮用三个关键词概括了当前中国经济环境情况，即“形稳”“质优”“势好”。

★ 在中国经济深度融入全球经济体系的背景下，中国企业的竞争环境出现了急剧的变化，行业结构、竞争格局、消费者需求、技术发展、国际经贸等都有可能出现重大的调整。

### 实务自测题

1.通过网络和其他途径开展资料收集，尝试分析广东省的经济环境。

2.尝试分析2018年电商领域的竞争环境情况，请查阅相关资料，形成分析报告。

## 成果形式

实训课业：根据本章所学社会环境、生产环境、经济环境、竞争环境的内容，结合所在地区的具体情况，撰写一份《××地区发展环境评价报告》。

## 学习成果考核

本模块的学习成果考核见表1-3。

表1-3　“商业环境分析的基本理论”学习成果考核参考表

| 评估指标 | 评估标准 | 评价成绩（分） |
|---|---|---|
| 自我学习（20%） | 在确定长期学习目标时，能根据各种信息和资源确定要实现的多个目标及途径，明确可能影响计划实现的因素，确认实现目标的时限，制定行动要点和时间表，预计困难和变化；在实施学习计划时，能保证重点、调整落实、处理困难、选择方法，通过复杂的课程和技能训练提高工作能力；在检查学习进度和成果时，能汇总学习成果、成功经验和已实现的目标，证明新学到的东西能有效运用于新选择的职业或工作任务 | |
| 信息处理（15%） | 在获取信息时，能分析复杂工作任务，比较不同信息来源的优势和限制条件，选择适当技术发现和搜寻信息；在开发信息时，能辨别信息真伪，定性核校、分析综合、解读与验证资料，建立较大规模的数据库，用计算机生成新的信息；在展示信息时，能用新闻方式发布、平面方式展示、网络技术传递，能利用信息预测趋势、进行新的设计，能收集信息反馈，评估使用效果 | |
| 数字应用（10%） | 在解读数据信息时，能组织大型数据采集活动，通过调查和实验获取、整理与加工数据；在进行数据计算时，能从事多步骤的复杂计算，并统计与分析数据；在展示和使用数据信息时，能选择合适的方法阐明和比较计算结果，检查并论证其合理性，设计并绘制图表，根据结果做出推论，说明和指导工作 | |
| 与人交流（10%） | 在交谈讨论中，始终把握会议主题，认真聆听他人讲话内容并进行交流；主持会议或会谈，全面准确表述复杂事件或观点；在当众讲演时，能为讲演做准备，把握讲演的内容、方式，借助各种手段强化主题；在阅读和获取资料时，能为一个问题或课题找到相关资料，看懂资料的思路、要点、价值和问题，分析、筛选和利用资料表达主题；在书面表达时，能熟悉专业文书、把握基本要求，组织利用素材、说明内容要点，掌握写作技巧、恰当表达主题，采用适当风格、增强说服力 | |

续表

| 评估指标 | 评估标准 | 评价成绩（分） |
| --- | --- | --- |
| 与人合作（10%） | 在调整合作目标时，能发现各方问题，协调利益关系，进行有效沟通，调整合作计划与工作顺序；在控制合作进程时，能整合协调各方资源，妥善处理矛盾，排除消极因素，激发工作热情；在达到合作目标的过程中，能及时全面检查工作成效，不断改善合作方式 | |
| 解决问题（20%） | 在揭示复杂问题和提出问题的对策时，能分析探讨问题的实质，提出解决问题的最优方案，并证明这种方案的合理性；在制订计划、实施解决办法时，能制订并实施获得认可的详细计划与方案，并能在实施中寻求信息反馈，评估进度；在检查问题、分析结果时，能选择有效检查方法，分析总结、提出解决同类问题的建议与方案 | |
| 革新创新（15%） | 在提出创新意见时，能客观分析事物发展与需求之间的矛盾，提出独特的改进意见和方法；在做出创新方案时，能根据实际需要，设计并实施创新工作方案，并在条件变化时坚持创新活动；在评估创新方案时，能按常规方式和专业要求，对创新方案和结果进行检测并预测风险，能针对问题调整工作方案、总结经验、指导他人，提出进一步创新和改进的方法 | |
| 总成绩（100%） | | |
| 团队互评评语 | | |

# 模块二

## 广东商业环境综合篇

### 学习目标

通过本模块学习，应该达到以下目标：

理论目标：了解广东省的自然环境和人文环境；领会广东省的岭南文化特色。

实务目标：了解和把握广东省的独特格局，能够分析广东省形成海岸经济带的原因。

案例目标：运用所学广东省的历史案例，分析广东省的地位和影响。

实训目标：在切实体验广东经济数据和贸易状况中，分析所属地区与广东省合作的可能性。

## 案例引入

### 为什么说广东是中国经济的缩影？

广州是典型的区域性中心城市，它代表了一个拥有省会政治地位的区域性中心城市想象力的极限；现在的深圳是以互联网、高端制造和金融业等高端产业为主的新兴城市，它诠释了一个拥有政策优势和资源吸引力的中国城市可以走多远；佛山是“中国制造”的集聚地，拥有强大的本土民营企业，也是中国县域经济最为发达的地区；东莞则长期以来是以吸引港台资本（尤以台资为代表）的外向型城市。

广东，中国经济第一大省。随着“粤港澳大湾区”上升为国家意志，广东在国家战略中的地位更显重要。2017年，广东经济同比增长7.5%，在主要经济大省中仅次于浙江，高于江苏的7.4%和山东的7.2%。在总量大于江苏和山东的前提下，广东保持着比后者更快的增长，展现出广东经济的蓬勃生机。

广东经济何以强？最根本的是在广东这片土壤上被激活的民营经济具有创新活力，它以一个又一个响亮的中国品牌，让珠三角成为高质量发展的“样板间”。

（资料来源　根据搜狐网相关资料整理而成，http：//www.sohu.com/a/242400126_468701）

## 学习内容

# 一、广东省重要经济数据

一个城市的地区生产总值总量反映了这个城市的经济实力，一个城市的地区生产总值增速则反映了它的经济发展潜力。下面，我们来梳理一下广东省的经济情况。

### （一）广东省综合经济实力分析

广东省经济基本概况

#### 1.省情概况

广东省位于中国南部沿海，东邻福建，北接江西、湖南，西连广西，南临南海，珠江口东西两侧分别与香港、澳门特别行政区接壤，西南部雷州半岛隔琼州海峡与海南省相望，区位优势显著。广东省下辖21个地级市（其中包括广州和深圳2个副省级城市），119个县级行政区（60个市辖区、20个县级市、36个县、3个自治县）。自1989年起，广东省地区生产总值连续居全国第一位，是中国第一经济大省，经济总量占全国的1/8。[1]

近年来广东省第三产业发展较快，产业结构持续优化，已形成第二、三产业并重的产业结构。广东省自然资源丰富，内陆水系和海洋资源发达，可为经济贸易提供便利的内陆水上运输和海洋运输；同时，广东省矿产资源储备丰富，高岭土、银、铅等储量在全国排名前列。依托于优良的自然资源和区域优势，广东省形成了以制造业为主的外向型经济，形成了电子信息、汽车制造、电气机械、石油化工、纺织服装和食品饮料等多个支柱产业。

#### 2.经济情况

自1989年起，广东的地区生产总值已经连续29年位居全国第一。2017年广东的经济总量为89 879亿元，约占全国的10.5%。表2-1是广东省21市2017年的地区生产总值数据。

由表2-1可以看出，广东省的经济第一梯队是位居中国四大一线城市的深圳和广州，两者的地区生产总值可以说已经超过了很多的省级行政区，两者地区生产总值之和达到43 942亿元，占广东省的48.9%，已经接近了一半，也就是说，深圳、广州两地的地区生产总值之和就接近了俄罗斯全国生产总值的一半。[2]

第二梯队是佛山和东莞，也是经济大市，不过在最新的中国城市排名中，东莞位居新一线城市，而佛山位居二线城市，当然也说明城市的定位不能只看经济总量。

1　艺术精彩．中国地级市最多的省，拥有21个地级市［EB/OL］．（2018-06-10）．http：//www.360doc.com/content/18/0610/21/40490835_761274307.shtml.

2　小泡泡自媒体．中国经济第一大省——广东，各地市经济数据［EB/OL］．（2018-09-10）．http：//dy.163.com/v2/article/detail/DRCABQE50517WSPH.html.

表2-1　　　　　　2017年广东省21市地区生产总值排行榜

| 排名 | 地区 | 地区生产总值（亿元） | 增速（%） |
| --- | --- | --- | --- |
| — | 广东 | 89 879.23 | 7.5% |
| 1 | 深圳 | 22 438.39 | 8.8% |
| 2 | 广州 | 21 503.15 | 7.0% |
| 3 | 佛山 | 9 549.6 | 8.5% |
| 4 | 东莞 | 7 582.12 | 8.1% |
| 5 | 惠州 | 3 830.58 | 7.6% |
| 6 | 中山 | 3 450.31 | 6.6% |
| 7 | 茂名 | 2 924.21 | 7.5% |
| 8 | 湛江 | 2 824.03 | 6.8% |
| 9 | 江门 | 2 609.25 | 8.1% |
| 10 | 珠海 | 2 564.73 | 9.2% |
| 11 | 汕头 | 2 350.76 | 9.2% |
| 12 | 肇庆 | 2 200.61 | 5.2% |
| 13 | 揭阳 | 2 151.43 | 5.0% |
| 14 | 清远 | 1 500.9 | 5.0% |
| 15 | 阳江 | 1 408.63 | 6.2% |
| 16 | 韶关 | 1 338 | 5.9% |
| 17 | 梅州 | 1 125.82 | 6.8% |
| 18 | 潮州 | 1 075 | 7.0% |
| 19 | 河源 | 952.12 | 5.1% |
| 20 | 汕尾 | 855.37 | 8.1% |
| 21 | 云浮 | 846.20 | 5.6% |

（数据来源　根据国家统计局相关资料整理而成，http: //www.stats.gov.cn）

第三梯队是剩下的17个地市，其中经济总量垫底的是云浮市，仅为846亿元，而且增速也只有5.6%。

放眼全球，如果把广东看成一个经济体参与世界排名，根据2017年人民币对美元平均汇率6.7518∶1计算，广东地区生产总值折合成美元为13 312亿美元，广东是中国经济总量首个突破1万亿美元的省份。广东的地区生产总值超过欧洲老牌的资本主义国家西班牙的经济总量，位居世界第14。随着经济的发展，未来广东的经济总量进入世界前十也未必不可能。

广东是中国经济最为发达的省份之一，尤其是珠三角地区，是中国改革开放最先发展起来的地区之一，如今已经发展成为中国重要的制造业基地，也是全球制造业产业链中重要的一环。这里拥有中国四大一线城市中的两个——广州和深圳，广州是中国重要的商贸中心，深圳是中国的科创中心，而佛山、东莞、中山、珠海等城市也是重要的制造业城市。家电、手机、汽车、房地产、通信等行业在全国都有很强的竞争力（见表2–2）。

表2–2　2017年广东有11家世界500强企业

| 排名 | 企业名称 | 企业营收（亿美元） |
| --- | --- | --- |
| 39 | 平安保险 | 1 165.811 |
| 83 | 华为 | 785.108 |
| 100 | 南方电网 | 712.415 |
| 183 | 正威国际 | 496.767 |
| 216 | 招商银行 | 445.518 |
| 238 | 广汽集团 | 415.604 |
| 307 | 万科 | 344.58 |
| 338 | 恒大 | 318.28 |
| 450 | 美的集团 | 240.604 |
| 467 | 碧桂园 | 230.437 |
| 478 | 腾讯控股 | 228.707 |

（数据来源　根据搜狐财经相关资源整理而成，http: //www.sohu.com/a/158984902_267106）

### （二）广东省创新经济实力分析

在广东，创新驱动渐显成效，新产业、新业态发展迅速。党的十八大以来，广东全面推进创新发展战略，将创新驱动作为经济发展的“第一动力”，以创新为主要引领和支撑的经济体系与发展模式加快形成，在珠三角基本形成以深圳、广州为龙头，连同珠海、佛山、惠州、东莞、中山、江门、肇庆7个地级市共同创建的“1+1+7”一体化区域协同创新格局。区域创新综合能力排名跃居全国第一。2017年研究与试验发展经费支出占地区生产总值比重提升到2.61%，企业研发经费首次超过2 000亿元，达2 083.01亿元，比上年增长14.1%；新增3个国家级高新区。国家级高新技术企业从6 652家增加到3万家，跃居全国第一。高新技术产品产值达6.7万亿元，年均增长11.4%。有效发明专利量、PCT国际专利申请量及专利综合实力连续多年居全国首位，技术自给率和科技进步贡献率分别达72.5%和58%。[1]

2018年上半年，广东先进制造业增加值占全省规模以上工业比重55.7%，同比提高3个百分点；高技术制造业增加值占全省规模以上工业比重30.1%，同比提高2.3个百分点。1—7月广东集成电路产量增长25.3%，碳纤维增强复合材料增长37.4%，服务器增长33.4%，新能源汽车增长66.9%。[2]

面对经济转型升级的新挑战，广东已经出台全国首个支持工业互联网发展的地方政策，深化“互联网+先进制造业”，培育20家国内领先的工业互联网平台，推动20万家企业“上云上平台”，建设一批工业互联网应用标杆示范项目，发布首批60家工业互联网产业生态供给资源池名单，组建广东省工业互联网产业联盟，营造工业互联网集聚发展的产业生态。

与此同时，广东开展新数字家庭行动，推动4K电视网络应用与产业发展，开通全国首个4K超高清试验播出频道，形成3个千亿级新型显示产业基地，引领国内4K产业发展。

## 二、广东省对外贸易状况

作为全国首个发布参与建设“一带一路”实施方案的省份，从2013到2018年，广东深度融入、加速推进，在政策沟通、贸易畅通、设施联通、资金融通、民心相通方面取得重要成果。

——2013年至2018年上半年，广东与“一带一路”沿线国家和地区进出口保持良好的发展态势，进出口总值达71 248.3亿元；

——2013年至2017年，广东与“一带一路”沿线国家和地区进出口值从1.11万亿元增长至1.5万亿元，年均增长率高达7.8%；

——2018年上半年，广东与“一带一路”沿线国家和地区进出口值占我国外贸进出口值的22.5%。[3]

从2013年到2018年，广东围绕打造“一带一路”战略枢纽、经贸合作中心和重要引擎的目标，多措并举，深化与沿线国家和地区合作，畅通互利共赢的贸易之路。

海关总署广东分署发布的统计数据显示，2017年，广东省外贸进出口稳中向好，质量效益不断提升。全年实现货物贸易进出口总值6.82万亿元，较2016年同

1　马汉青．广东区域创新综合能力排名跃居全国第一［EB/OL］．（2018-09-07）．http：//news.ycwb.com/2018-09/07/content_30084386.htm.

2　广东省统计局综合处．2018年上半年广东经济运行简况［EB/OL］．（2018-11-23）．http：//www.gdstats.gov.cn/tjzl/tjkx/201811/t20181123_416046.html.

3　陈晓．广东交出与“一带一路”沿线国家贸易往来“成绩单”［EB/OL］．（2018-08-29）．http：//news.southcn.com/gd/content/2018-08/29/content_183092494.htm.

期（下同）增长8%；贸易顺差达1.62万亿元[1]；"民营企业+一般贸易"增速较快且比重上升，新型贸易业态发展迅猛。

2017年，广东省外贸进出口呈现明显的前低后高、逐季攀升态势。广东四个季度外贸进出口分别为1.44万亿元、1.71万亿元、1.76万亿元和1.9万亿元，季度平均增速为9.6%。从月度情况看，12月份进出口、出口和进口分别达7 104.9亿元、4 482.1亿元和2 622.8亿元，创下年内峰值。

2017年，广东一般贸易比重稳步提升，实现进出口3.14万亿元，增长14.3%，占全省进出口的46.1%，较上年同期提升2.5个百分点，对外贸增长的贡献度为77.6%；加工贸易进出口2.53万亿元，占37.1%；跨境电子商务进出口441.9亿元，同比增长93.8%，规模居全国首位。同期，广东民营企业发展迅猛，2017年进出口3.14万亿元，同比增长14.5%，占全省的46.1%，占比较上年同期提高2.6个百分点，对全省外贸进出口增长贡献最大，拉动全省外贸增长6.3个百分点。值得关注的是，民营企业出口1.98万亿元，首次成为广东第一大出口主体。

2017年，广东深度融入国家"一带一路"倡议，对沿线国家和地区进出口稳步增长，市场多元化程度得到提升。全年对"一带一路"沿线国家和地区累计进出口1.5万亿元，增长14.9%。同期，对东盟、美国和欧盟进出口8 673.8亿元、8 624.7亿元、7 697.1亿元，分别增长13.4%、10.4%和12.1%。[2]

机电产品和劳动密集型产品仍为外贸出口主力。2017年，广东机电产品出口2.86万亿元，增长6.6%，占广东省出口总额的67.8%，拉动广东出口增长4.5个百分点；同期，劳动密集型产品出口9 108.5亿元，增长6.3%，占广东省出口总额的21.6%，拉动广东出口增长1.4个百分点。[3]

铁矿砂、原木、成品油等大宗商品呈现量价齐升态势。2017年，广东省部分大宗商品呈现量增价扬的趋势，其中，进口铁矿砂3 412.8万吨，增长34.6%；进口原木251.7万吨，增长15.5%；进口成品油268.8万吨，增长4.2%；进口初级形状的塑料821.4万吨，增长7.1%。主要大宗商品进口均价均呈上升态势，其中进口煤上升39.5%。[4]

2017年，广东外贸回稳向好的基础不断巩固，发展形势持续向好。海关人士认为，尽管国际经济领域仍存在一些不确定、不稳定因素，但在广东商务部门及各相关部门积极作为、扎实推进各项外贸稳增长政策措施的努力下，广东外贸有望延续稳中向好局面。

---

1　吕丹，汤兵．2017年广东外贸进出口稳中向好　新型贸易业态发展迅猛［EB/OL］．（2018-01-18）．http：//www.sohu.com/a/217543123_119778.

2　潘纳新．广东去年外贸进出口总值同比增长8%［EB/OL］．（2018-02-02）．http：//www.cinic.org.cn/xy/gd/420198.html.

3　王硕．2017年广东外贸进出口6.82万亿元　新型贸易业态势头猛［EB/OL］．（2018-01-18）．http：//www.sohu.com/a/217449118_123753.

4　同上。

## 三、广东省的自然、人文环境

广东是中国海上丝绸之路历史最悠久、规模最大、港湾最多、延续时间最长的省区，这与广东独特的地理区位，众多的港湾，常年吹信风，以及中央政府对广东的特殊政策，加之其岭南文化风格有很大关系。如此众多有利因素，造就了广东海上丝绸之路在中国乃至世界历史上独领风骚数千年的局面。

广东省的自然、人文环境

### （一）濒临南海，世界海运中心之一

在中国沿边五大海区中，南海位于北纬23°37′以南的低纬度地区，北抵北回归线，南跨赤道进入南半球，南北跨纬度26°47′，位于印度尼西亚的南苏门达腊和加里曼丹之间。[1]南海全在热带范围之内，故海洋生物量最大，一年四季可以航行或从事生产作业，包括沿海采集、养殖、海上捕捞等，海产最丰，海洋文化发展也最盛，比之亚热带或副热带，以及四季分明的渤海、东海、黄海等，实胜一筹。

流入南海的主要河流有中国的珠江，越南的红河、湄公河和泰国的湄南河等。其中珠江由西江、东江、北江以及珠江三角洲河网水系组成，径流丰富，仅次于长江。珠江源于云贵高原马雄山，长2 320千米。珠江由虎门、蕉门、洪奇沥、横门、磨刀门、鸡啼门、虎跳门、崖门八口归海。此外，在中国境内独流注入南海的尚有韩江、榕江、漠阳江、鉴江、九洲江、南渡江、昌化江、万泉河、南流江、大风江、钦江、北仑河等。这些河流腹地纵深广阔，连接中国南方大部分省区，不但带来大量冲积物沉积于河口和沿岸地区，形成大面积的河口三角洲（如珠江三角洲、韩江三角洲、漠阳江三角洲等）和滩涂，以供耕凿和海水养殖，而且作为海陆相连的纽带，也为海上贸易、中外文化交流发挥了巨大的作用。特别是珠江水系绾毂广州附近的扇形地理格局，珠江河口区海河动力强大，河流输沙量少，河床流量大，水深，造就了千年不衰的港市——广州，使它拥有十分宽广的陆向和海向腹地，荟萃天下货物，奠定了其从事海上丝绸之路转口贸易的强大物质基础。按照大江大河必有大城市的原理，其他江河出海口，也形成规模不等的海上贸易中心城市，如潮州、汕头、汕尾、香港、深圳、珠海、澳门、阳江、湛江、海口、三亚、北海、钦州、防城港等，星罗棋布于南海海岸线上。其数量之多、分布之广、海洋文化特质之鲜明，甲于中国其他海区沿海城市，与广州一起，共同组成广东海上丝绸之路港口城市体系。广东这个临海区位优势，恰如维新变法主要人物、近代中国文化大师梁启超在《世界史上广东之位置》一文中指出的，“今之广东依然为世界交通第一孔道。……虽利物浦、纽约、马赛不能过也”。基于这个区位优势，梁启超在《中国地理大势论》中又说，广东“其民族与他地绝异，言语异、风习异、性质异，故

1 根据百度百科资料整理。

其人有独立思想，进取之志”。这都奠定了广东在海上丝绸之路上处于特殊地位的地缘基础。

## （二）港湾众多

港湾是海洋的一部分，根据地质构造、地貌背景和海岸动力等条件及其组合区域差异，南海北部具有山地溺谷、台地溺谷、潟湖、河口和人工港湾等类型港湾共48处，约占全国沿海可建港址总数的30%。[1]这些港湾大部分水深，纳潮量大，沉积物少，可建设为良港。1912年，孙中山在《建国方略·实业计划》中列入开发建设的即有广州、钦州、汕头、电白、海口、汕尾、海安、榆林等港。此后，港湾建设时有兴衰，改革开放以来始形成蓬勃发展之势。这些港湾背靠中国大陆，拥有辽阔的陆向腹地，同时拥有范围更为广大的东南亚、印度洋、阿拉伯海，乃至环太平洋等海向腹地。借助海上丝绸之路，中国与这些海区国家和地区自古以来就有贸易往来，形成“以海为商”的海洋商业文化模式和传统，成为中国海洋文化特质最明显的一个表现，也为广东海上丝绸之路长盛不衰提供了强大的文化软实力支持。

## （三）丰富的海洋资源

南海不但拥有丰富的海水化学、动力、海洋生物、滩涂、海岛、港湾、旅游等资源，而且近年随着海洋科技、海洋勘探技术的进步，油气资源相继被发现，部分已投入开采。据有关资料显示，在南海至少可以找到200个油气田，总探明可采石油储量约为200亿吨，天然气储量约为4万亿立方米。[2]近年来这些数字不断被刷新。南沙群岛由于油气资源丰富而被誉为“第二个波斯湾”。在南海北部大陆架，则有珠江口盆地、北部湾盆地、莺歌海盆地、琼东南盆地、台湾浅滩南盆地（台西南盆地）等油气田，有的已在开采，有的在勘探，前景非常看好。一批石油重化工业也在沿海港湾城市崛起，出现了像茂名、湛江东海岛这样的石油城。海洋石油产业是当今世界最富有实力的经济产业。广东建设21世纪海上丝绸之路，为南海油气资源提供的强大物质基础，也是支持这条丝绸之路走向世界、参与国际竞争的一个强大后劲。

## （四）常年盛行贸易风（信风）

由于海陆热力差异，南海盛行季风，冬季吹东北风，夏季吹西南风，已成为风向规律，古代称信风。中国人很早就利用季风扬帆南溟，从事对外经济文化交流，所以又把季风称为“贸易风”，东南季风称为“舶棹风”。宋代著名文学家苏东坡还写过一首《舶棹风》，诗曰：“三旬已过黄梅雨，万里初来舶棹风。”说明最迟从宋代起，中国人假道南海的商贸活动就非常兴旺了，“以海为商”的海洋商业文化已

---

1 国家计委自然资源综合考察委员会. 中国国土资源数据集（一卷）[C]. 北京：中国科学院. 1989：320.

2 金庆焕. 南海地质与油气资源 [M]. 北京：地质出版社，1989.

达到相当高水平。梁启超在《世界史上广东之位置》一文中指出："自宋以前，以广东之交通，而一国食其利。"元代吴莱在《渊颖集》中更说："广海在南服万里，为天子外府。"指的是朝廷对广东海上商贸税收的严重依赖。明清以来海上商贸活动更频繁，给沿海地区带来可观的经济效益。屈大均的《广东新语·食语》中说，广州地区商人"其黠者南走澳门，至于红毛、日本、琉球、暹罗斛、吕宋，帆踔二洋，倏忽数千万里。以中国珍丽之物相贸易，获大赢利"。清同治二年（1863）广东巡抚郭嵩焘奏曰："广东之富，在商不在农"，海上贸易令岭南富庶可见一斑。近年，人们把有华侨港澳台关系称"南风窗"，意指依赖于海上贸易或来源于海外而致富。

当然，南海也是世界上台风最频繁的海区之一，影响南海的台风平均每年有14个左右，有产生于南海的"土台风"，也有发源于菲律宾以东的西太平洋台风。"土台风"范围小，强度弱，但风向多变，难预测其登陆地点，且来势猛烈，气象学上称"非常态台风"，对海上作业和沿海人民生命财产带来很大威胁。一方面，生活在南海周边的中国人民，像熟悉季风一样了解台风，并创造了适应台风的文化模式。例如，采用矮脚稻种，防止台风吹拂而倒伏；在沿海或村落、橡胶场周边种植防护林，尽量减少台风带来的损失。在台风肆虐以后，当地居民很快就会恢复生产和社会秩序，保障海上贸易有充足货源。另一方面，岭南人对台风见惯不怪，大海的波涛造就了他们敢于和善于向外开拓进取的精神。岭南沿岸"人多以舟楫为食""逐海洋之利"，其人"习海竞渡角胜"[1]，"粤东滨海地区，耕三渔七"[2]，成为沿海居民共有的海洋文化品格。故著名地理学者华南师范大学曾昭璇教授说："炎黄文化，众流所宗；岭南亲海，热带民风。"[3]

南海有252个岛、礁、洲、暗沙、暗滩（1983），粤、琼、桂三省区沿海500平方米以上海岛达1 758个。[4]这些岛礁不少是海上交通港口、导航、补给设施等所在，在连接岭南与海外诸国经济、文化交流中发挥着重要作用，是形成南海海洋文化的一个不可忽视的因素。

### （五）历代中央政府对广东从不闭关

广东（历史上包括海南）的海陆区位，跨热带、亚热带和赤道带，加上地形影响，又兼具寒带、温带、亚热带等垂直地带性特点，形成水平和垂直两个方向上复杂的地理环境。水、土、光、热和生物资源极其丰富，为人类驯化生物品种、捕捞水产，创造丰富多样的物质文明提供了强大的后备基地，所以古人说广东"兼中外之所产，备南北之所有"[5]。这除了在广东本土出产的以外，还包括通过南海海上贸易从海外得到的奇珍异宝，以满足中原王朝对这些物品的需求。另外，海上贸易

1 胡朴安. 中华全国风俗志［M］. 郑州：中州古籍出版，1991.
2 罗福惠，高钟. 近代广东社会文化的历史成因［J］. 广东社会科学，1991（5）.
3 曾昭璇，曾宪珊. 岭峤春秋——海洋文化论集（一）［M］. 广州：广东人民出版社，1997.
4 司徒尚纪. 岭南海洋国土［M］. 广州：广东人民出版社，1996.
5 丘濬. 南溟奇甸赋有序. 见乾隆《邱文庄公集》卷8.

带来的巨额利润也是中央和地方政府的财政来源之一，从晋代起，广州就有“天子南库”之誉。这类依赖南海及其商贸而致富之例，史不绝书，兹可举数例。

南方大部处于南海之滨，南海中特产多种宝货。春秋时，楚国强大，降服越人，即称“无求于晋”，因得南海宝货之故。另据《白云越秀二山合志》，“时三晋惟魏最强，越王与魏通好，于是使隅往南海，求犀角、象齿以献之魏”，越人公师隅为越王勾践复国而集南海珍宝献魏，此事后见出土《古本竹书纪年》。秦始皇在灭六国、统一天下以后，即发兵50万平岭南，置南海、桂林、象郡三郡，部分原因是利越人之犀角、象齿、珠玑。汉初赵佗立南越国，很重视海外贸易。《汉书·主父偃传》曰：“边境之民靡敝愁苦，而有离心，将吏相疑而外市，故尉佗、章邯得成其私。”广州南越王墓出土的非洲象牙、波斯银盒即为南越海上贸易兴盛的旁证。汉代时番禺（广州）为全国性经济都会，《汉书·地理志》说：“中国往商贾者多取富焉。”晋代广州有至爪哇航船，50天一往返。晋武帝太康二年（281），大秦国来广州献火布。《晋书·吴隐之传》称“（广州）一箧之宝，可资数世”；五代时，《南齐书·王琨传》云：“世云，广州刺史但经城门一过，便得三千万也”，即广州海关收入甚丰，三千万不在少数；唐代“广州通海夷道”远至东非，广州海向腹地甚广。唐僖宗乾符五年（878），黄巢起义军攻克广州。黄巢上表请为岭南节度使即归顺不反，唐僖宗不许，认为“贼得益富，而国用乃屈”[1]。可见南海贸易获利甚巨，为唐帝国主要收入来源。南汉刘龑政权，虽偏安岭南一隅，但颇注意发展外贸，故府库充实。《南汉书·黄损传》云广州“犀、象、珠、玉、翠、玳、果布之富，甲于天下”。刘龑时建都兴王府（广州）修离宫别苑数百所，所耗巨资，几取之于海上贸易所得。宋代南海商船横渡印度洋，阿拉伯商人来广州经商的甚多。宋代广州东、西、中三城，比唐代大四倍，又开新南城区，其资金一部分为阿拉伯商人捐赠。元代通商规模又比宋代大，陈大震《南海志·船货》称“珍货之盛，倍于前志所书”。明清海上贸易兴旺，清代广州十三行出现国际性富商，如伍浩官、潘正炜家族，年贡皇银5万～15万两，举凡皇帝大寿、军费、治河等费用亦靠行商。无怪郑和说：“欲国家富强，不可置海洋于不顾，财富取于海上，危险也来自海上。”[2]这已为南海海洋文化史所验证。这些事例显示，南海贸易为封建王朝提供了大量财源，故中央政府对岭南一直采取保护开放政策，即使明清闭关锁国之时，也或明或暗开放广州口岸，维持海上财源不致中断。隋文帝平陈之初，在《安边诏》中令：南海诸国“使人欲来京邑（指今南京），所有船舶沿溯江河，任其载运”[3]，对海上贸易采取开放政策，岭南更不例外，隋在广州港建南海神庙即为对外开放的一个最好例证。唐代比过去更加开放，唐高宗显庆六年（661）颁布《定

1 《新唐书·黄巢传》.
2 王曙光. 海洋开发战略研究［M］. 北京：海洋出版社，2004.
3 许敬宗：《文馆词林》卷664.

夷舶市场例敕》，内云："南中有诸国舶，宜令所司，每年四月以前预支应须市物，委本道长史，船至十日内，依数交付价值，市了，任百姓交易，其官市物送少府监简择进内。"[1]这进一步明确了唐代广州商民已经与外国商人进行贸易。唐玄宗开元二年（714）始有"安南市舶使"的记载。市舶使的职能类似海关，安南市舶使也是岭南道的市舶使。设立市舶使作为管理海上贸易的专门机构，显示出唐政府对岭南海上贸易重视有加，极大地促进了"以海为商"的岭南海洋商业文化的繁荣。唐代在广州出现专为阿拉伯商人聚居而设的"蕃坊"，即为海外文化在岭南传播、立足的见证。

宋、元两代一秉唐代对外开放政策，故有上述广州商业繁盛。明代出于防倭和断绝逃亡海上的张士诚、方国珍余党与内地的联系，在沿海严行海禁，只准许与明朝有朝贡关系的国家进行朝贡贸易，但对广东却有例外，准许非朝贡国家船舶入广东贸易，出现"番舶不绝于海滥，蛮夷杂遝于州城"[2]的繁荣景象。明嘉靖中期，由于各种原因，"遂革福建、浙江二市舶司，惟荐广东市舶司"[3]，南海诸国与中国贸易"俱在广州，设市舶司领之"[4]，"凡夷船趁贸货物，具赴省城（广州）公卖输税"[5]。同时规定"广州船舶往诸蕃出虎头门，始入大洋"[6]。内地商人只好将货物运到广州后再出口，称曰"走广"。隆庆元年（1567）部分开放海禁后，"广州几垄断西南海之航线，西洋海舶常泊广州"[7]。这些特殊政策使广州成为与南海诸国等通商的唯一口岸。清康熙中期，沿海局势安定，废除海禁，设粤、江、浙、闽四个海关为对外通商口岸，粤海关居四关之首，税收至丰。到乾隆二十二年（1757），清政府又关闭闽、浙、江三个海关，规定"蕃商将来只许在广东收泊贸易"[8]，这个规定后来又被强化。至此，粤海关成为全国对外通商唯一口岸，直到第一次鸦片战争结束。

综观历代中央王朝，毫无例外地对广东实行各种特殊开放政策，保持南海海上贸易通道从不间断，由此带来经济、社会、文化等效应，这也是南海海上丝绸之路对广东海洋文化形成及其特质异于其他海区海洋文化的一个优势背景和强大动因。

### （六）岭南文化

岭南文化是指中国岭南地区文化，涵盖文学、绘画、书法、音乐、建筑、民俗、宗教、饮食、语言等众多内容。从地域上分，岭南文化又分为广东文化、桂系文化和海南文化三大块，尤其以属于汉族广东文化的广府文化、广东客家文化和潮汕文化为主，构成了汉族岭南文化的主体。

---

1 陆心源．唐文拾遗［M］．上海：上海古籍出版社，2007．
2 佚名．明武宗实录［M］．上海书店出版社，译，上海：上海书店出版社，2018．
3 《明史》卷75，《职官四》．
4 《明史》卷325，《外国六》．
5 康熙《香山县志》卷328．
6 顾炎武．天下郡国利病书（卷102）［M］．上海：上海古籍出版社，2012．
7 谢清高口述，杨炳南撰：《海录》卷上．
8 中国第一历史档案馆，广州市荔湾区人民政府．清宫广州十三行档案精选：军机处上谕档［M］．广州：广东经济出版社，2002：107．

岭南文化源远流长。历史上，在汉民族的形成和发展，在维护国家统一、民族团结等多方面，岭南文化都做出了不可磨灭的贡献，在中华民族文化的发展史上居于重要地位，起着重要作用。近代岭南文化更是对近代中国产生了巨大的影响。改革开放以来，岭南文化以其独有的多元、务实、开放、兼容、创新等特点，采中原之精粹，纳四海之新风，融汇升华，自成宗系，在中华大文化之林独树一帜，对岭南地区乃至全国的经济、社会发展起着积极的推动作用，是中华民族灿烂文化中最具特色和活力的地域文化之一。

岭南学术思想，吸收由中原传入的儒、法、道、佛各家思想并进行创新，孕育出不同风格的思想流派，如江门学派等。在近代，岭南得风气之先，中西方文化交流，孕育和产生了以康有为、孙中山等为代表的近代中国思想先进人物。岭南的文学艺术雅俗并茂，岭南画派、粤剧具有浓郁的地方特色，诗人张九龄、陈献章享誉全国，电影最先从岭南传入。近代岭南教育更领教育革命之先。佛教、伊斯兰教较早从海路传入岭南，禅宗南派影响及于全国以至世界。

1.岭南文化简介

岭南文明史开始于广东粤北地区，韶关在唐宋时期曾为广东的文化中心。从宋代开始，珠三角地区逐渐取代粤北成为岭南的文化中心。广州作为广东的省城，与其他省份一样开始确立了其他府城无法撼动的政治、经济、文化中心的地位。粤东地区得益于江西学派南下和闽学西进，文化得到长足的发展。

明清之际，岭南三大汉族民系文化相互融会贯通，岭南文化真正有了自己独立的风格、精神，并区别于南方文化。岭南文化形成后，在政治、哲学、艺术、经济、工艺和生活各方面全面发展，至晚清达到了高峰时期。

到了近代，岭南得风气之先，成为中西方文化交流的重要津梁，多种文化思潮交错而织成绚丽多彩的画面，岭南文化成为中国政治、思想、文化革命和发展的先导。从洪秀全金田起义、康梁变法、何子渊的教育革新到孙中山领导的民主革命，岭南文化始终是中国近代政治革命的重要代表和领导力量。这段时期，岭南文化精神实质是战斗、革命、革新精神。

中华人民共和国成立、改革开放，以及经济的高速发展，为国内各地方文化的复兴提供了条件。20世纪七八十年代，广东进入新文化时期，起飞的经济与岭南风格的粤语文化、粤式生活方式结合在一起，形成了岭南文化的现代阶段。

广州自古以来是广东乃至岭南地区的政治、经济和文化中心。在建筑、艺术、宗教、戏剧、音乐、文学、绘画、工艺、饮食、园林、风俗等各个文化领域，处处表现出悠久的历史渊源和鲜明的个性。从考古文物到文献记载，从历史遗址文化、建筑文化、民俗文化、园林文化、商业文化、宗教文化到各种文化艺术，都贯穿着一种开放的人文意识，特别是革新意识、商业意识、务实意识和平民意识，反映出广州人的开放观念、兼容观念和改革观念。传统的文化艺术，从粤语、粤剧、广东音乐、广东曲艺、岭南书法、岭南画派、岭南诗歌、岭南建筑、岭南盆景、岭南工艺到岭南民俗和岭南饮食文化，都反映出岭南文化的丰富内涵和独具一格、绚丽多姿的岭南地方特色。

2.文化构成

①学术。汉代时期，陈钦、陈元父子是当时岭南著名的经学家，陈元更设馆于洛阳，传授“春秋左氏学”，被誉为“岭南之儒宗”。东汉议郎杨孚（今广州人）极力向皇帝主张以孝治天下，得到汉和帝的采纳，下诏命令“臣民均行三年通丧”，同时奖励有孝行的臣民，救济孤寡贫老者，使“孝治”礼教影响后世千余年。杨孚还写出了中国第一部地区性的物产专著《异物志》。

宋代，广东出现了林巽、冯元、王大宝等一批经学大师。南宋时期，南宋名臣崔与之与弟子李昴英在广州创立了岭南历史上第一个学术流派——“菊坡学派”，这是当时岭南学术的主流学派，他们强调的是经世致用的学问，要培养的是有正气、有学识、有能力、有功绩的读书人。“菊坡学派”在思想上重仁治、重君、重才观。李昴英便是该学派培养的岭南历史上第一位探花，其主要门生有陈大震、张镇孙、李春叟、何文季等。

明代，广东大儒陈献章提出了以“自然为宗”“学贵自得”的哲学主张，打破程朱理学沉闷和僵化的模式，开启明代心学先河，创立了“江门学派”。从陈献章倡导涵养心性、静养“端倪”之说开始，明代儒学实现了由理学向心学的转变，成为儒学发展史上的一个重要转折点。他一生致力于授徒讲学，弟子遍天下。为表彰其在学术上的重大贡献，明朝于万历十三年（1585）将陈献章从祀孔庙，追谥文恭。陈献章的主要门生有湛若水、梁储、林光、张诩、贺钦、邹智、陈茂烈、何维柏、叶梦熊、陈吾德等。

湛若水在继承陈献章学说的基础上，以“随处体认天理”为宗，提出“格物为体认天理”与“为学先须认仁，仁与天地万物为一体”的理念，创立了“甘泉学派”，终至自成理学的一大门派，与王阳明的“阳明学”被时人并称为“王湛之学”。湛若水在全国各地创办书院近40所，弟子多达数千人，遍布大江南北，促进了明代心学的发展与繁荣。湛若水的主要门生有吕怀、何迁、洪觉山、唐枢、蒋信、郭棐等。明代岭南的理学家还有霍韬、方献夫、黄佐、王渐逵、陈建、杨起元、薛侃等。

清代，广州形成了以陈澧为代表的“东塾学派”，陈澧是位通晓天文地理、乐律算术、骈文填词的岭南大儒。钱穆曾评陈澧为“晚清次于曾国藩的第二号人物，学术史上主汉宋兼采，力主新式学风”。陈澧的著作《东塾读书记》更传到日本，成为日本高等学校治汉学专业的必读书。陈澧的主要门生有梁鼎芬、桂文灿、廖廷相、陈伯陶、陶福祥、温仲和、黄绍昌、汪兆镛、谭宗浚等。同时广东也出现了以朱次琦、简朝亮、康有为为代表的“九江学派”，他们提出经学与史学结合，以及强化史学的独立。清代岭南的理学名家有冯成修、劳潼、曾受一、郑之侨、胡方等；著名学者有陈昌齐、冯龙官、曾钊、李黼平、林伯桐、侯康、徐灏、黄培芳等。

郑观应、康有为、梁启超、容闳等力主变法强国和教育改革，提倡西学，主张兴办学校。康有为在广州创办“万木草堂”，培养维新变法人才，研究维新变法理论，重要门生有梁启超、麦孟华、徐勤等。何子渊、丘逢甲等冲破顽固守旧势力的禁锢，积极创办和推广新式学堂，培育了一大批思想进步锐意创新的社会精英，为辛亥革命积蓄了巨大能量。

②文学。东汉时，岭南文学家有陈元、杨孚。晋代广东文学代表人物一为黄整，一为王范。南朝陈时，有南海郡人刘删。岭南文学从唐代开始兴盛，当时以粤北地区为中心，代表人物有张九龄、邵谒等。张九龄是岭南第一位进士、第一位宰相，也是第一位有影响力的诗人。张九龄走上诗坛，进而走上政坛，成为唐代著名的文学家和政治家。宋代，珠三角地区逐渐取代粤北成为岭南文学中心，崔与之、李昴英、余靖是当时有全国影响的人物，崔与之更是开岭南宋词之始。

明代，广东以南园前五子、南园后五子诗社为代表的文人社团盛行。元至正十八年（1358），十多位青年诗人在广州南园创立南园诗社，对明代岭南诗歌的发展起到了积极的作用，代表人物有孙蕡、黄哲、王佐、李德、赵介，人称“南园前五先生”（南园前五子）。明嘉靖年间，欧大任、梁有誉、黎民表、吴旦、李时行五人因追慕“南园前五先生”而重结南园诗社，被尊称为“南园后五先生”（南园后五子）。明末，在陈子壮的发起下，黎遂球、曾道唯、高赉明、谢长文、区怀年、苏兴裔、梁佑逵等12人再结南园诗社，复兴南粤诗坛，称“南园后劲”。明代岭南文学家还有梁储、丘濬、伦文叙、王佐、唐胄、翁万达、黎贞、黄衷、陈邦彦、邝露、韩日缵等。

清代，广东出现了以“岭南三大家”（屈大均、陈恭尹、梁佩兰）和“岭南七子”（陈恭尹、梁佩兰、程可则、王邦畿、方殿元、方还、方朝）为代表的一批诗人，还包括张维屏、梁鼎芬、宋湘、黄香铁等人，使岭南诗坛与中原诗坛、江浙诗坛三足鼎立。“岭南三大家”的诗作在清代诗坛享有极高声誉，在中国文学史上也居于重要地位。近代，珠三角地区仍保持宋元以来的中心地位，出现了康有为、梁启超等人物。此外粤东还出现了黄遵宪、邱逢甲等有影响力的人物。据统计，从西汉到近代，广东境内有籍贯可考、有文集行世的文学家近1 800人。

③绘画。岭南画坛从明清起有较大发展，人才辈出，技法纷呈，求新求变，风格独特。明代南海林良是宫廷中最杰出的水墨花鸟画家，是明代院体花鸟画的代表人物，也是明代水墨写意画派的开创者，在明代院体画中独树一帜，对后世画坛，包括宫廷画家、职业画家、文人画家均产生重大的影响。东莞张穆以画马著称，新

会高俨擅长山水画，顺德黎简诗书画皆绝，顺德苏六朋、苏仁山尤擅人物，番禺居巢、居廉工花卉草虫，重视取法自然，创造了“撞水”“撞彩”技法。明清岭南画坛的代表人物还有颜宗、何浩、张誉、谢兰生、罗天池、陈璞等。

20世纪初，在广东诞生了“岭南画派”，其创始人高剑父、高奇峰、陈树人均为番禺人。他们主张以倡导艺术革命，建立现代国画为宗旨；以折中中西，融会古今为途径；以形神兼备、雅俗共赏为审美标准；以兼工带写、彩墨并重为艺术手法。岭南画派在中国画的基础上融合东洋、西洋画法，自创一格，着重写生，多画中国南方风物和风光，章法、笔墨不落陈套，色彩鲜艳，学者甚众。它与京津派、海派三足鼎立，成为20世纪主宰中国画坛的三大画派之一。代表人物有黎雄才、关山月、方人定、赵少昂、杨善深、高剑僧、何香凝、卢传远、李抚虹、容大块、黄独峰、司徒奇、赵崇正、何磊、黎葛民、黄幻吾、何漆园、黄少强、陈凝丹等。岭南画派是中国传统国画中的革命派。

18、19世纪，广州出现了一种叫“通草画”的外销画，那些漂洋过海而来的商人、旅行者、传教士在广州口岸进入中国后，都要在广州选购画作。西方人觉得它们稀奇有趣，聊作旅游手信，用以展示异域风情。更有商人成批选购运回国出售，成为一个财源。目前通草纸水彩画主要收藏于西方的博物馆中。在英国，通草画藏量可观的机构至少有12个。大英图书馆、荷兰莱顿民俗博物馆、牛津大学博德利恩（一译鲍德林）图书馆、塞西尔画廊、剑桥菲茨威廉博物馆、美国皮博迪·埃塞克斯博物馆、马德里民俗博物馆等都有丰富的收藏，有的多达二三百幅。

④书法。从明代开始，广东涌现出众多知名的书法家。陈白沙是当时广东的大书法家，门下弟子甚众，自成一格，形成“白沙书派”，开岭南书法之先河。陈白沙晚年以茅根作笔，被称作“茅龙笔”。“白沙书派”代表人物有湛若水、赵善鸣、邓翘、萧文明等。明代中叶的代表人物有黎民表、黎民衷、黎民怀三兄弟，黎民表在德庆锦石山（华表石）绝顶壁上的手迹“华表石”三字，是广东金石中的著名遗迹。

明末至清代是岭南书坛的兴盛时期，代表人物有王应华、邝露、陈子壮、屈大均、陈恭尹、彭睿、苏珥、黎简、宋湘、吴荣光等。彭睿被人称为“草圣”，其书画人称“竹本派”。鸦片战争后，岭南书法风格也出现了新的面貌，代表人物有苏引寿、苏仁山、苏六朋以及朱次琦、陈澧、李文田、康有为等。李文田自创具有岭南特色的碑派书法，对广东及整个岭南书坛做出了重要贡献。岭南碑派的领袖应推康有为，其门下弟子甚多，最著名的有梁启超、崔斯哲、江孔殷、张柏桢等，其中成就最大的应数梁启超。

民国时期岭南书法名家辈出。除康有为门下弟子外，还有王为、叶恭绰、胡汉民、林直勉等。帖学书法名家有潘飞声、程景宣、商衍鎏、桂坫等。中华人民共和国成立后，除了老一辈的岭南书法名家如商衍鎏、叶恭绰、容庚、商承祚、祝嘉等外，一些书法家更是收徒教学，形成几个岭南书艺流派，其中影响较大的有吴子复、秦萼生、麦华三、李曲斋等。20世纪60年代活跃在岭南书坛的书法家还有侯过、伍根天、阮退之、佟绍甲等。七八十年代中青年书法家纷纷崛起，如莫仲予、曾景充、陈景舒、黄子厚、关晓峰、李纬、卢有光等。

⑤音乐。岭南古琴从汉代便逐渐发展起来，历代都出现过不少有名的琴家，写下了不少琴学的典籍，创造和保存了不少有名的古琴乐器和琴谱。早在南北朝时期，广东曲江人侯安都就有很高的琴艺造诣。南宋末年，蒙古入侵中原，南宋皇帝被迫南迁至广东冈州崖山，中原琴艺也在冈州留下一批琴谱，相传《古冈遗谱》就是在当时遗留下来的古琴谱。明代时，著名琴家辈出，有陈白沙、邝露、陈子壮、陈子升等；藏琴丰富，有琴曲流传至今。

清代，岭南古琴学愈加昌盛，岭南琴派声名渐显。岭南琴派的创始人是清代道光年间的广东新会人黄景星。另外，影响较大的琴家还有云志高、何洛书、何耀琨、杨锡泉、李宝光、何斌襄、陈恭尹、容庆端、容心言等人；藏琴方面，有“天蚃”“松雪”“振玉”“水仙”“韵馨”“松风”“中和”“谷响”“流泉”“蕙兰”等名琴；琴谱和琴学论著方面，有云志高的《蓼怀堂琴谱》、黄景星的《悟雪山房琴谱》、何斌襄的《琴学汇成》、朱启连的《鄂公祠说琴》、容庆瑞和林芝仙合编的《琴瑟合谱》等。著名曲目有《碧涧流泉》《水东游》《双鹤听泉》《渔樵问答》《鸥鹭忘机》《平沙落雁》《乌夜啼》《神化引》等。

近代，岭南音乐界的代表人物有冼星海、萧友梅、马思聪等。清末民初，珠江三角洲一带产生了广东音乐，又称“粤乐”，是在当地民间“八音会”和粤剧伴奏曲牌的基础上逐渐形成的。20世纪20年代至30年代是广东音乐的兴盛时期，涌现了严老烈和人称“何氏三杰”的何柳堂、何与年、何少霞等名家，以及“四大天王”的吕文成、尹自重、何大傻、何浪萍等音乐人才，创作出《平湖秋月》《旱天雷》《倒垂帘》《杨翠喜》《雨打芭蕉》《步步高》《蕉石鸣琴》《赛龙夺锦》等著名乐曲。20世纪40年代后，不少广东音乐名曲更因成为国宴、迎宾音乐而被誉为“国乐”。2019年，广州番禺区沙湾镇被文化和旅游部评定为“中国民间文化艺术之乡（广东音乐）”。

潮州音乐既有传统古乐之遗制，又有本地的创造发明，形成一种成熟、丰富的多乐种、多形式的地方音乐。由于它符合潮州人对音乐的欣赏习惯，不仅在文娱演出、节俗礼仪活动中被广泛应用，而且以“闲间”、家庭合乐等方式融入民间的日常生活中。潮州大锣鼓以其花式丰富、气势磅礴而著名，被列为中国三大锣鼓之一。潮乐中以椰胡为流传最广泛、民众最喜爱的特色乐器。潮州筝艺是当代中国古筝的一大流派。

客家山歌是用客家方言吟唱的山歌，主要流传于梅州、兴宁、五华、紫金、博罗等客家人聚居地。题材广泛，意境含蓄，善用比兴手法，语言生动通俗，讲究押韵。客家山歌曲调丰富，大致有号子山歌、正板山歌、四句八节山歌、快板山歌、叠板山歌、五句板山歌等。客家山歌旋律优美，几乎所有曲调中都有颤音、滑音、倚音等装饰音，因而使本来简单的旋律变得回环曲折、委婉动听，而且因为在山地唱歌，旋律高亢、悠长，节奏自由。

⑥戏曲。粤剧以粤方言演唱，是在广东珠三角一带流行的地方戏曲剧种。粤剧是由多种外来戏曲声腔和本地土戏、民间说唱艺术不断融合而形成、发展起来的，以后又在伴奏乐器上采用了一些西洋乐器，增强了烘托唱腔和戏剧动作的效果。20世纪三四十年代，著名粤剧演员有被称为“粤剧四大家”的薛觉先、马师曾、白驹荣、廖侠怀等。红线女所创的“红腔”影响了半个多世纪。以粤语演唱的曲艺品种有粤曲、木鱼歌、龙舟歌、南音和粤讴等。

潮剧是用潮汕方言演唱的地方剧种。潮剧渊远流长，在潮安县出土的明宣德年间剧本《新编全相南北插科忠孝正字刘希必金钗记》，是目前国内发现的最古老的南戏演出本，戏文语言中已加进一点潮州方言，这是南戏、正字戏传入潮地后开始地方化的本子。明末清初潮州戏渐趋成熟，至光绪年间为鼎盛，有200家潮州戏班。旧时在潮汕民间还流传着用潮汕方言诵唱的说唱本子，称为“歌册”。潮州歌册广泛传诵于妇女间，现存歌册最早创作年代为明代。歌册的体裁有两类，一是传奇故事体，一是歌行体。潮州歌册刊刻在清代甚盛，现存传统本子有数百个，流传至东南亚及内地，流播甚广。

汉剧是在客家地区流传的地方剧种，客家汉剧传统剧目据称有800多个，完整剧本有300多个，唱、做、念、打（舞）表演艺术丰富，武打戏还把南派武功融入其中。角色行当分为生、旦、丑、公、婆、乌净、红净七行，唱腔音乐有二簧、西皮、大板等各种声腔。客家地方戏剧还有采茶戏和花朝戏，都是由民间歌舞发展而来的。客家民间舞蹈品种繁多，多数为风俗道具舞，较为著名的有船灯、鲤鱼灯、采茶扑蝶、席狮舞、杯花舞等。岭南的戏曲剧种还有采茶戏、雷剧、琼剧（亦称琼州戏、海南戏）等。

⑦建筑。岭南建筑主要分为广府建筑、潮汕建筑和客家建筑。广府民居的代表是镬耳屋，多用青砖、石柱、石板砌成，外墙壁均有花鸟图案。因其山墙状似镬耳，故称“镬耳屋”。据说镬耳状的建筑防火和通风性能良好：火灾时，高耸的山墙可阻止火势的蔓延和侵入；微风吹动时，山墙可挡风入巷道，进而通过门、窗流入屋内。在明清时期，一般是出过高官的村落或有功名的乡绅才有资格在屋顶竖起“镬耳”封火山墙。镬耳屋象征着官帽两耳，具“独占鳌头”之意，也是家境殷实的象征。后来，只要是发了财，村民都会建造一所镬耳屋以显示其富有与气派。镬耳屋的内部格局是广东民居典型的“三间两廊”：“三间”指的是排成一列的三间房屋，中间为厅堂，两侧为居室，屋前为天井。天井两侧的房屋即为“廊”。“两廊”一般用作厨房或门房。这种廊檐相间的布局，刻意营造虚实结合的意境，不但较闭

塞自封的北地建筑更显开放，而且还拧开了一道实用的阀门：一方面便于空气流通、消暑散热；另一方面靠着廊庑连接了建筑的骨骼，起到隔绝风雨、遮挡阳光的作用。当然，有的镬耳屋的间数不止如此。开间越多意味着等级越高，这自然与先民的等级观念相关。现存的镬耳建筑群有碧江金楼、资政大夫祠、黄飞鸿纪念馆、锦纶会馆、庐江书院、岭南印象园、沙湾古镇、大旗头古村、坑贝古村、塱头古村、阮埇村、罗格孔家村、碧江村等。

潮汕民居以传统的三合院、四合院为基本布局，最基本形式称“下山虎”和“四点金”。规模较小的城镇平民居屋有布局狭长的“竹竿厝”。大型民居以“四点金”为基础横向或纵向扩大规模，称“三厅串”“八厅相向”“四马拖车”“百凤朝阳”，其外部轮廓则保留十分规整的正方形或长方形。大规模的集居式住宅称为“寨”，这是清代潮汕地区乡村民居军事化的产物。从平面上可分为方寨和楼寨，从外围方式上可分为围墙和围楼。在潮阳，这种集居式住宅称为“图库”。海滨贫民旧时所居多为涂（草）寮，是夯土或以木、草织成墙体的茅屋。潮汕地区建筑材料因地制宜，就地取材，大量采用贝壳灰和石材。至迟在北宋已开始烧制贝壳灰，以贝壳灰为主体原料的三合土版筑大为盛行，不仅应用于建造房屋、高塔上，而且应用到加固堤防上。石材不仅应用于门框、栏板、抱鼓石、台阶、柱础、井圈、梁枋等建筑构件上，而且建造了石牌坊、石塔、石桥等大型建筑物。潮州城内，仅太平路就有47座石牌坊。以巨石为墩的潮州湘子桥，建造年代从南宋至明代，是全国重点文物保护单位，被誉为中国四大古桥之一。

客家建筑的代表是客家围龙屋。历史上客家人宗族制的强化、共同的文化心理反映在两个方面。一是祠堂设施的完善和族谱连续修撰。在聚族而居的村落，各族都重视祠堂的建造。祠堂讲究风水，重视堂号家声。客家围屋堂号，或直书故土祖地，或言志明义，这些堂号的命名习惯与唐宋古俗相承。二是在民居方面出现了超大型的围楼（土楼）和楼房组合成的大型围龙屋。围楼建筑多以夯土或土坯砖为材料，渐而发展到以花岗石、大青砖为建筑材料，十分坚固，规模巨大。现存围楼，最早可以追溯到唐代，自清康熙初年至20世纪70年代，客家人兴建了不少围楼建筑。围楼形制依平面布局大体分为圆形和方形。大型圆形围楼高达4～6层20余米，多达四环。建于清代的始兴县隘子镇满堂村大围楼，是全国重点文物保护单位，占地10 800平方米。客家围龙屋尤为讲究风水。近代，还出现了传统民居布局而门面装修西式的中西合璧的客家侨乡民居。

清末至民国时期，岭南地区还出现了骑楼建筑，曾经是中国海南、广东、广西、福建等沿海侨乡特有的南洋风情建筑。骑楼源自新加坡、中国香港等地，岭南地区的骑楼都是当年华侨从南洋返乡时所建。

⑧园林。岭南园林是中国传统造园艺术的三大流派之一，在中国造园史上有着非常重要的意义，特别是在现代园林的创新和发展上，更是有着举足轻重的作用。

岭南山水秀丽，层峦叠翠，又濒临沧海，环境风物别具特色。岭南人追求自然化、艺术化的园居生活，这孕育了岭南园林的独特风格：求实兼蓄，精巧秀丽。岭南四大园林分别是清晖园、梁园、余荫山房、可园。在18—19世纪初期，广州海珠、西关一带曾涌现出由十三行商人兴建的规模宏大、雍容华丽的私家园林，包括潘家花园、伍家花园、海山仙馆在内的众多名园，被称为“行商庭园”。它们不仅是岭南园林的巅峰之作，还引发了清朝时期欧洲各国模仿中国式园林的盛况。

在建筑形式上，岭南园林具有比较鲜明的特色：一是体型轻盈、通透、朴实。二是装修精美、华丽，大量运用木雕、砖雕、陶瓷、灰塑等民间工艺，门窗格扇、花罩漏窗等都精雕细刻，再镶上套色玻璃做成纹样图案，在色彩光影的作用下，犹如一幅幅玲珑剔透的织绵。三是布局形式和局部构件受西方建筑文化的影响，如在中式传统建筑中采用罗马式的拱形门窗和巴洛克式的柱头，用条石砌筑规整形式的水池，厅堂外设铸铁花架等，都反映出中西兼容的岭南文化特点。

岭南园林的营建，最重视的是选址，而选址也最能表现出建园者的审美取向和生活意趣。岭南的建园原则是尽可能离开闹市，把园林宅第建在真山真水的大自然环境中，甚至将宅园融入大自然，成为其中一部分。建园者崇尚自然，追求平实，不太重视人工制造的假山流水，也不羡慕江南园林那种在咫尺中营造山林的巧构。保留至今的岭南四大园林，清晖园、梁园建在小镇边缘，可园、余荫山房则建在乡村，以求得良好的环境条件。

岭南园林选址大多在自然景色优美的地方，因此，造园时在宅园与外界交界处，利用环境景观最好的面向采取开敞的方式进行布局。岭南园林常用的手法就是借用水面，水面能起到很好的作用，平坦开阔，视野宽广。而且还将厅堂作为界面，在园内可观赏园外风光，而从园外观看园林建筑，因造型之优美更显出园林的魅力。利用楼阁或假山抬高视线，当登上楼阁或假山时，不仅园内空间景色一览无余，而且能望到园外的溪流、池湖、田野，还有远处的群峦山峰，庭园高处视野开阔，有海阔天空之感，园林构成十分丰富，达到了“山外青山楼外楼”的效果。

岭南园林的开放性、兼容性和多元性最早表现于南越国皇家园林对中原园林文化的全盘吸收上，到了清代，古典园林中大量使用花色玻璃，形成与江南和北方两地迥然之别，另外，陈济棠公馆和谢维立的立园那样的西欧式园林建筑、龙岩中山公园的俄罗斯园林建筑、草暖公园和云台公园的西洋规划布局，以及古典园林中大量的满洲窗都是开放和兼容的表现。

⑨工艺。广府民系的工艺美术，品类繁多，有的在国内外享有崇高的声誉。“三雕一彩一绣”是广州传统工艺美术的主要代表，即广州象牙雕刻、广州玉雕、广州木雕，广彩，广绣。广府工艺品还有石湾工艺陶瓷、佛山剪纸、佛山秋色、肇庆端砚、新会葵艺、高州角雕、东莞烟花、肇庆草席、阳江风筝、佛山醒狮、朱义

盛首饰、木版年画、金银铜锡箔、染色纸、狮头、彩扎灯色，以及各地建筑装饰中的木雕、泥塑、灰塑、砖雕等，其中以端砚、粤绣、雕刻、陶瓷最具特色。

广雕艺术在中国有悠久的历史，按雕刻的材质分类，可分为榄雕、牙雕、玉雕、木雕、石雕、砖雕、骨雕等。广雕是指以广州为代表的具有岭南地方特色的雕刻工艺及其制品。广雕中最负盛名的是广州象牙雕刻、广州玉雕、广州木雕。清代以来，广州工匠根据西方客户的要求，选择各种名贵材料，精镂细刻，形成了新颖、生动逼真、精巧细腻的广雕艺术品，更成为朝廷贡品，故宫博物院均有收藏，代表人物有陈祖章、翁昭、翁荣标、李定宁等。

广绣与潮州刺绣合称粤绣，与湖南的湘绣、四川的蜀绣和江苏的苏绣并称中国四大名绣。广绣至今已有1 000多年的历史，唐代成为朝廷贡品，到明代中期已扬名海外，18世纪风靡了英国皇家及上流社会，英、法、德、美各国博物馆均有收藏，故宫博物院也收藏有不少广绣的优秀作品。广绣大致分为两大品类：一是盘金刺绣，二是丝绒刺绣。盘金刺绣以金线为主，辅以彩线刺绣，金碧辉煌，灿烂夺目，雍容华贵。丝绒刺绣开丝纤细，色彩缤纷，绣出的花鸟尤其精美。

广彩的全称是“广州织金彩瓷”，产生于清康熙年间，至今已有300多年的历史。所谓织金彩瓷，就是在各种白胎瓷器的釉上绘上金色花纹图案，仿佛在锦缎上绣以色彩绚丽、高雅华贵的万缕金丝，然后用低温焙烧而成。广彩是运用中国织锦图案的手法，以色彩艳丽、构图严谨、绘工精细著称，宛如无数金银彩丝织于白玉之上，显得光彩夺目、富丽堂皇。作为外销瓷，广彩在清代享有崇高的国际声誉，有“世界官窑”之称，欧洲许多国家的皇室用瓷都是广彩瓷品。

潮汕地区是中国工艺美术10个重点产区之一，潮汕工艺美术品类丰富，其中最负盛名的是瓷艺、刺绣和木雕。潮汕地区陶瓷生产历史悠久，从枫溪工艺陶瓷最为著名。近代以来，在传统潮绣工艺的基础上，利用特种材料或吸收外来工艺手法，发展出珠绣、抽纱等新的绣种，在20世纪60年代，又发展了通锦绣的新品种。潮州金漆木雕与浙江东阳木雕并列为中国两大民间木雕体系。潮州金漆木雕是木雕艺术的一种形式，用于建筑装饰、家具装饰、神器装饰以及案头摆设。多以樟木或杉木为基本原料，加以生漆和金箔。雕刻形式有浮雕、立体雕和通雕等。它以木雕为基础，髹之以金，自明代开始逐渐形成定式。明初的木雕多为平面雕饰，至万历年间始向单层镂通发展。清代是这一艺术形式发展的鼎盛时期，不少达官贵人对“金碧辉煌”情有独钟，于是，所营建的祠堂和豪宅无不以金漆木雕装饰。现存的金漆木雕代表作最早的有开元寺的大殿龛桌和圆雕贴金千佛塔；较完整的建筑有晚清时期的潮汕“已略黄公祠”等。潮汕工艺美术品还有潮汕剪纸、潮汕嵌瓷、潮州锣鼓和麦秆贴画等传统手工艺品，琳琅满目，素享盛名，产品远销世界各地，同时又是上乘的旅游工艺品，深受人们喜爱。

⑩饮食。粤菜即广东菜，是中国传统四大菜系、八大菜系之一，发源于岭南。

粤菜由广州菜（也称广府菜）、潮州菜（也称潮汕菜）、东江菜（也称客家菜）三种地方风味组成，三种风味各具特色。广州菜范围包括珠江三角洲和韶关、湛江等地，用料丰富，选料精细，技艺精良，清而不淡，鲜而不俗，嫩而不生，油而不腻；擅长小炒，要求火候和油温恰到好处；还兼容许多西菜做法，讲究菜的气势、档次。潮州菜发源于潮汕地区，汇闽、粤两家之长，自成一派。以烹制海鲜见长，汤类、素菜、甜菜最具特色；刀工精细，口味清纯。东江菜发源于广东东江一带，菜品多用肉类，极少水产，主料突出，讲究香浓，下油重，味偏咸，以砂锅菜见长，有独特的乡土风味。

清末，粤菜被广东商人带到上海。民国时期，粤菜在上海逐渐取得霸主地位，并赢得“国菜”的殊荣，“食在广州”的声誉便由此而起。粤菜更被广东华侨带到世界各地，成为最有国际影响力的中国菜系，是中国菜在国外的代表。经典粤菜有烤乳猪、清蒸东星斑、烧鹅、白切鸡、红烧乳鸽、脆皮烧肉、上汤焗龙虾、菜胆炖鱼翅、白灼象拔蚌、麒麟鲈鱼、蒜香骨、白灼虾、干炒牛河、罗汉斋、广式烧填鸭、豉汁蒸排骨、玫瑰豉油鸡、萝卜牛腩煲、潮州牛肉丸、潮汕鱼丸、生菜龙虾、鸳鸯膏蟹、潮州打冷、卤鹅肝、蚝烙、芙蓉虾、沙茶牛肉、客家酿豆腐等。

“喝茶”在粤方言里称作“饮茶”，广州人爱“饮茶”，茶文化既是民俗文化，又是饮食文化。据说清乾隆皇帝下江南到广州时，就曾与贴身侍卫上过茶楼饮早茶。在广州，民间以茶相待已成为一种礼节，如有客到，第一件事便是奉上一杯“靓茶”，第一句话是“请饮茶”，以此表示主人的热情、友好和礼貌。由于岭南自古具有“重商”的价值取向，“饮茶”也从家庭走向市场，使广州的茶文化集观赏价值、体验价值、服务价值和商品价值于一身。饮茶在一定意义上已经超越了单纯“茶”的范畴，成为一种社会交际方式。饮茶构成了岭南文化有别于其他文化的一个显著特质。《清朝野史大观·清代述异》中称：“中国讲求烹茶，以闽之汀、漳、泉三府，粤之潮州府功夫茶为最。”

**3.汉族三大民系文化**

①广府文化。广府文化是指以使用粤方言为语言特征，分布在以珠江三角洲为中心及其周边的粤西、北部分地区的民系文化，在岭南文化中个性最鲜明、影响最大。广府文化在各个领域中常被作为粤文化的代称。例如广州话被称为“粤语”；广州方言歌被统称为“粤讴”；广州戏剧音乐分别被称为“粤剧”“粤曲”“广东音乐”；广州工艺品的重要品类被称为“粤绣”“广彩”“广雕”等。广府早期的民居建筑，较为明显地受到江南地区建筑模式的影响，清末在广州的西关民居密集的环境条件下，形成了风格独特的西关大屋民居。

近代，受西方文化影响，在侨乡出现有异国风格的碉楼，在城市出现别墅式居宅，这些均开了南国建筑风气之先河。广东画坛从明清起有较大发展，人才辈出，风格独特，技法纷呈，求新求变。20世纪初，高剑父、高奇峰、陈树人在广东开创了“岭南画派”。开放、务实、善变是广府文化的主要特征。开放是民系环境的特征，务实是民系的本质特征，善变是民系的表现特征。

②潮汕文化。广东潮汕地区（以现在广东汕头、潮州、揭阳三市为中心）的潮汕人所创造的文化即为“潮汕文化”，是汉民族文化中具有独特的文化面貌的一个支系。潮汕文化包含着许多文化特质，其中，语言是最具有区别性特征的一种。因而，通常把潮汕文化理解为由讲潮汕话的民系所创造的一个文化共同体。潮州文化具有民间性、兼容性、精细性、开拓性等特点，是一个动态的开放体系。它的形成过程，是本地原住民文化和移民文化经过多次互相影响、互相吸收而逐渐融合的过程。在自成体系之后，由于潮汕人的迁徙，潮汕文化向海外传播，同时吸收其他文化的因素，不断发展。

潮汕方言，即潮汕话，又称潮州话，属汉语方言八大语系之一的闽南语系。它的词汇丰富，幽默生动，富有极强的表现力，并保存着很多古汉语的成分。潮汕地区民间艺术包括潮剧、英歌舞、灯谜、剪纸、版画、龙凤舞、双鹅舞、纸影（即潮州木偶戏）等。潮州工艺美术包括木雕、石雕、美术陶瓷等。其中潮安县金砂乡从熙公祠的石雕，精雕细刻，堪称潮汕地区石雕的瑰宝。潮绣是中国四大名绣之一粤绣的一大支系，早在唐代已出现，明、清两代更趋成熟。潮绣讲究构图匀称，色彩浓烈，富丽堂皇，针法千变万化。

潮汕祠堂系统地运用木雕、石雕、嵌瓷这三大潮汕建筑工艺，装饰豪华，富丽堂皇，雄伟壮观。此外潮州土楼也颇具特色。潮汕善堂是最具潮汕人文色彩的代表，它是一种带有民间信仰性质的慈善机构。在这种善堂文化的熏陶下，潮汕人都乐于从事慈善事业。

潮汕民俗繁多，且保留着很多中原传统文化，这也是潮汕人一直骄傲的地方。除了传统的节日外，他们还保留着盂兰节、中秋烧塔、新年烧龙等中原已消失的习俗。另外较有特色的还有“人节”食七样羹、澄海赛大猪、盐灶拖神等习俗。潮州菜发源于潮州，已有数千年的历史。时至今日，潮州菜已经发展成为独具岭南文化特色、驰名海内外的中国名菜之一。潮汕小吃，品种繁多，味道可口，如西天巷蚝烙、喷咕鹅肉、老姐猪脚饭、老妈宫粽球，以及各类粿品、甜品。潮州功夫茶，是融精神、礼仪、沏泡技艺、巡茶艺术、评品质量为一体的完整的中国茶道形式。

③广东客家文化。广东客家文化是以梅州市为中心的粤东和粤北地区，以客家人为主题的区域文化。客家文化是岭南最富中原文化特色的文化，与广府文化和潮汕文化差异很大，其明显特色表现在：团结和奋进的客家精神让客家先民形成了很强的向心力，这种向心力使他们在漫长的迁徙过程中把中原灿烂的文明带到南方播衍而不被迁徙地的土著同化，保持着自给自足、特立独行的气质，克勤克俭的性格

和风尚；客家人具有浓厚的家族观念，不忘祖宗盛德；具有坚韧的开拓创业精神；高度重视文化教育，具有很高的传统文化素质。

千百年以来，客家人极力地保留着自己独具魅力的文化，使客家文化既传承了优秀的汉族传统文化，又与时俱进地创新出了丰富多彩的文化。客家话又名客话，个别地方又名麻介话、新民话、土广东话。客家方言是汉民族中最具稳定性的方言，客家话的声调有六个或七个，颇富音乐韵味。客家围屋的结构形式是由粤东客家标准格式——围龙屋发展变化而成。一座座固若金汤的庞大建筑，四角建有炮楼，楼内连通，相互呼应，火力交叉如网；御火攻，围内设有多处消防注水口；防围困，围屋内设置多处粮仓。

岁时节令的民俗活动起源很早，如春节，源于上古社会的“腊祭”，“过年”的传统也起源于上古。除过年过节，还有四时节令，以及其他俗信纪念。随着时代的前进，人们在传承旧俗中，不断摒弃陋俗、继承良俗、增添新俗，使传统的岁时节令民俗活动更加丰富，展示出客家人的传统文化风采。客家人对于丧葬之俗做得十分周到。客家人祖先崇拜意识很浓，对慎终追远的事十分重视。客家人的祖先来自中原，所以他们的婚姻礼俗深受古时风尚习气的影响，完全依照“说亲，送定，报日子和送聘金，盘嫁妆，接亲与送亲，拜堂与吃面碗鸡”的古制“六礼”。

客家人是一个善于歌唱的民系。客家童谣，词句长短不定，句式简短，韵脚多变，节奏明朗轻快，朗朗上口，小时念熟到老不忘；客家山歌，是客家人的口头文学，乡土生活气息浓郁，即席歌唱，随口而出，它的歌词诗味很浓，类似竹枝词，有“国风”和“吴歌”的余韵，是民歌中独立的一支。

客家菜特点的形成，与客家人的生活环境、生活水平有很大关系。客家人早期多聚居于山高水冷地区，地湿雾重，食物宜温热，忌寒凉，故多用煎炒，少吃生冷，在使用香辣方面更为突出，菜肴有鲜润、浓香、醇厚的特色。在祖国博大精深的茶艺中，“擂茶”一枝独秀。做擂茶时，擂者坐下，双腿夹住一个陶制的擂钵，抓一把绿茶放入钵内，握一根半米长的擂棍，频频舂捣、旋转，边擂边不断地向擂钵内添加芝麻、花生仁、草药（香草、黄花、香树叶、牵藤草等）。待将钵中的东西捣成碎泥，茶便擂好了。然后，用一把捞瓢筛滤擂过的茶，投入铜壶，加水煮沸，一时满堂飘香。

4.文化特质

①开放风气。从古老的民间传说开始，岭南人民就具有一种与众不同的开放心态，至今南海神庙中还立有波罗国使者达奚司空的塑像，西来初地还有达摩祖师的遗迹。著名的岭南画派，就是在继承国画传统技法的基础上，借鉴了西洋画的技术而形成；饮誉世界的粤菜，不但吸取了国内其他各大菜系的技艺，也吸取了西菜烹饪之精要。特别是改革开放以来，广东人更发挥了这方面的潜质，在全

国率先敞开大门，在对外经济、文化的交往中扮演了引人注目的角色，这并不是偶然的。

②进取精神。岭南文化处处迸发出一种超越传统导向的进取精神。在泰国建立吞武里王朝的郑信就是广东人，而在近代文化史上，涌现了一批努力超越传统导向的文化名人，如岭南画派祖师高剑父、民主革命家孙中山、思想启蒙运动的先驱梁启超等，这些灿烂的群星，代表了岭南文化的思想，从他们的言行与业绩，亦可见岭南文化的特异风格。

③实利重商。广东得天独厚的地理条件，使它在唐宋时代已经成为中国重要的对外贸易区，以珠江三角洲、韩江三角洲为中心向外辐射，特别是清中叶以后，国际市场对茶叶、丝绸需求量的增加，刺激了当地商品经济的发展，除广州、佛山两大商埠外，潮汕商人的足迹，“上溯津门，下通台厦”，远至新加坡、暹罗一带，形成了当时商业系统著名的“潮州帮”（潮商）、“广东帮”。商品经济的发展，铸造了岭南文化讲求实利实惠、偏重商业的倾向。

### （七）岭南文化风格的基本特征

岭南文化基本特征可归结为外向性、开放性、冒险性、崇商性、多元性、包容性的风格，造就了广东宽松、和谐的社会环境，吸引外商在广东登陆、留居。

#### 1.外向性

作为海洋文化的载体或者介质，海水永远处于无休止的运动中，处于从不间断的流动中。人类必须适应海洋这种属性和环境来进行海上的活动。因海水不停顿地在一个海区与另一个海区之间交换，具有稳定的外向运动特点，所以海上丝绸之路文化也从它产生的海区或大海边缘向外传播。特别是在交通不发达的古代，海洋是人类往来的重要通道，海上交流借此而发生，这比大陆要容易得多，这也决定了广东文化的外向性特质。

古代孤悬海外的海南岛不但沿海居民生活资仰于海洋，而且深处五指山区的黎人，也以输出槟榔、椰子为经济来源。宋人王象之指出：“琼人以槟榔为命……岁过闽广者不知其几千百万也。又市舶门曰：‘非槟榔之利，不能为此一州也。’”[1]槟榔文化支持了海南经济发展，这种文化完全是外向型的，是海上丝绸之路文化外向性的一个范例。

#### 2.开放性

海洋是一个大系统，这个系统下的某个海区、海岛、海湾、海峡、海岸带等都是它的子系统，不但在这些大小系统内不断进行物质和能量的交流，以维持各自生存、运动和平衡，而且在海洋和大陆之间，也发生同样的交流活动，舍此，海洋文化不能产生，这就决定了海洋文化必定是开放性的。另外，只有依靠这种开放性，

1 王象之：《舆地纪胜》卷124，《琼州》.

海洋文化的结构、功能、景观等才不断得到调整，其文化势能、动能得以消长，产生势位差，形成文化运动即文化交流，产生文化区域效应，推动社会经济发展。海洋文化这种开放性是它优越于大陆文化的特质之一。“亚洲四小龙”（中国香港、中国台湾、新加坡、韩国）或为海岛，或为半岛，同样敞开自己的大门，吸纳四海各种资源，充实、壮大自己，在世界经济版图上赢得了一席之地。

在中国历史上，虽然长期实行闭关锁国政策，但广东却因区位、政策等因素，始终保持对外开放状态，故广东人早就不断假道海洋，迈出国门，走上与世界各地交往的道路，吸收海外先进文化，滋润、壮大自己，形成岭南文化的海洋性风格。恰是得益于这种文化风格，广东才在近现代中国历史上表现得有声有色，对推动中国历史发展做出重大贡献。

### 3.冒险性

海洋风波险恶，变幻莫测，历来被视为畏途。宋代苏东坡过琼州海峡“舣舟将济，股栗魂丧”[1]，直到海上交通颇为发达的明代，进入海南的人“稍有识者，当少知避”[2]，琼州海峡一直是一道巨大的障碍。近代航海技术虽有进步，但要超越海洋，仍有许多风险，包括狂风恶浪和海盗的剽杀等。在这种海洋环境下创造的海洋文化，冒险是其最普遍、最显著的特征。海洋文化的冒险性，就是指在海上活动要有冒险心态，不惜以生命为代价的价值观，以及敢于面对大海、挑战大海的大无畏精神。两广华侨漂洋过海，在侨居地开拓、拼搏，即冒着极大的海洋自然和人为艰险。广东广府、潮汕、客家商帮集团常年往来于各大海大洋之间，靠的也是这种冒险性。

### 4.崇商性（重商性）

黑格尔在《历史哲学》中谈到西方海洋文化，实际就是海上贸易，说中国没有海洋文化，没有分享海洋赋予的文明，也就是缺少海上贸易。这种与事实相反的悖论，虽不足取，但也说明，海上贸易确是海洋文化一个最主要的内涵。海上贸易不仅发生在沿海，而且穿过海洋腹地，抵达远方港口，是最富于商业性、冒险性的活动。广州是中国历史上历时最长的外贸中心，唐代有著名的“广州通海夷道”，宋代与50多个国家和地区通商，元代与140多个国家和地区通商，明清时近乎全民经商狂热。屈大均在《广东新语・事语・食语》中说广东“无官不贾，且又无贾不官”“民之贾十三，而官之贾十七”“儒从商者为数众多”“而官之贾日多，遍于山海之间，或坐或行，近而广（东）之十郡，远而东西二洋，无不有也”。在长期经商中形成的粤商集团，以经营舶来品著称，著名的广州十三行就是一个舶卖洋货之地。随着近年来改革开放的发展，广东商品经济大放异彩，一方面是“广货”节节北上，另一方面大批岭北人南下，形成“东西南北中，发财到广东”的时代潮流，

1　赵汝适：《诸蕃志》卷（下），《海南》.
2　正德《琼台志》卷42，《杂事》.

即为岭南海洋文化重商性在当代的一种折射。它已成为在当今经济全球化背景下，广东接受世界经济转移和对外辐射的一种强大原动力，也是建设“21世纪海上丝绸之路”的一个显著优势。

5.多元性

“海纳百川，有容乃大。”江河与大海对接使海洋能接受多种文化成分，兼收并蓄，融会贯通，形成多元文化特质。岭南文化的海洋性，除了缘于南海海洋环境，主要还有假道南海传播而来的海外印度文化、波斯文化、阿拉伯文化、近世西洋文化等，既互相融合，又和而不同，共生共存共荣，形成一种复合型文化，其多元性甲于内地许多地域文化。著名人文地理学者、北京大学教授胡兆量认为：“广东是世界上历史文化十分复杂，因而也是十分典型的省份，加上海南岛，自成一个历史文化区，进行深入研究，十分必要。”[1]当然，多元性并不是海洋文化所独有的，许多地域文化也有这种特性，但海洋的宽广无涯、江海相通、海水强大的亲和力等性质，却是大陆难以相比的，在此基础上产生的海洋文化更富有多元性也是不争的事实。广州、香港、澳门作为中西文化交流中心，其文化的多元性，既是一个背景，也是这种交流的一种结果，由此形成的粤港澳区域文化综合体，即为多元文化融合的产物。

6.包容性（兼容性）

海水有容纳万物的自然属性，且不停地流动、交换。海洋的这种作用可以使不同地域、民族的文化在海水所到之处找到自己的位置，能够相互容忍、自由地发展，并相互交流、整合，形成你中有我、我中有你的状态，这就是海洋文化的包容性。在岭南文化发展史上，绝少出现因文化特质差异而发生重大冲突、对抗事件，明末“西风东渐”以降，从西方传入、被北方一些人喻为“奇技淫巧”的科技文化到近年改革开放传进新鲜事物，无不如此。相反，一些内陆文化，因缺乏包容性而凸显、强化了它们的排他性，结果由文化冲突而导致政治、军事冲突。中东地区近年暴力事件不断，从深层根源来说与文化的排他性不无关系。

实际上，岭南文化的这些特质是一个整体，相互之间不但可以沟通，而且相互影响。上述外向性与开放性的关系如此，多元性与包容性的关系也是如此。又，海洋文化主要以海上商业贸易为主，商品生产和流通具有强烈的外向性和扩张性，目的是追逐利润，由此必然要有勇气、有胆识、有谋略去挑战大海，越过惊涛骇浪，航行到利润所在的一切地方，为此，也必然要承担风险。所以海洋文化的冒险性与生俱来，在商业贸易背景之下，商品价值观念、交换观念、竞争观念等深入民心，崇商性也就成为沿海民族一个最本质的文化个性。

1 摘自北京大学胡兆量教授给作者的来信。

在中国传统的“四海”之中，南海最大，这些文化特质无疑彰显得最为完备、充分，也最有代表性，因而历史上广东中外商旅云集，不同种族、民族和不同宗教信仰的人能在广东尤其是广州和而不同，共生共存共荣，相互友好地相处发展，恰是海上丝绸之路文化本质的体现。

## 四、广东省的格局特色

在独特的自然、人文环境下形成和发展起来的广东“一带一路”，在历史长河中，在空间分布上，在与陆上丝绸之路关系，以及存在载体等方面，都有自己的个性和风格，形成异于海上丝绸之路其他省区的特点，亦即其格局特色，堪可比雄于其他省区。

### （一）海上丝绸之路历时性长，从未中断

从时间维度观察，广东海上丝绸之路渊源很早，正式开辟于西汉，终结于鸦片战争，历时2 000多年，虽有过兴衰起伏，但从未中断，故其历史作用与丝绸之路的存在相始终。特别在明清大部分时间实行海禁的背景下，独留广州一口对外通商，保持与海上丝绸之路各个国家、地区的联系，使广东独享海上丝绸之路之利。特别重要的还在于，明清时期是地理大发现、欧洲文艺复兴、资本主义兴起时期，是西方文化不断向外扩张和传播时期，广东作为首受之区，最早接受西方文化影响，从中吸收自己需要的养分，滋润和发展、壮大自己，使岭南文化（或曰珠江文化）内涵更加丰富，先进成分更多，由此积累起来的文化势能更强大，对外辐射作用也更大，范围更广，这是海上丝绸之路其他省区所欠缺的。例如明朝万历年间意大利传教士利玛窦入粤，即带来欧洲文艺复兴以来的西方科技文化，在东西方文化之间架起一座交流的桥梁，故利玛窦被称为“中西文化交流第一人”。他卓有成效的科学活动，促进岭南文化成为时代先进文化。有赖于此，广东能先于其他省区制作先进仪器，吸收先进医术、绘画、音乐、建筑、天文、地理、测量、制图等知识和技能，发展遥遥领先于其他省区。即使鸦片战争的结果使海上丝绸之路发生质变，不再是中西之间和平、友好、平等的经济文化往来，而代之以铁和血写成的文字，但中西文化交流并未停止，澳门、香港这两个中西文化交流中心城市，仍然继续发挥它们的文化辐射作用，在各个文化要素和层面上影响岭南文化，并且随着历史的发展，粤港澳文化不断交融、整合，最终形成一个独特的粤港澳文化综合体，出现在中国地域文化版图。[1]港澳文化既是岭南文化的一个组成部分，但又有自己的特质和风格，它与岭南文化的交流和互动，使岭南文化不断获得生机和活力，促进自己的创新和提高。岭南文化这个发展驱动力和优势，是海上丝绸之路其他省区难以相比的。

1　许桂灵．中国泛珠三角区域的历史地理回归［M］．北京：科学出版社，2006：174-176.

在建设“21世纪海上丝绸之路”的背景下，港澳文化的许多优势，如效率观念、法治观念、管理制度等都对广东有借鉴、参考作用。港澳实行“一国两制”，更便于与西方世界交往，广东可借助于港澳这座桥梁，与海外进行更加广泛的交流和合作，获得更多的资讯、资金、人才等，为广东“一带一路”建设服务。所以，广东海上丝绸之路的历时性、阶段性、连续性和不间断性，使广东的发展始终深受海上丝绸之路的影响，不断接受海上因素的作用，再加上广东自身的发展动力，无疑会发展得更快、更全面和更持续长久，这已是为广东两千多年海上丝绸之路历史所证明了的。

### （二）港口群构成海岸经济带

从空间维度观察，广东漫长的海岸线、众多的岛屿和港湾，造就了一大批海上丝绸之路港口，成为海上丝绸之路的依托，构建起海岸经济走廊或经济带。特别是珠江八口归海、江海一体、扇形缩毂于广州的三江交汇地理格局，以及韩江、鉴江、漠阳江、南渡河等独流入海河流，都各有自己的陆向和海向腹地，既各自独立，又相互制约，协调地、综合地发挥各港的吐吞功能，取得1+1≥2的效果。这些海港在广东划分为粤东、粤中、粤西三个港口群。每个港口群由一个枢纽港、若干个地方中心港和一批地方港组成，其中有些是专业港。这样一种层次分明、分工明确、布局合理的港口群，在历史上曾有力地推动了海上丝绸之路的发展，也为建设“21世纪海上丝绸之路”提供决策参考。例如粤东港群，包括潮州（原三百门改称）、汕头、汕尾、海山、神泉、后宅等港，主要对东南亚贸易。粤中港群，即珠三角及邻近港口，历史上以广州港、澳门港、佛山港、江门港为主，近现代以来兴起香港港、南沙港、沙角港、沙田港、交椅湾港、妈湾港、赤湾港、蛇口湾、崖门港、高栏港、铜鼓港、盐田港、澳头港等，加上广州内港、江门港、容奇港、中山港、九洲港、太平港、东觉头港、莲花山港、九江港、沙鱼涌港等。这些港口不少是远洋港，与欧美、澳大利亚、日本、俄罗斯等地通航，将广东与世界各地连在一起，带来海上丝绸之路各种效应，更是“21世纪海上丝绸之路”建设的主要依托港。粤西港群，从阳江东平港到廉江安铺港，除广州湾港（今湛江港）以外，其他皆为小港，如沙扒、博贺、黄坡、海康、流沙、北潭港等[1]，亦多通东南亚，进行少额贸易，但也是海上丝绸之路不可或缺的角色。这三大港群，相互连成海岸经济轴线，呈海陆双向辐射格局，甚有利于海洋经济发展，历史上形成的“以海为商”和“以海为田”的经济模式，即为海上丝绸之路经济的一种反映。

---

1　司徒尚纪. 中国南海海洋国土［M］. 广州：广东经济出版社，2008：245-255.

### （三）海陆丝绸之路对接

广东位于南海北部边缘，海上丝绸之路对内陆的货流，在五岭以北长江、黄河流域。这两大流域恰是陆上丝绸之路辐射地区，它们也与海洋发生某种联系，于是产生了海陆丝绸之路对接问题。这些海陆丝绸之路对接通道，大多经过广东。所以，广东海上丝绸之路都有相应的陆上通道，相互连成一个交通体系，有效地发挥自己的功能。秦汉以来历次进军岭南和五岭的南北商货、人员往来，多假道这些海陆丝绸之路对接路线进行。这些对接通道，自东往西，一有南雄梅关古道，即大庾岭道，自唐张九龄重修以后，一直为中外商贸人员利用最多的通道；二为骑田岭道，即从广州溯北江循武水经乐昌进入两湖转中原各地，东汉岭南贡献荔枝上长安即走此道，为此专门开辟“西京驿道”，一直使用至1936年粤汉铁路全线通车；三是从广州沿西江上封开入广西梧州，再经漓江、贺江、潇水及湖南各地，另一条从合浦港北上通南、北流江入西江接湘桂走廊，更是连接汉代开辟海上丝绸之路的通衢大道。这些海陆丝绸之路对接通道，极大地方便了广东与海内外经济文化交流。恰如张九龄在《开凿大庾岭路序》中所说，开通之前，“岭东路废，人苦峻极，行迳夤缘，数里重林之表；飞梁嶫峨，千丈层崖之半。颠跻用惕，渐绝其元。故以载则不容轨，以运则负之以背。而海外诸国，日以通商，齿革羽毛之殷，鱼盐蜃蛤之利，上足以备府库之用，下足以赡江淮之求。而越人绵力薄财，夫负妻载，劳亦久矣”[1]。这里讲得很清楚：大批海外商品，供应江淮地区，这条通道改变了老百姓昔日体力运载之苦。海陆丝绸之路对接确实产生了显著的经济效益。

### （四）商帮集团经营概况

从运营载体观察，广东海上丝绸之路在明清时期主要是由商帮集团从事海上贸易的。这些粤商可分为广州帮、潮州帮、客家帮三大商帮集团。他们族群归属不同，经营商品范围和地域的差异，反映了广东海上丝绸之路具有多样性的文化品格，这也是广东不同于其他省区海上丝绸之路风格之处。

广州帮是指籍贯为广府区的商人，除利用珠江水系和沿海航线做生意以外，同时也利用南海交通角逐海外市场，经营地域除了东南亚，还广及美国、日本、欧洲、澳大利亚等，足迹遍及全世界。海外市场的角逐均需取道南海、东海、黄海，横渡太平洋、印度洋等海域。而且在这些陌生国度里，还要适应、熟悉当地自然和社会环境。这需要坚韧的心理素质，包容地对待海外异质文化，而为了融入当地社会，还要克服语言、风俗、法律、生活习惯等障碍，成为生活的强者。广州帮商人在经济活动中，很善于观察、把握商情，及时调整自己的营销策略和商品结构，力

---

1　张九龄：《曲江集》卷11，《四部丛刊》本.

争盈利，还建立商品生产基地，直接加工出口，讲究诚信，热心公益事业，讲求价廉物美等，使之在茫茫商海竞争中取胜。以广州十三行商人为代表，他们卓有成效的经商活动，集中反映了广州帮海上丝绸之路的文化风格。

潮州帮商人为广东第二大地缘性商人集团，形成于康熙以后的开海贸易。初为海盗集团，后为海商，以红头船为标志，以东南亚为主要经商范围。潮州帮既善于经商，又独具冒险、开拓精神，不少潮商只身出洋，身无长物，经数年拼搏，辄成巨富。又潮州人本有坚强的内聚力，强烈的地域认同感和文化认同感，在海上经商中也突出地表现了这种文化风格。几乎整个东南亚都是他们驱驰的市场，无论是在潮汕地区还是在东南亚各地区都有潮商的足迹，他们对这些地区产生了深刻的影响，成为海上丝绸之路在粤东的一个很独特的文化风格，至今仍在发挥作用。

客家人虽是山居族群，但在人口、资源、环境的压力下也下海经商，形成客家帮商人集团。经商范围包括印度尼西亚、马来西亚、夏威夷、新加坡，以及印度洋沿岸的一些地区，从商人数、活动范围比广州帮、潮州帮要小；但客家人以吃苦耐劳、敢于开拓著称，也是海上丝绸之路的一支劲旅。近年联合国教科文组织在梅州松口镇竖立“印度洋移民广场”碑，即为客家人移民印度洋毛里求斯、走海上丝绸之路的一个标志。

### （五）华侨是海外贸易一支重要力量

广东从唐代起就有人移民南洋，明清进入移民高潮。这个海外发展群体，初期不一定从商，但在安定下来、稍有积蓄以后，一些人开始从事海上贸易，加入海上丝绸之路行列。这也是广东海上丝绸之路形成的一个重要标志。因华侨散布全世界，他们创业、经商等活动在侨居国，但根又在故土，具有二元文化结构特点，在经商、文化交流方面熟悉两地国情，双向联系方便，故无论对历史海上丝绸之路还是“21世纪海上丝绸之路”来说，华侨都是宝贵的人力资源和经济资源。华侨所拥有的经济观念、商业意识、技术、资金、信息、人才等优势，对海上丝绸之路发展做出过积极贡献，孙中山就说过“华侨为革命之母”。在广东“一带一路”建设中，华侨更是一种不可或缺的“正能量”。从“海上丝绸之路既是海上贸易之路，也是文化交流之路”观察，广东华侨在文化建设上对广东的贡献可圈可点，其他省区华侨略逊一筹。华侨这一巨大的经济和文化潜在资源，在新丝绸之路建设中将发挥更大的作用，这是毋庸置疑的，也是广东新丝绸之路建设的一个最大的优势。

## 五、广东海上丝绸之路的历史地位和影响

### （一）促进了广东商品的生产和流通

唐宋以前，经广东海上丝绸之路出口的商品，特别是丝绸，很大一部分生产于

岭外，集中于广州后，再输出到海外国家和地区。到了明清时期，广东的商品经济有了很大的发展，珠三角基塘农业崛起，广东生产的蔗糖、丝绸、干果、塘鱼、茶叶、粮食，以及陶瓷、铁器等手工业大宗产品出口海外。同时从海外进口银元、香料、毛纺织品、象犀、各类珍宝等，使广东成为中外商品荟萃之地。屈大均在《广东新语·事语》中指出："计天下所有之食货，东粤（即广东）几尽有之，东粤之所有食货，天下未必尽有之。"这种商品的集聚，必然推动商品生产的发展及其组织布局形式的改变。特别在珠三角，海外市场的需求，促使珠三角摸索出桑基鱼塘这种土地利用方式，生产的大量生丝经葡萄牙人之手，经澳门运销日本、菲律宾、印度和中南美洲，从而大大地刺激三角洲蚕桑业和丝织业的发展，因而桑基鱼塘取代果基鱼塘，成为珠三角主要的土地利用方式。这在很大程度上为海外市场所支配，充分体现了广东沿海经济发展的特色。

广东省的格局特色及历史地位

甘蔗也是如此。明中叶，广东生产的片糖，"天下所资"[1]。明末清初，广东生产的白砂糖和冰糖已"售于东西两洋"[2]，成为海上丝绸之路重要的出口物资，反过来又促进广东蔗区的扩大。《广东新语·草语》中指出："糖之利甚溥，粤人开糖坊者多以致富。盖番禺、东莞、增城糖居十之四，阳春糖居十之六，而蔗田与禾田等矣。"在东莞篁村、河田一带，"白紫二蔗，动连千顷"，进行专门化、集中化生产。甘蔗所在地区"连岗接埠，一望丛若芦苇然"，"每冬初遍诸村岗垄，皆闻戛糖之声"，小糖寮星罗棋布，一片繁荣，皆广东大量蔗糖外销所致。

佛山本无煤炭和铁矿石，但依靠西江水运带来了大量丰富的铁矿和木炭，明代建立起全国仅次于河北遵化的第二大钢铁联合企业，成为一个"其焰冲天，黑浊之气，数十里不散"的冶炼中心。其产品"薄而光滑，冶炼既精，工法又熟，诸铁器率以佛山为良"，从而远销国内外。佛山陶瓷业，于明代经过一系列的技术革新，从而在全国同行中异军突起，成为综合性陶瓷业基地。近人李景康在《石湾陶业考》中指出："石湾陶业全盛时代，共有陶窑107座，容纳男女工人六万有奇。"加上它对"业陶者亦必候其工而求之"，质量要求十分严格，"故石湾之陶遍二广及海外之国"。[3]赢得"石湾瓦甲天下"之誉，所以海上丝绸之路又叫"陶瓷之路"。

商品生产必然促进商品流通（即贸易）。广东成为中外商品荟萃的市场，即为商品流通的结果。由此产生的外贸收入，是明清广东地方财政收入的重要来源，"初（明正德以前），广东文武月俸，多以番货代"[4]。有时"番货"还是军饷之源。有次暹罗国的船因风漂至广东境内，"镇巡官会议，税其货以备军需"[5]。明嘉靖三

1　戴璟．广东通志初稿：珠江三角洲农业志［J］．1976（5）．
2　屈大均：《广东新语》卷15，《货语》．
3　屈大均：《广东新语》卷16，《器语》．
4　《明史·佛郎机传》卷325．
5　《明实录·武宗实录》卷58．

十年（1551年）以前，广州市舶司每年收入税饷多至四五万两，为他省的三四倍。[1]许多贪官污吏，亦以走私或受贿致富。至于以贸易为生者，人数更巨，故时人说："广东旧称富庶，良以此耳。"[2]因此，从某种意义上来说，海上贸易是广东大部分地区经济的生命线，它的盛衰，制约着不少地方生产的枯荣和演替，也是广东经济命脉所在。

## （二）为广东融入世界市场提供了动力

16世纪以后，资本主义在西方兴起，并积极向东方寻找市场，实现其资本原始积累，同时不择手段地占领、扩充、掠夺殖民地。澳门被租赁以及后来主权被损害即为这种侵略的一部分。这种世界性形势的改变，使中国海上贸易的对象从东南亚、印度洋沿岸和非洲各国转变为欧美列强。这些新兴资本主义国家，具有发达的生产力，在输出商品的同时，还向中国输出大量白银，仅通过广州输入的白银就达4亿元左右。[3]这种硬通货，对中国尤其是广东的商品经济的发展起了重要的促进作用。在这种新的海上贸易背景下，清代南海贸易发展到历史黄金时代，南海北部各口岸全面开海贸易。《粤海关志》称："粤东之海，东起潮州，西尽廉南，南尽琼崖，凡分三路，所在均有出海门户。"[4]大批广东海商"通于山海之间，远而东西二洋"[5]。"就粤而论，借外来洋船以资生计者，约计数十万人。"[6]往来南海商舶数量大为增加，广州是主要进出港。据《粤海关志》统计，从乾隆十四年（1749）到道光十八年（1838）的89年中，外舶到粤海关口岸的贸易商船共5 266艘，以英、美商船居多（如图2-1所示）。贸易商船吨位大为增加，其中英国商船吨位增加了36倍。[7]而为适应这些转变，英、法、荷兰、丹麦、瑞典等国纷纷在广州设立商馆。这些商馆对促进广东海上贸易发挥了重要作用，也加强了中西文化交流。与此同时，清朝及以后，海上丝绸之路又开辟一些新航线，形成全球大循环格局，广东对外贸易港口更多。海上贸易成为最重要的生财致富之道。时人指出："华夷同体，有无相同，实理势之所必然。中国与夷，各擅生产，故贸易难绝。利之所在，人必趋之。"[8]在这个潮流下继续发展的广州作为全国最大的外贸基地，"全盛时，番舶衔尾而至，豪商大贾，各以其土所宜相贸易，得利不赀"。广东市场成为世界市场的一部分，其动力离不开海上丝绸之路贸易。

1 全汉升，李龙华．明中叶后太仓岁入银两的研究［J］．中国文化研究所学报，1972（5）：1.
2 严从简：《殊域周咨录》卷8.
3 全汉升．美洲白银与十八世纪中国物价革命的关系：广州城市发展史［M］．广州：暨南大学出版社，1996：259.
4 梁廷枏：《粤海关志》卷5，《口岸》.
5 屈大均：《广东新语》卷9，《事语》.
6 《史料旬刊》第22期，《庆复折》.
7 梁廷枏：《粤海关志》卷24，《市舶》.
8 《明经世文编》卷270.

图 2-1 "中国皇后"号1784年从纽约出发

（图片来源 mailcat. "我们也阔过"：花旗参、鸦片、伍浩官［EB/OL］.（2015-03-23）. https：//www.douban.com/note/490222804/.）

## （三）加速了城镇体系的形成

海上丝绸之路的历史作用，对外使广东融入世界市场，对内则加速了珠三角和沿海城镇体系的产生。这在海上丝绸之路发展的每个阶段，都留下了历史印记。恰如马克思所说的："商业依靠于城市的发展，而城市的发展也要以商业为条件。这是不言而喻的。"[1]

从汉代开始，岭南城镇发展就离不开海上丝绸之路，番禺、徐闻、合浦、龙编（今越南河内）、广信（广西梧州与广东封开之间）、布山（广西贵港）、桂林等城镇都因输出、输入商品而加速发展起来。魏晋南北朝时期，广州成为"天子南库"，依靠海外贸易取得税收。唐代海上贸易是最活跃的经济部门，广州城西商业区的出现，即得力于海上外贸的支持，而"蕃坊"的形成，更是这种支持最直观的表现。位处海陆丝绸之路对接通道上的韶州，商贸之盛仅次于广州，"岭南属州以百数，韶州为大"[2]。恩州（阳江）"当海南五郡泛海路"，商旅往来频繁，时称"远郡之沃壤"[3]。与恩州相接的新州亦为南道交通枢纽，商旅必经，为"西南道尤好郡也"[4]。粤东潮州，"与韶州同"，为"岭南大郡"[5]。隋代陈稜、张镇周经略流求，以潮州为基地。宋代广州多次筑城，所用资金大部分来自海上税收，阿拉伯商人也

---

1 中共中央马克思恩格斯列宁斯大林著作编译局. 马克思恩格斯选集（卷1）［M］. 北京：人民出版社，1977：56-57.

2 《全唐文》卷686，皇甫湜《朝阳楼记》.

3 《全唐文》卷830，李磎《授朱塘恩州刺史制》.

4 乐史《太平寰宇记》卷159，《岭南道端州》.

5 王溥：《唐会要》卷75，《选部下·南选》.

出资赞助。元代广州外贸虽逊于泉州，但广东也出现新港市，如粤东辟望港（今澄海市区），“群以海为命，自富贾大商，以暨龙户商人，咸以是托业焉，当风利潮高，扬帆飞渡……贸易数省”[1]。明代海上丝绸之路繁荣，使城市人口大增，明初广州人口仅27 500人，嘉靖四十一年（1562）增至30万人，成为“百货之肆，五都之市”[2]。圩市更如雨后春笋，嘉靖年间（1522—1566），珠三角16县有圩市175个[3]，到明末仅顺德、东莞、南海、新会四县就达115个[4]，到乾隆年间（1723—1795），珠三角圩市增加到570个[5]，出现了以“广佛陈龙”广东四大镇为轴线的城镇体系，形成了向内陆和海外双向辐射的经济格局。

### （四）促进了中外文化交流

海上丝绸之路的实质是中外文化交流，这对双方的文明和进步都有裨益。广东为海上丝绸之路一个重要地区，也是海外文化最早登陆、传播的地区，无论是物质文化还是精神文化，先后都被融合为岭南文化的一部分，使之内涵更加丰富，风格更加多姿多彩，影响深远，至今仍史迹斑斑，粲然可观。当然，岭南文化也假道海上丝绸之路传播到海外，对人类文明和进步做出了不朽贡献。这里主要突出介绍海外文化在广东的历史功绩。

秦汉到南北朝为海上丝绸之路第一次中外文化大交流时期，从海外传入棉花、柚子、枣椰、无花果、茉莉花等新作物，为岭南农业文化增添异彩。印度佛教也首途岭南，传入内地，对中国人的思想观念、语言、文学艺术、建筑、思维等产生了重大而深远的影响。经唐代惠能的创新，形成禅宗南宗，使印度佛教中国化、平民化、世俗化、务实化。他培养的千名弟子，形成“花开五叶”的法流格局，走向世界，成为全人类文化的一部分。

唐、宋是海上丝绸之路第二次文化大交流时期，引入岭南的有菩提树、蒲桃、菠萝、蜜树、油橄榄、占城稻、小粒花生等新作物，粮食大幅度增产，占城稻的引入和推广被誉为近千年来中国粮食生产经历的第一次革命[6]。伊斯兰教也在隋代传入广州，为岭南增加了一种新宗教。伊斯兰教建筑广州怀圣寺、光塔、先贤古墓，穆斯林聚居的蕃坊，以及阿拉伯语、清真饮食等，成为广州重要的文化景观，加强了广东文化的多元性和包容性。

明代开始了海上丝绸之路第三次中西文化大交流的高潮，内容更加广泛、新颖，影响也最深广。海外引入的新作物如番薯、玉米、烟草、花生（大粒种）、南瓜、辣椒、甘蓝等，极大地改变了土地利用格局和人们的生活方式，特别是高产作

---

1　黄启臣. 广东海上丝绸之路史［M］. 广州：广东经济出版社，2001：341.

2　黄启臣. 广东海上丝绸之路史［M］. 广州：广东经济出版社，2001：444.

3　嘉靖《广东通志》卷25，《圩市》.

4　许桂灵. 海陆丝路在岭南的历史对接. 区域效应和启示［J］. 三门峡职业技术学院学报，2018（1）：19-25.

5　据雍正《广东通志》和雍正、乾隆三角洲各县志统计。

6　何炳棣. 美洲作物的引进、传播及其对中国粮食生产的影响［J］. 世界农业，1979（4）.

物——番薯的引种，挽救了大量处于饥荒中的人民，并成为干旱地区的主粮。玉米成为山区的主要粮食作物，烟草则使抽烟成为社会风气。这些新作物的经济和社会效应都是破天荒的，故有人将番薯的引进称为中国粮食生产史上的第二次革命。尤为重要的还在于，明代意大利传教士利玛窦入粤，在传播西方宗教之同时，将欧洲地理大发现以来的西方科技文化，包括天文、地理、地图、文字、历法、数学、器艺、建筑、绘画、音乐、医药等，传入广东，开启了中西文化交流新时代，对增广见闻、扩大人们文化视野，贡献匪浅。而首得西方科技文化风气之先的广东也就成了东西方文化的接合部，以及交融、整合和内外传播的中心。

鸦片战争虽然结束了海上丝绸之路的历史，但中西文化交流并没有停止，战后传进广东的西方政治、经济、宗教、语言、文学艺术、科技等，对广东影响更大，效果更显著，由此引起了社会异动和变革，使广东成为近代中国革命的策源地，掀起一个又一个变革现实、推动社会前进的革命运动。这都与广东人继承并发扬海上丝绸之路的传统分不开。

## 阅读拓展

### 连续29年地区生产总值位居全国第一，广东为什么成了中国第一省？

从国家统计局2018年1月18日发布的2017年全国经济运行数据可以看到，广东地区生产总值总量将近9万亿元，连续29年位居全国第一位。即使在全球范围内，广东经济总量同样排名前列。对比国际货币基金组织的数据，如果把广东当作一个单独的经济体，广东的经济总量在2015年、2016年两年直逼西班牙，在全球约居第15位。

广东现在如此耀眼的成绩与其发展历史密不可分。海上丝绸之路的开辟使得广东省省会广州市成为中国沟通东南亚、非洲、欧洲的重要港口。1978年，广东在中国率先实行改革开放政策，成为中国第一经济大省，经济最发达、最具市场活力和投资吸引力的地区之一。

地理位置：世界四大湾区粤港澳大湾区占得一席

粤港澳大湾区是指由香港、澳门以及广东省的广州、深圳、珠海、佛山、中山、东莞、肇庆、江门、惠州9市组成的城市群，该城市群已成为可比肩美国纽约湾区和旧金山湾区、日本东京湾区的全球四大湾区之一。

如果把香港、澳门和广东9市作为整体计算，粤港澳大湾区城市群2015年的地区生产总值总量达到1.24万亿美元，超过西班牙的1.20万亿美元，接近俄罗斯的1.32万亿美元。

世界上没有哪个湾区同时具有世界级的金融中心（香港），世界级的高科技中心（深圳），世界级的生产基地（东莞、惠州、佛山、中山、深圳），世界级的教育中心（香港有5所世界排名前100的大学），世界级的物流和运输枢纽（世界物流量最大的区域，并有3个世界排名前15的港口、1个世界货运排名第一兼国际客运连接度世界前三的机场），如此的描述恰如其分地表现出了广东省在粤港澳大湾区中的地位。

强大引力：广东发达经济吸引全国劳动力

高新技术企业的腾飞为广东带来了快速增长的经济效益。2016年，广东高新技术企业数量达到19 857家，总量居全国第一。其中，广州、深圳数量领先，东莞、中山等市高新技术企业存量实现100%以上快速增长。

2017年广东民营经济实现增加值48 339.14亿元，按可比价格计算，同比增长8.1%，增幅高于同期全省地区生产总值增幅0.6个百分点。

庞大的企业数量以及发达的民营经济每年创造数百万个就业岗位，吸引着全国各省劳动力来广东淘金。

常住人口：广东已破亿成为中国第一人口大省

广东省统计局发布的《2017年人口数据》显示，2017年年末广东省常住人口11 169万人，比上年年末增加170万人，比第二名浙江多出5 512万人。作为劳务输入大省，广东省每年都吸引大量的人口。随着珠三角很多城市降低落户门槛吸引人才，广东省常住人口还会不断增加。

（资料来源　连续29年地区生产总值位居全国第一，广东为什么成了中国第一省？[EB/OL].（2018-05-29）. http://k.sina.com.cn/article_5640478920_15032e0c8001009f3d.html.）

## 学习成果

### 主要概念和观念

主要概念

广东省经济数据　广东省对外贸易状况　广东省自然环境　广东省人文环境　广东省的格局特色

主要观念

★ 自1989年起，广东省地区生产总值连续居全国第一位，是中国第一经济和人口大省，经济总量占全国的1/8。

★ 广东外贸进出口总额连续31年保持全国第一。

★ 广东是中国海上丝绸之路历史最悠久、规模最大、港湾最多、延续时间最长的省区。

★ 在独特的自然、人文环境下，广东省形成了独特的海岸经济带和岭南文化。

★ 广东海上丝绸之路的特点，决定了它的历史地位是崇高的，影响是广泛而深远的。

## 实务自测题

1. 从最近的杂志或报纸上搜索您所属地区对广东省的相关报道，分析广东省与您所属地区的历史渊源和贸易关系。

2. 试分析广州和深圳这两个一线城市的发展模式有什么不同。请搜索相关资料，从产业分布的角度来思考，并形成分析报告。

## 成果形式

实训课业：结合广东省的自然、人文环境及其特色，撰写一份广东省经济发展评价报告。

## 学习成果考核

本模块的学习成果考核见表2-3。

表 2-3　“广东商业环境综合篇”学习成果考核参考表

| 评估指标 | 评估标准 | 评价成绩（分） |
| --- | --- | --- |
| 自我学习（20%） | 在确定长期学习目标时，能根据各种信息和资源确定要实现的多个目标及途径，明确可能影响计划实现的因素，确认实现目标的时限，制定行动要点和时间表，预计困难和变化；在实施学习计划时，能保证重点、调整落实、处理困难、选择方法，通过复杂的课程和技能训练提高工作能力；在检查学习进度和成果时，能汇总学习成果、成功经验和已实现的目标，证明新学到的东西能有效运用于新选择的职业或工作任务 | |
| 信息处理（15%） | 在获取信息时，能分析复杂工作任务，比较不同信息来源的优势和限制条件，选择适当技术发现和搜寻信息；在开发信息时，能辨别信息真伪，定性核校、分析综合、解读与验证资料，建立较大规模的数据库，用计算机生成新的信息；在展示信息时，能用新闻方式发布、平面方式展示、网络技术传递，能利用信息预测趋势、进行新的设计，能收集信息反馈，评估使用效果 | |

续表

| 评估指标 | 评估标准 | 评价成绩（分） |
|---|---|---|
| 数字应用（10%） | 在解读数据信息时，能组织大型数据采集活动，通过调查和实验获取、整理与加工数据；在进行数据计算时，能从事多步骤的复杂计算，并统计与分析数据；在展示和使用数据信息时，能选择合适的方法阐明和比较计算结果，检查并论证其合理性，设计并绘制图表，根据结果做出推论，说明和指导工作 | |
| 与人交流（10%） | 在交谈讨论中，始终把握会议主题，认真聆听他人讲话内容并进行交流；主持会议或会谈，全面准确表述复杂事件或观点；在当众讲演时，能为讲演做准备，把握讲演的内容、方式，借助各种手段强化主题；在阅读和获取资料时，能为一个问题或课题找到相关资料，看懂资料的思路、要点、价值和问题，分析、筛选和利用资料表达主题；在书面表达时，能熟悉专业文书、把握基本要求，组织利用素材、说明内容要点，掌握写作技巧、恰当表达主题，采用适当风格、增强说服力 | |
| 与人合作（10%） | 在调整合作目标时，能发现各方问题，协调利益关系，进行有效沟通，调整合作计划与工作顺序；在控制合作进程时，能整合协调各方资源，妥善处理矛盾，排除消极因素，激发工作热情；在达到合作目标的过程中，能及时全面检查工作成效，不断改善合作方式 | |
| 解决问题（20%） | 在揭示复杂问题和提出问题的对策时，能分析探讨问题的实质，提出解决问题的最优方案，并证明这种方案的合理性；在制订计划、实施解决办法时，能制订并实施获得认可的详细计划与方案，并能在实施中寻求信息反馈、评估进度；在检查问题、分析结果时，能选择有效检查方法，分析总结、提出解决同类问题的建议与方案 | |
| 革新创新（15%） | 在提出创新意见时，能客观分析事物发展与需求之间的矛盾，提出独特的改进意见和方法；在做出创新方案时，能根据实际需要，设计并实施创新工作方案，并在条件变化时坚持创新活动；在评估创新方案时，能按常规方式和专业要求，对创新方案和结果进行检测并预测风险，能针对问题调整工作方案、总结经验、指导他人，提出进一步创新和改进的方法 | |
| 总成绩（100%） | | |
| 团队互评评语 | | |

# 模块三

## 广东商业环境地区篇

### 学习目标

通过本模块学习，应该达到以下目标：

理论目标：了解粤港澳大湾区商业环境；分析粤港澳大湾区合作机遇。

实务目标：了解珠江三角洲地区商业环境，能够分析珠江三角洲独特的经济格局。

案例目标：通过分析广东省沿海经济带商业环境，剖析其在中国经济发展中所处的地位和影响。

实训目标：分析所属地区与三大经济区和经济带合作的可能性。

## 案例引入

### 一核一带一区：广东构建区域发展新格局

一核一带一区，即将区域发展格局明确为三大板块：推动珠三角核心区优化发展；把粤东、粤西打造成新增长极，与珠三角城市串珠成链形成沿海经济带；把粤北山区建设成为生态发展区，以生态优先和绿色发展为引领，在高水平保护中实现高质量发展。

在2018年6月8日召开的中国共产党广东省第十二届委员会第四次全体会议上，广东省委书记李希提出，广东要以构建“一核一带一区”区域发展格局为重点，加快推动区域协调发展。改变传统思维，转变固有思路，突破行政区划局限，全面实施以功能区为引领的区域发展新战略，形成由珠三角核心区、沿海经济带、北部生态发展区构成的发展新格局，立足各区域功能定位，差异化布局交通基础设施、产业园区和产业项目，因地制宜发展各具特色的城市，推进基本公共服务均等化，有力推动区域协调发展。

广东体改研究会副会长彭澎分析，从地理条件上看，粤东、粤西与粤北有着很大差异，粤北山区由于自然地理条件和生态保护的限制，产业的发展空间较小。粤北山区未来主要是做好生态保护、水源涵养等，着重开发一些农业、旅游休闲等产业。但粤东、粤西沿海的地理条件优越，拥有很多天然优良港湾，而且平原较多，仍有很大的发展空间，而且目前人口也在继续往湾区、沿海地区集聚，沿海地带是广东经济发展的重点。

数据显示，2017年广东经济总量达到8.99万亿元，但接近80%集中在珠三角，粤东西北12个市只占了20%左右。[1]尤其是粤东、粤西沿海，尽管有沿海的优势，但经济发展一直较为滞后，无论是粤东的经济特区汕头还是粤西的首批沿海开放城市湛江，与其他沿海发达省份的沿海地区相比，经济发展都比较一般。

2017年12月，广东省发布的《广东省沿海经济带综合发展规划（2017—2030年）》（下称《规划》）中提出，在城镇化方面，广东要形成以珠三角世界级湾区城市群为引领、汕潮揭城市群和湛茂阳城市带为支撑的世界级沿海都市带。

在2018年全国“两会”上，广东省委常委、常务副省长林少春介绍，未来广东将在珠三角大力实施创新驱动发展战略，切实推动动能转换，加快建设现代化经济体系；支持东西两翼大力发展实体经济，打造广东经济新的增长极，与珠三角城市串珠成链建设沿海经济带；在粤北山区筑牢绿色屏障，建设生态特别保护区。

1　王永生. 广东2017年GDP达8.99万亿元连续29年居中国首位［EB/OL］.（2018-01-25）. http://news.ifeng.com/a/20180125/55458043_0.shtml.

林少春介绍，广东将加快基础设施建设，提升粤东、粤西、粤北地区对外通达能力和联系水平：把广州至汕尾时速350公里的高铁延伸到汕头，争取2018年年底开工建设；争取尽快把广州至湛江时速350公里的高铁纳入国家规划；积极推动龙梅龙高铁开工建设。同时，推动湛江港、汕头港做活做强做大，大力推进潮汕机场扩建、湛江机场迁建等，把整个区域打通联动起来。

彭澎说，随着珠三角到粤东、粤西的高铁、高速公路等基础设施的加快打造，产业也将在珠三角和东西两翼之间进行合理梯度分配。

按照前述《规划》，未来广东将推动珠三角与东西两翼协调发展，推进珠三角城际轨道网以建设延长线、支线等方式连接粤东、粤西主要城市，进一步缩短时空距离。强化珠三角和粤东、粤西对口帮扶、产业共建，发挥共建产业园区平台载体作用，推动珠三角优势产业、龙头企业到粤东、粤西布局。

（资料来源　根据第一财经相关资料整理而成，https://www.yicai.com）

## 学习内容

作为中国参与世界经济竞争的平台，粤港澳大湾区和长三角、京津冀这三大区域如何发展，引人瞩目。它们的高速发展说明了无论是粤港澳大湾区城市群建设，还是长三角一体化，其实都和党的十九大后强调区域协调发展、高质量发展有关。因为区域一体化发挥的关键作用，就是提高资源配置的效率，从而提升区域竞争力。而且，这也说明，城市之间已看到了相互合作的好处，不再单打独斗，而是希望以城市群为主体，去参与国际竞争。

### 一、粤港澳大湾区商业环境

在浩瀚的伶仃洋上，一条凝聚着无数心血和汗水的“跨海长虹”——港珠澳大桥，历时9年，正式建成贯通。这条雄伟的大桥连接香港、珠海与澳门，是集桥、岛、隧于一体的超级工程。港珠澳大桥正式通车标志着粤港澳大湾区的发展进入了新时代，为这块改革开放“试验田”再添动能，真正实现“一国两制”下的深度融合。

粤港澳大湾区商业环境

#### （一）粤港澳大湾区基本情况

粤港澳大湾区（Guangdong-Hong Kong-Macao Greater Bay Area），是由香港、澳门两个特别行政区和广东省的广州、深圳、珠海、佛山、中山、东莞、惠州、江门、肇庆九市组成的城市群，是国家建设世界级城市群和参与全球竞争的重要空间载体。[1]

粤港澳大湾区是继美国纽约湾区和旧金山湾区、日本东京湾区之后的世界第四大湾区。2017年，粤港澳大湾区人口达6 956.93万人，地区生产总值突破10万亿元，约占全国经济总量的12.17%，地区生产总值规模与韩国持平，是全国经济最活跃的地区。[2]

建设粤港澳大湾区是习近平总书记亲自谋划、亲自部署、亲自推动的国家战略，是新时代推动形成全面开放新格局的新举措，也是推动“一国两制”事业发展的新实践。粤港澳大湾区建设已经写入党的十九大报告和政府工作报告中，提升到国家发展战略层面。推进建设粤港澳大湾区，有利于深化内地和港澳交流合作，对港澳参与国家发展战略，提升竞争力，保持长期繁荣稳定具有重要意义。[3]

粤港澳三地将在中央有关部门支持下，完善创新合作机制，促进互利共赢合作

1 李雪姣．粤港澳大湾区迎来新机遇，香港能否搭上这趟快车［EB/OL］．(2017-03-14)．http://www.xinhuanet.com/gangao/2017-03/14/c_129509137.htm.

2 王晓易．境外媒体：“粤港澳大湾区”规划稳步推进［EB/OL］．(2018-09-04)．http://dy.163.com/v2/article/detail/DQSIN6LT0512B07B.html.

3 张歌，蒋波．国务院港澳办主任张晓明：粤港澳大湾区定位国际一流湾区和世界级城市群［EB/OL］．(2018-03-09)．http://lianghui.people.com.cn/2018npc/n1/2018/0309/c417507-29859224.html

关系，共同将粤港澳大湾区建设成为更具活力的经济区、宜居宜业宜游的优质生活圈和内地与港澳深度合作的示范区，打造国际一流湾区和世界级城市群。[1]

2018年11月，中共中央、国务院明确要求以香港、澳门、广州、深圳为中心，引领粤港澳大湾区建设，带动珠江-西江经济带创新绿色发展。

## （二）粤港澳大湾区政治背景

2009年完成的《大珠三角城镇群协调发展规划研究》把“湾区发展计划”列为空间总体布局协调计划的一环，并提出四项跟进工作，即跨界交通合作、跨界地区合作、生态环境保护合作和协调机制建设。2010年粤港澳三地政府联合制定《环珠三角宜居湾区建设重点行动计划》，以落实上述跨界地区合作。广东省2016年政府工作报告，也包括“开展珠三角城市升级行动，联手港澳打造粤港澳大湾区”等内容。[2]

2017年2月23日，时任中共中央政治局委员、广东省委书记胡春华，广东省省长马兴瑞在广州会见了时任中国香港特别行政区行政长官梁振英，双方表示全面提升合作水平，深化投资贸易、科技创新、环境保护、教育人文、自贸区建设等领域的互利合作，携手参与“一带一路”建设，不断深化粤港合作。[3]

广东与香港将在南沙自贸区建立“粤港深度合作区”，产业发展将紧紧围绕研发及科技成果转化、国际教育培训、金融服务、专业服务、商贸服务、休闲旅游及健康服务、航运物流服务、资讯科技等八大产业进行。[4]

2017年3月5日召开的十二届全国人大五次会议上，国务院总理李克强在政府工作报告中提出，要推动内地与港澳深化合作，研究制定粤港澳大湾区城市群发展规划，发挥港澳独特优势，提升港澳在国家经济发展和对外开放中的地位与功能。[5]

2017年3月25日，时任香港特别行政区行政长官梁振英在海南琼海博鳌与时任广东省委副书记、广州市委书记任学锋会面，主要讨论两个方面问题：一个是香港和广州如何一起做好李克强总理在2017年的政府工作报告里面提出的，研究制定粤港澳大湾区城市群的规划工作；另一个就是香港和广州如何一起“走出去”，去“一带一路”沿线国家和地区，推动五个互联互通。[6]2017年4月19日至21日，梁振英率团到访粤港澳大湾区六个城市，包括广州、佛山、肇庆、江门、中山及珠

1　刘笑冬，潘子荻．习近平出席《深化粤港澳合作推进大湾区建设框架协议》签署仪式［EB/OL］．（2017-07-01）．http://www.xinhuanet.com//politics/2017-07/01/c_1121247167.htm.

2　程思炜．港澳和珠三角9市将整体规划，打造“珠三角湾区”［EB/OL］．（2016-12-14）．http://news.southcn.com/gd/content/2016-12/14/content_161612053.htm.

3　徐林．胡春华、马兴瑞会见梁振英：全面提升粤港合作水平［EB/OL］．（2017-02-24）．http://leaders.people.com.cn/n1/2017/0224/c58278-29106007.html.

4　魏凯．“粤港深度合作区”开始动作　配置“豪华”［EB/OL］．（2017-03-10）．http://news.southcn.com/gd/content/2017-03/10/content_166692930.htm.

5　陈剑．粤港澳大湾区发展规划将制定　关注投资机会［EB/OL］．（2017-04-12）．http://www.xinhuanet.com/fortune/2017-04/12/c_129530274.htm.

6　章廉．梁振英率团考察粤港澳大湾区城市群［EB/OL］．（2017-04-20）．http://www.xinhuanet.com/gangao/2017-04/20/c_129555959.htm.

海，考察当地的城市发展、定位、物流及基建，并与各市领导会面。梁振英表示，香港在现代服务业、金融、法律、会计、建筑等方面具备优势，重视与广东合作，更重视政府工作报告中提出的粤港澳大湾区城市群发展规划。此行旨在把握时机，推动香港参与规划工作。[1]

2015年9月，国家发改委发布《关于在部分区域系统推进全面创新改革试验的总体方案》，其中广东被列入省级行政区之中，着眼于深化粤港澳创新合作。该次广东改革试验区提出的粤港澳合作，明确加入“创新”两字，表明“创新”将是这次广东改革试验区最核心的命题。[2]2017年4月7日，国家发改委制定印发了《2017年国家级新区体制机制创新工作要点》，其中，广州南沙新区的工作要点为深化粤港澳深度合作探索，推动建设粤港澳专业服务集聚区、港澳科技成果产业化平台和人才合作示范区，引领区域开放合作模式创新与发展动能转换。[3]2017年6月29日，由广东省发展改革委、广东省港澳办、广东省社科院和南方财经全媒体集团共同发起组建的粤港澳大湾区研究院在广州成立，首部大湾区研究报告同时发布。[4]

2017年7月1日，《深化粤港澳合作　推进大湾区建设框架协议》在香港签署，国家主席习近平出席签署仪式。在习近平主席见证下，香港特别行政区行政长官林郑月娥、澳门特别行政区行政长官崔世安、国家发展和改革委员会主任何立峰、广东省省长马兴瑞共同签署了《深化粤港澳合作　推进大湾区建设框架协议》。[5]

2018年3月7日，习近平总书记在参加十三届全国人大一次会议广东代表团审议时指出，要抓住建设粤港澳大湾区重大机遇，携手港澳加快推进相关工作，打造国际一流湾区和世界级城市群；[6]同月，国家发展改革委主任何立峰表示，粤港澳大湾区发展规划纲要的编制工作已基本完成，下一步将加快编制产业发展、交通、生态环境等方面的专项规划。[7]广东省发改委主任何宁卡在2018年广东省两会期间透露，广东正在配合国家发改委组织编制粤港澳大湾区国际科技创新中心实施方案，推进南沙、前海、横琴以及江门大广海湾经济区、中山澳门开发粤澳全面合作示范区等重要的粤港澳合作平台建设。[8]

2018年3月，香港特区行政长官林郑月娥赴大湾区深圳、中山、珠海三市考

---

1　庞晟．“21世纪海上丝绸路”咋走？港首将率团考察大湾区［EB/OL］．（2017-04-08）．http://news.haiwainet.cn/n/2017/0408/c3541093-30846668.html.

2　李税忠．粤港澳合作走向深度合作层面，重点建设广州科技创新走［EB/OL］．（2016-03-03）．http://dfcn.mzyfz.com/detail.asp?id=313566&dfid=2&cid=679.

3　国家发展改革委．2017年国家级新区体制机制创新工作要点印发［EB/OL］．（2017-04-01）．http://www.gov.cn/xinwen/2017-04/01/content_5182744.htm.

4　马汉青．粤港澳大湾区研究院在广州成立大湾区研究报告发布［EB/OL］．（2017-06-30）．http://news.ycwb.com/2017-06/30/content_25152169_2.htm.

5　刘笑冬，潘子荻．习近平出席《深化粤港澳合作推进大湾区建设框架协议》签署仪式［EB/OL］．（2017-07-01）．http://www.xinhuanet.com//politics/2017-07/01/c_1121247167.htm.

6　张歌，蒋波．国务院港澳办主任张晓明：粤港澳大湾区定位国际一流湾区和世界级城市群［EB/OL］．（2018-03-09）．http://lianghui.people.com.cn/2018npc/n1/2018/0309/c417507-29859224.html.

7　陈蓉蓉．国家发改委主任：粤港澳大湾区发展规划纲要编制基本完成［EB/OL］．（2018-03-09）．https://baijiahao.baidu.com/s?id=1594472132587394286&wfr=spider&for=pc.

8　冯芸清．马兴瑞：科技创新是粤港澳大湾区未来主攻方向［EB/OL］．（2018-04-10）．https://www.yicai.com/news/5413726.html.

察，为落实即将出台的粤港澳大湾区发展规划做准备。林郑月娥首日分别与深圳市委书记王伟中及中山市委书记陈旭东会面交谈，并参观了中山国家健康科技产业基地和建设中的深中通道及毗邻的翠亨新区。林郑月娥表示希望有更多香港优势产业落户大湾区，推动大湾区各城市互补发展。林郑月娥此次行程首站出席香港中文大学（深圳）祥波书院的揭幕仪式，林郑月娥与深圳市委书记王伟中共同主礼。[1]

2018年5月16日至17日，香港特区行政长官林郑月娥率团到广州市考察。广州市委书记任学锋，市委副书记、市长温国辉陪同并参加座谈。林郑月娥表示，广州吸引人才创新创业、大力发展战略性新兴产业成效令人印象深刻。香港与广州联系十分紧密，大量港资企业扎根广州发展，两地合作空间很大。特区政府愿与广州深化金融、科技、教育、医疗等领域合作。在广州期间，林郑月娥一行先后考察了二沙岛艺术公园、海心沙、花城广场、珠江两岸亮化工程、广州迈普再生医学科技公司、盈盛智创科技（广州）公司、博厚健康科技股份公司、天河区港澳青年之家创业基地、琶洲互联网创新集聚区、南沙区庆盛高铁站等。香港特区政制及内地事务局局长聂德权，广东省港澳办党组书记、主任廖京山等参加有关活动。[2]香港科技大学将在广州南沙建设分校区，将培育包括AI人才在内的各类人才。[3]6月13日，林郑月娥接受媒体采访时表示，香港将积极推动穗港合作发展，广州发展潜力巨大，发展空间很大，仅南沙区就有700多平方千米，条件得天独厚，香港企业、大学、医院进驻南沙，会有很好的发展前景。[4]

2018年4月，广东省省长马兴瑞在博鳌论坛上表示，粤港澳大湾区的规划很快就要出台，完全有条件、有信心把它打造成世界级的湾区。纳入大湾区的香港、澳门特别行政区和珠三角的9个市的经济总量接近纽约湾区，拥有16家世界500强企业，粤港澳大湾区发展潜力巨大，实力雄厚，前景无限。[5]马兴瑞表示，科技创新是粤港澳大湾区未来主攻方向，香港和澳门有一大批科学家，有很好的原始创新的能力，在特有的条件下配置全球创新资源的能力也是在大湾区里最强的，而珠三角地区在把科技成果转化成生产力上，是世界几大湾区中优势较大的。要把香港、澳门、广州、深圳打造成一个综合的、世界级的科技创新中心。[6]澳门经济财政司司长梁维特提出，要发挥澳门旅游休闲中心的优势，与大湾区共同打造世界旅游休闲目的地。同时，澳门可利用自身优势在科技、文化等方面促进粤港澳大湾区参与国

---

1　千寻．林郑访大湾区：倡资源对接推港优势产业落户［EB/OL］．（2018-03-30）．http://www.cbfau.com/cbf-201566177.html.

2　广州政务媒体中心．林郑月娥率团来穗考察［EB/OL］．（2018-05-18）．http://www.gz.gov.cn/gzgov/s2342/201805/42f4e5f853f742fb96b2038bd9c81a89.shtml.

3　黄晓航．南沙又开挂了！香港科技大学分校落址高铁庆盛站旁［EB/OL］．（2018-05-29）．http://www.oeeee.com/html/201805/29/635384.html.

4　广州政务媒体中心．香港将积极推动穗港合作发展［EB/OL］．（2018-06-14）．http://wemedia.ifeng.com/64907460/wemedia.shtml.

5　吴瞬．广东省省长马兴瑞：粤港澳大湾区规划很快就要出台［EB/OL］．（2018-04-09）．http://finance.ifeng.com/a/20180409/16062863_0.shtml.

6　冯芸清．马兴瑞：科技创新是粤港澳大湾区未来主攻方向［EB/OL］．（2018-04-10）．https://www.yicai.com/news/5413726.html.

际合作。[1]

亚太创新经济研究院院长刘江华说，从地理区位和与内地的紧密联系功能来看，广州是粤港澳大湾区最核心的城市，是大湾区联系内地、辐射内地的最佳桥梁和纽带。广东省城乡规划设计研究院总规划师马向明表示，广州作为华南的科教中心，在粤港澳发展成为国际重要创新中心的发展愿景中起着不可或缺的作用。[2]南丰集团CEO梁锦松认为，粤港澳大湾区综合了纽约湾区、东京湾区、旧金山湾区的三个主要功能。他介绍说，纽约湾区主要功能是作为金融中心，与此相比，香港正是一个国际金融中心。东京湾区的主要功能体现在先进的制造业，在深圳、东莞，我们也有全球最好的制造业平台。旧金山湾区的主要功能体现在硅谷的创新能力，与此相比，我们有深圳强大的创新实力。[3]同月，广东省发改委启动《粤港澳大湾区城际铁路建设规划（2020—2030年）》编制工作，未来粤港澳大湾区有望建成"一小时城轨交通圈"。[4]

### （三）粤港澳大湾区构想

"粤港澳合作"不是新概念，"大湾区城市群"的提出，应该说是包括港澳在内的珠三角城市融合发展的升级版，从过去三十多年前店后厂的经贸格局，升级成为先进制造业和现代服务业有机融合最重要的示范区；从区域经济合作，上升到全方位对外开放的国家战略；这为粤港澳城市群未来的发展带来了新机遇，也赋予了新使命。[5]

2017年3月6日，在十二届全国人大五次会议广东代表团全体会议上，全国人大代表、广东省发改委主任何宁卡发言时系统论述了粤港澳大湾区的建设方案。何宁卡提到，粤港澳大湾区是中国改革开放的前沿和经济增长的重要引擎，国家高度重视和支持粤港澳大湾区的发展。广东的广州、佛山、肇庆、深圳、东莞、惠州、珠海、中山、江门9市和香港、澳门两个特别行政区形成的粤港澳大湾区，具备建成国际一流湾区和世界级城市群的基础条件。

何宁卡援引数据指出，2015年，粤港澳大湾区经济规模为1.36万亿美元，港口集装箱年吞吐量超过6 500万标准箱，机场旅客年吞吐量达1.75亿人次；产业结构以先进制造业和现代服务业为主，港澳地区服务业增加值占地区生产总值比重均在90%左右，内地9市制造业基础雄厚，已形成先进制造业和现代服务业双轮驱动

---

1 谢玮．博鳌论坛现场，粤港澳三地官员热议大湾区前景［EB/OL］．（2018-04-10）．http://www.ceweekly.cn/2018/0410/222138.shtml.

2 武勇．广州在粤港澳大湾区核心增长极作用显现［EB/OL］．（2019-06-27）．http://cssn.cn/gd/gd_rwhn/gd_zxjl/201906/t20190627_4925382.shtml.

3 吴城华，王丹阳．博鳌论坛上各方热议粤港澳大湾区前景［EB/OL］．（2018-04-10）．http://news.21cn.com/hot/gd/a/2018/0410/07/32893879.shtml.

4 张玉洁．广东省发改委已启动《粤港澳大湾区城际铁路建设规划（2020—2030年）》编制［EB/OL］．（2018-04-13）．http://finance.sina.com.cn/7x24/2018-04-13/doc-ifyteqtq9351151.shtml.

5 张玉洁．广东省发改委已启动《粤港澳大湾区城际铁路建设规划（2020—2030年）》编制［EB/OL］．（2018-04-13）．http://finance.sina.com.cn/7x24/2018-04-13/doc-ifyteqtq9351151.shtml.

的产业体系。粤港澳三地在经贸、技术、金融等方面开展深度合作交流，正进入全面、深层次合作阶段。[1]

粤港澳大湾区合作重点领域包括：

1.推进基础设施互联互通

强化内地与港澳交通联系，构建高效便捷的现代综合交通运输体系。发挥香港作为国际航运中心的优势，带动大湾区其他城市共建世界级港口群和空港群，优化高速公路、铁路、城市轨道交通网络布局，推动各种运输方式综合衔接、一体高效。强化城市内外交通建设，便捷城际交通，共同推进港珠澳大桥、广深港高铁、粤澳新通道等区域重点项目建设，打造便捷区域内交通圈。建设稳定安全的能源和水供应体系，进一步提升信息通信网络基础设施水平、扩大网络容量。

2.进一步提升市场一体化水平

落实内地与香港、澳门《关于建立更紧密经贸关系的安排》（CEPA）及其系列协议，促进要素便捷流动，提高通关便利化水平，促进人员、货物往来便利化，打造具有全球竞争力的营商环境。推动扩大内地与港澳企业相互投资。鼓励港澳人员赴粤投资及创业就业，为港澳居民发展提供更多机遇，并为港澳居民在内地生活提供更加便利的条件。

3.打造国际科技创新中心

统筹利用全球科技创新资源，完善创新合作体制机制，优化跨区域合作创新发展模式，构建国际化、开放型区域创新体系，不断提高科研成果转化水平和效率，加快形成以创新为主要引领和支撑的经济体系与发展模式。

4.构建协同发展现代产业体系

充分发挥大湾区不同城市产业优势，推进产业协同发展，完善产业发展格局，加快向全球价值链高端迈进。培育战略性新兴产业集群，建设产业合作发展平台，构建高端引领、协同发展、特色突出、绿色低碳的开放型、创新型产业体系。

5.共建宜居宜业宜游的优质生活圈

以改善民生为重点，提高社会管理和公共服务能力与水平，增加优质公共服务和生产生活产品供给；打造国际化教育高地，完善就业创业服务体系；加强人文交流、促进文化繁荣发展，推进区域旅游发展，支持澳门打造旅游教育培训基地；共建健康湾区，完善生态建设和环境保护合作机制，建设绿色低碳湾区。

6.培育国际合作新优势

充分发挥港澳地区独特优势，深化与“一带一路”沿线国家和地区在基础设施互联互通、经贸、金融、生态环保及人文交流领域的合作，携手打造推进“一带一路”建设的重要支撑区。支持粤港澳共同开展国际产能合作和联手“走出去”，进

---

1 吴红缨．全国人大代表何宁卡：六大方向建设粤港澳大湾区［EB/OL］．（2017-03-06）．http://m.21jingji.com/article/20170306/herald/d56dec829ea409701089726f1ae09b98.html.

一步完善对外开放平台，更好发挥归侨侨眷纽带作用，推动大湾区在国家高水平参与国际合作中发挥示范带头作用。

7.支持重大合作平台建设

推进深圳前海、广州南沙、珠海横琴等重大粤港澳合作平台开发建设，充分发挥其在进一步深化改革、扩大开放、促进合作中的试验示范和引领带动作用，并复制推广成功经验。推进港澳青年创业就业基地建设。支持港深创新及科技园、江门大广海湾经济区、中山粤澳全面合作示范区等合作平台建设。发挥合作平台示范作用，拓展港澳中小微企业发展空间。

与纽约湾区、旧金山湾区以及东京湾区不同的是，粤港澳大湾区并不是在同一个政治经济体制下运行的。在华南理工大学公共政策研究院教授莫道明看来，粤港澳大湾区实际上更趋于一个独特的“中国模式”。

首先是政治制度的不同，内地实行的是社会主义制度，而香港作为自由贸易港，实行的是资本主义制度，这和内地存在较大差异。其次是法律体系和行政体系的不同。要探索出一种模式，本身就是一种创新。“一国两制”是粤港澳大湾区最为重要的特征，也是最为重要的优势。在“一国两制”之下，制度的多样性和互补性是粤港澳区域合作的优势，也可成为推动合作的动力。

在广东和港澳加强经济合作与融合的过程中，既要确保“一国两制”的实践“不动摇”“不变形”“不走样”，又要发挥各自的比较优势。这是摆在我们面前的一大挑战。从全球金融的视角看，香港要充当好“纽伦港”的角色，即成为紧随纽约、伦敦之后的国际金融中心，为此目标应紧密联系珠三角地区，成为中国企业在境外最重要的上市融资中心、最重要的人民币离岸结算中心以及中国最重要的资产管理中心。

此外，粤港澳大湾区需要充分发挥香港、广州、深圳三个中心城市在现代服务业和先进制造业领域对珠三角地区的引领和外溢作用，尽快形成一批能够媲美百度、阿里巴巴、腾讯的基于互联网的新产业和新企业，以区域融合推动产业的特色化、多元化来配合粤港澳大湾区和世界级城市群的建设。[1]

## （四）粤港澳大湾区合作情况

1.深度合作区

2016年3月28日，经粤港双方政府同意，广东省人民政府印发了《实施〈粤港合作框架协议〉2016年重点工作》。在第七项“重点合作区域”这一块，第86条对广州市政府提出如下要求：落实《中国（广东）自由贸易试验区广州南沙新区片区建设实施方案》中关于粤港合作的项目和措施，加快推动南沙新区片区金融服

1　唐斓．内地专家：“一国两制”是粤港澳大湾区的重要优势［EB/OL］．（2017-03-24）．http://www.xinhuanet.com/2017-03/24/c_1120686037.htm.

务、航运服务、专业服务、公共服务、电信服务和商贸合作等领域对香港的进一步开放，支持香港业界参与该片区的开发建设，落实区内教育、医疗及税收等配套措施。

2016年9月15日，时任广东省省长朱小丹在粤港合作联席会议后的新闻发布会上表示，将在南沙最优质的地块中划出一个专门区域，打造成“粤港深度合作示范区”，这个地方只引进香港企业，并争取尽快实质性启动示范区的建设。因为这个区域只引进香港企业，所以后来大家也称南沙此区域为“香港园”。其实不仅“香港园”，自贸区很多开放领域都专门为港企“留位”。为加强与香港的合作，自贸区建立了合作机制，省、市、区政府加强了和特区政府、非政府组织、商业协会及企业界互动交流。特别是在加强产业合作方面，已推动了一批合作教育医疗项目和港资总部落户在自贸区。[1]

2016年确定建立“香港园”后，双方已就南沙粤港深度合作区筹建工作、粤港双方园区选址、交通衔接、在港本地企业和跨国公司到南沙自贸试验区注册等问题达成共识。作为粤港深度合作区，规划上对其交通的硬件配套可谓“豪华”。地块未来将连通南沙港铁路、深茂通道、广中珠澳城际轨道、中南莞城际轨道、地铁18号线等多条国铁、轨道交通、高快速路。此前规划还提及该区块内将设有领事馆功能区。据悉，合作区产业发展将紧紧围绕研发及科技成果转化、国际教育培训、金融服务、专业服务、商贸服务、休闲旅游及健康服务、航运物流服务、资讯科技等八大产业，将合作区打造成企业集中布局、产业集群发展、资源集约利用、功能集合构建的现代化示范区。[2]

从广东自贸区挂牌开始，在南沙建设“粤港深度合作区”就一直在日程表上向前滚动。粤港合作区的正式启动，为前期筹备画上了句号。粤港深度合作区的破茧过程，其实也见证了粤港合作不断深入的过程。有观察者提出，如果说20世纪八九十年代经济特区的建立开启了“前店后厂”的粤港合作1.0时代，2003年CEPA签订后又进入了以传统服务业为主的粤港合作2.0时代，那么2015年4月广东自贸区的设立，则正式进入了以高端服务业和服务贸易自由化为主导的粤港澳合作3.0时代。自贸区挂牌三年，南沙自贸区开启的“香港通”服务针对香港投资者出台一系列新政，努力打造最适合港人港企的投资环境，给两地经济带来强大动能和勃勃生机，也推动粤港合作进入新一轮黄金时代。[3]

### 2.周边合作

2018年5月9日，广东、广西、海南三省（区）在海南省海口市举行《2018—2019年推进〈北部湾城市群发展规划〉实施合作重点工作》协议签约仪式。协议

---

1　高亚科技．8Manage——信息化管理创新企业在粤港澳大湾区下的腾飞［EB/OL］．（2017-11-02）．https://www.soft78.com/article/201711/9Gnyd95PShWopZFXAb1rWg.html.

2　魏凯．“粤港深度合作区”开始动作　配置“豪华”［EB/OL］．（2017-03-10）．http://news.southcn.com/gd/content/2017-03/10/content_166692930.htm.

3　魏凯．“粤港深度合作区”开始动作　配置“豪华”［EB/OL］．（2017-03-10）．http://news.southcn.com/gd/content/2017-03/10/content_166692930.htm.

提出，2018—2019年三省（区）将重点推进5个方面工作，其中特别提出，加强沟通对接，积极推进北部湾城市群对接粤港澳大湾区，加快推进北部湾城市群与粤港澳大湾区互联互通。加快推进北部湾城市群与粤港澳大湾区互联互通的重大交通基础设施项目规划建设，加快融入粤港澳大湾区世界级港口群，加快融入粤港澳大湾区国际航空枢纽建设，加快北部湾城市群与粤港澳大湾区的先进生产力对接，承接产业转移。[1]

为适应粤港澳大湾区的建设需要，2018年1月19日广东省发改委启动了粤港澳大湾区城际铁路建设规划的编制工作，推进“环线+放射线”珠三角城际铁路网的建设，完善环大湾区的城际轨道网，未来粤港澳大湾区有望建成“一小时城轨交通圈”。[2]同时加强珠三角东西岸主要城市轨道交通线网的规划、建设和统筹，重点推进赣深高铁、广汕、深茂铁路的建设，包括加快广湛高铁、深汕、肇江珠铁路，珠三角新干线机场的前期建设工作，加强珠三角跟粤东、粤西、粤北中心城市和泛珠周围省的紧密联系。

粤港澳大湾区城际铁路建设规划项目研究地域范围包括广东省的广州、深圳、珠海、佛山、惠州、东莞、中山、江门、肇庆9市和香港、澳门两个特别行政区，并考虑连接粤东西北等省内区域，以及辐射泛珠三角等区域，以打造粤西沿海高铁经济带。2018年10月24日，港珠澳大桥正式通车运营。[3]

### （五）粤港澳大湾区战略意义

中山大学粤港澳研究院副院长、港澳珠三角研究中心主任陈广汉指出，从地区上看，港澳因素以及粤港澳的合作对于广东的改革开放与经济发展具有全局意义。过去的发展经验表明，它是撬动广东开放和改革的一个杠杆，也是加快经济发展的助推器。在经济发展新阶段的今天，它可以成为推进广东改革开放的一个支点、促进广东发展方式转变的契机。

大湾区城市群的提出，应该说是包括港澳在内的珠三角城市融合发展的升级版，从过去30多年“前店后厂”的经贸格局，升级成为先进制造业和现代服务业有机融合最重要的示范区；从区域经济合作，上升到全方位对外开放的国家战略。这为粤港澳城市群未来的发展带来了新机遇，也赋予了新使命。

湾区，从地理概念上看，是由一个海湾或相连的若干个海湾、港湾、邻近岛屿共同组成的区域。总结一下湾区的共同点不难发现，当今世界，发展条件最好、竞争力最强的城市群，都集中在沿海湾区。东京湾区、纽约湾区、旧金山湾区是世界

---

1 徐卫民．推进北部湾城市群对接粤港澳大湾区［EB/OL］．(2018-05-10)．http://news.gdzjdaily.com.cn/zjxw/content/2018-05/10/content_2289419.shtml.

2 佚名．粤港澳大湾区城际铁路建设规划项目［EB/OL］．(2018-02-13)．https://www.bidcenter.com.cn/news-47478296-4.html.

3 佚名．为粤港澳大湾区建设探索创新［EB/OL］．(2018-10-28)．http://www.gov.cn/xinwen/2018-10/28/content_5335091.htm

公认的知名三大湾区。可以说，湾区已成为带动全球经济发展的重要增长极和技术变革的领头羊，由此衍生出的经济效应称为“湾区经济”。

目前中国经济发展正面临国际国内的双重压力和挑战，亟须培养新的增长极和动力源。从国际上看，2008年金融危机之后，西方发达国家为维护自身利益，开始推行“去全球化”的贸易保护主义模式，全球经贸投资规则和经济治理体系进入深度调整期，这对于外向型经济比重较高的中国来说，冲击极大，需要重新建立对外开放的新格局。从国内来看，经过了30多年的高速增长之后，中国经济发展进入新常态，转型发展、推动供给侧结构性改革成为区域经济的核心工作。正是在国际国内的双重需求和挑战下，粤港澳大湾区备受瞩目和期待。[1]

## 二、珠江三角洲地区商业环境

珠江三角洲是具有全球影响力的先进制造业基地和现代服务业基地。分析其商业环境有助于理解中国参与经济全球化的进程。它是全国科技创新与技术研发基地，全国经济发展的重要引擎，南方对外开放的门户，辐射带动华南、华中和西南发展的龙头，是中国人口集聚最多、创新能力最强、综合实力最强的三大城市群之一，有“南海明珠”之称。

### （一）珠江三角洲的基本情况

珠江三角洲（Pearl River Delta），位于中国广东省中南部、珠江入海口处。珠江三角洲既是地理区域，也是经济区域，但范围略有不同。狭义上的珠三角经济区包括广州、深圳、佛山、东莞、惠州、中山、珠海、江门、肇庆，新规划扩容汕尾（深汕特别合作区）、阳江、清远、云浮、河源5个城市[2]，共14个城市，形成珠三角城市群，大珠三角还包括香港、澳门特别行政区。

珠江三角洲地区商业环境

2015年9月29日，珠三角国家自主创新示范区正式获得国务院批复，目标是把珠三角建设成为中国开放创新先行区、转型升级引领区、协同创新示范区、创新创业生态区，打造成为国际一流的创新创业中心。[3]2016年珠三角地区高新技术企业数量达到18 880家。[4]

2015年1月26日，世界银行报告显示，珠江三角洲超越日本东京，成为世界

---

1 广州统战．“粤港澳大湾区”写进政府工作报告［EB/OL］．（2017-03-07）．http://www.zytzb.gov.cn/tzb2010/wxwb/201703/5b293f5573e4494e81ccd2d7891dbe8e.shtml.

2 王硕．广东新型城镇化规划：珠三角三大都市圈均将扩容［EB/OL］．（2014-09-05）．http://www.chinanews.com/sh/2014/09-05/6565150.shtml.

3 杨杰利，甘霖．广东启动珠三角国家自主创新示范区建设［EB/OL］．（2015-11-12）．http://gd.people.com.cn/n/2015/1112/c123932-27086111.html.

4 陈伟赞．珠三角去年日均诞生22家高新企业［EB/OL］．（2017-05-08）．https://www.baidu.com/link? url=H7EVrTnNukxlY4PE1WWhuHXH4Bl0t_FcxhJraSgP5N8RxeH6z5PH7M5Qvt4CWgjmSjBog_k0SCUrF7Aq-WoL06rHbTu51H1rP9CK5N20j6W7&wd=&eqid=f91ef38c0004b3ee000000065d28015b.

人口最多、面积最大的城市群。[1]珠三角9市携手港澳打造粤港澳大湾区，是与美国纽约湾区、旧金山湾区和日本东京湾区并肩的世界四大湾区之一，已建成世界级城市群。[2]2016年珠三角9市共吸纳37.33万名高校毕业生就业。[3]

珠三角经济区信息化综合指数为67.6%，高出全省平均值3.3个百分点。珠江三角洲地区和深圳市被确定为首批国家级电子信息产业基地；全国第一个Linux公共技术支持服务中心建成投入使用。

### （二）珠江三角洲的相关概念

珠江三角洲经济区最早由广东省政府在1994年确立，其发展主要得益于邻近香港，香港一直是珠三角经济区的主要投资来源，港商资金雄厚，一直扮演重要角色。据《广东省统计年鉴》公布的数据，2017年，珠三角两大核心城市深圳和广州地区生产总值均突破2万亿元，分别达到22 438亿元、21 503亿元，珠三角城市地区生产总值简单加总后总量高达7.58万亿元，综合实力排名全国第二，仅次于长三角。而根据联合国人居署发布的《世界城市状况报告》，以广州、香港和深圳为核心的珠三角都市区已经成为世界最大的超级都会区。

#### 1.小珠三角

1994年10月8日，广东省委在七届三次全会上提出建设珠江三角洲经济区。这是"珠三角"概念首次被正式提出。"珠三角"最初包括广州、深圳、佛山、东莞、中山、珠海、江门、肇庆、惠州9个城市。

#### 2.小珠三角扩容

根据《广东省新型城镇化规划（2016—2020年）》，预计到2020年，全省将推动1 300万农业转移人口及外来务工人员落户，而广佛肇、珠中江、深莞惠三大都市圈都将扩容，形成"广佛肇+清远、云浮、韶关""珠中江+阳江""深莞惠+汕尾、河源"的三大组合型新型大都市圈。

#### 3.大珠三角

"大珠三角"指广州、深圳、佛山、东莞、中山、珠海、江门、肇庆、惠州9个城市加香港特别行政区、澳门特别行政区。

#### 4.泛珠三角

泛珠江三角洲地区概念（即知名的"9+2"经济地区概念）是2003年7月在国内正式提出来的，"泛珠三角"包括与珠江流域地域相邻、经贸关系密切的福建、江西、广西、海南、湖南、四川、云南、贵州和广东9省区，以及香港、澳门2个

---

1　王力．世行：珠三角超东京成世界最大城市带［EB/OL］．(2015-01-27)．http://kb.southcn.com/content/2015-01/27/content_117208142.htm.

2　王晓易．世界四大湾区珠三角占得一席［EB/OL］．(2016-12-20)．http://news.163.com/16/1230/07/C9H2VR5900018AOP.html.

3　许青青．超过80万高校毕业生在广东求职　金融业好就业［EB/OL］．(2017-07-03)．http://finance.sina.com.cn/roll/2017-07-03/doc-ifyhrttz2206425.shtml.

特别行政区，简称“9+2”。“泛珠三角”面积200.6万平方千米，户籍总人口45 698万人，地区生产总值52 605.7亿元（6 356亿美元）。其中，9省区面积占全国的20.9%，人口占全国的34.8%，地区生产总值占全国的33.3%。

### 5.大珠三角城市群

大珠三角城市群即粤港澳都市圈，地域范围包括：“广佛肇+清远”（广州、佛山、肇庆、清远、云浮以及韶关）、“深莞惠+汕尾、河源”（深圳、东莞、惠州、汕尾以及河源）、“珠中江+阳江”（珠海、中山、江门以及阳江）三个新型都市区及香港特别行政区、澳门特别行政区。珠三角城市群，是中国三个特大城市群之一，是中国乃至亚太地区最具活力的经济区之一。

广东省住房和城乡建设厅、香港发展局和澳门运输工务司三方首次合作开展的策略性区域规划研究——“大珠江三角洲城镇群协调发展规划研究”，2009年10月已完成研究报告。粤港澳三地政府在澳门联合发布成果，由包括广州、深圳、佛山、东莞、中山、珠海、江门、肇庆、惠州共9个城市[1]组成的“珠三角”地区将建设成世界上最繁荣、最具活力的经济中心和世界级的城镇群。作为中国首个跨不同制度边界的空间协调研究，该报告制定的分区目标是：珠三角要建设成为世界级的先进制造业和现代服务业基地及全国重要的经济中心；香港要继续巩固亚洲国际都会的地位，进一步提升为全球重要的现代服务业中心之一，努力建设享有优质生活的全球化城市；澳门要建设成为世界最具吸引力的旅游休闲中心和区域性商贸服务平台。

《大珠江三角洲城镇群协调发展规划研究报告》提出构建大珠三角的多层次、多中心的空间发展模式，其中，“一湾三区”是指珠江口湾区和广佛、港深、澳珠三大都市区。对外，它将以“标志”角色形成类似于纽约、伦敦等全球城市功能的核心空间；对内，以“中枢”角色带动大珠三角城镇群、环珠三角地区的整体发展。未来，通过轨道交通和高速公路为主的基础设施建设，大珠三角将实现城际一小时交通圈。

### 6.珠三角东西岸

以珠江口为界、以广州城区为中心，分为东西两岸城市群：西岸城市群主要以澳门、中山、珠海、江门城区、台山、开平、恩平、鹤山、佛山城区、顺德、番禺、花都、南海、三水、高明、肇庆城区、鼎湖、高要、四会、封开、怀集、德庆、广宁组成，以广府文化为主。

东岸城市群主要以香港、东莞、深圳城区、宝安、龙岗、龙华、坪山、惠州城区、惠阳、博罗、惠东、龙门、从化、增城组成，以客家、香港广府文化为主。

### 7.珠三角列入国家优化开发区域

国务院发布的《全国主体功能区规划》（下称《规划》），按开发方式，将全国

1　王硕．广东新型城镇化规划：珠三角三大都市圈均将扩容［EB/OL］．（2014-09-05）．http://www.chinanews.com/sh/2014/09-05/6565150.shtml.

国土空间划分为优化开发区域、重点开发区域。这是中华人民共和国成立以来第一个全国性国土空间开发规划。《规划》多处内容涉及广东省，明确将珠三角地区列为国家层面的优化开发区域。

8.珠三角形成特大城市群

《规划》在城市化战略格局中提出，“推进京津冀、长江三角洲、珠江三角洲地区的优化开发，形成3个特大城市群”。这意味着珠江三角洲地区被列为国家层面的优化开发区域，并明确了广州、深圳、佛山、东莞、中山、珠海、江门、肇庆、惠州共9个城市的功能定位和发展方向。[1]

《规划》提出，通过粤港澳的经济融合和经济一体化发展，共同构建有全球影响力的先进制造业和现代服务业基地，南方地区对外开放的门户，中国参与经济全球化的主体区域，全国科技创新与技术研发基地，全国经济发展的重要引擎，辐射带动华南、中南和西南地区发展的龙头，中国人口集聚最多、创新能力最强、综合实力最强的三大区域之一。

## （三）珠三角地区的独有资源

### 1.植物资源

珠江三角洲生长亚热带常绿阔叶林，不生长赤道性植被，但热带性的植被却不少，虽然现在人工开垦使天然植被消失，但在一些村前村后的“风水林”和“杂木林”中，仍可见热带树种残存，如格木、土沉香等，表明古代山丘台地是热带季风雨林植被分布区。在山谷还有海芋、野芭蕉群丛分布，林下灌木、藤本、草本植物亦以亚热带种属为主，每成优势群落。今天广泛分布的榕、木棉、鱼尾葵、凤凰木亦为亚热带树种。珠江口红树林中，有秋茄、木榄等，沙滩上有海刀豆、厚藤、海杧果、耐盐植物老鼠簕等，红树林在东莞、宝安、深圳、珠海均有分布，据1983年航片量算达5 000亩以上，组成红树林植物达11科13种。

珠江三角洲常见植物有500多种，也反映出亚热带特点，分属130多科373属（陈树培，1984），其中纯热带属占42%，连泛热带性属计则达53%。鼎湖山区热带属占62%，热带种占56%，即1 291种，罗浮山冲虚观风水林146属中，泛热带属占91%（郑芷青，1987）。常绿季风雨林植被多为风水林及杂木林，多属次生性，是一种亚热带区系成分为主的类型（王铸豪，1982），面积不广。在广大台地低丘区多为常绿灌丛。热带成分为主的草坡，生长在砖红壤性土层之上，易发生水土流失。食虫植物猪笼草等都是亚热带植物。亚热带植物生态特征也充分反映在常见的栽培树木中，如板根、气根、支柱根可见于榕树，能独木成林，老茎生花现象见于杨桃、木菠萝，全年生花见于白兰、扶桑，镲钳叶见于杧果，衰颓叶见于杧果、荔

1 王硕．广东新型城镇化规划：珠三角三大都市圈均将扩容［EB/OL］.（2014-09-05）. http://www.chinanews.com/sh/2014/09-05/6565150.shtml.

枝，滴尖叶见于菩提树。这些亚热带植物生态特征和这里是亚热带季风雨林分布区相一致。其中如白木香（即土沉香）在明代曾广泛种植在东莞县，成为东莞名产，称“莞香”。这都说明珠江三角洲是东南亚热带性三角洲。

2.动物资源

珠江三角洲是水网区，以沼泽、洼地和低平林野为主，故也栖息着不少典型亚热带巨型动物，它们也反映出珠江三角洲原来的亚热带特点。如亚洲象、马来鳄、孔雀等在古书中有不少记述，更有化石为证。如三国时广州地区仍有鳄鱼生长，《水经注》称：“鼋鼍鲜鳄，珍怪异物，千种万类，不可胜记。”平洲渔民曾在河道中采出鳄鱼头骨，说明广州有鳄。顺德、新会有成条鳄鱼骨骼出土，大林的（棠下）碳十四测定为3 020±80年，勒流的为2 540±105年。南汉东莞还有“象群害稼”记载，《南海志》（元）尚记有象的生存。孔雀则在晋代时开平、唐时新会均有记载。可见珠江三角洲自古以来，即为热带动物分布之地，其中象牙已被猎用，作为商品看待，唐《北户录》载：“牙小而红，堪为笏裁，亦不下舶来者。”鳄鱼因吃人畜故被记录下来，它和长江的扬子鳄很不相同，与今天南洋群岛湾鳄、马来鳄一致。而象则为亚洲象。现今由于珠江三角洲不断开发，人口增加，林木破坏，它们已消失殆尽。

珠江三角洲主要经济鱼类有鲥鱼、花鰶、凤鲚、七丝鲚、银鱼、鳗鲡、花鳗、青鱼、草鱼、鳡鱼、鳤鱼、赤眼鳟、海南红鲌、大眼红鲌、鲦鱼、广东鲂、鳊鱼、黄尾密鲴、刺鲃、南方白甲鱼、鲮鱼和唇鱼等。

3.生态环境

从地理环境组成各要素如地貌、气候、水文、植被和动物分析，珠江三角洲是个东南亚热带性三角洲，与黄河三角洲不同，地貌水文上表现为多汊道的良好水网，广宽深水河道众多；气候上热量和辐射丰富；植被生长旺盛，种类众多，动物繁生，对工农业生产至为有利。从类型上看，珠江三角洲与红河三角洲、湄公河三角洲等热带型三角洲近似。

4.粤港澳都市圈

粤港澳都市圈分别由三地的简称粤、港、澳组合而来，通常所说的“大珠三角”即“粤港澳”，其面积18.1万平方千米，户籍8 679万，2003年GDP总值3 287亿美元。以经济规模论，“大珠三角”相当于长三角的1.2倍，已经成为仅次于纽约都市圈和东京都市圈的世界第三大都市圈。

## （四）珠三角地区的社会经济

1.综述

（1）经济实现持续快速增长。1980—2017年，珠江三角洲地区9个城市地区生产总值实现高速增长。2017年广州市地区生产总值为21 503.15亿元，名义增速为

10.00%；深圳市地区生产总值为22 438.39亿元，名义增速为15.11%；整个珠三角地区生产总值为75 809.74亿元，占全省79.67%。珠三角城市热衷于买买买，2017年，广州、深圳、佛山、东莞4市社会消费品零售总额均超1 000亿元，总计10 280.40亿元。其中广州社会消费品零售总额最多，为4 572.31亿元，同比增长8.7%；深圳零售总额为2 773.91亿元，同比增长9.4%。[1]

（2）外向型经济总体水平较高。珠江三角洲地区充分发挥毗邻港澳的地缘优势和侨胞遍及世界各地的有利条件，以国际市场为导向，以国内市场为依托，推动外向型经济高水平、快速度发展。从外贸数据来看，珠三角城市进出口总额相对较高，并且保持较高的增长速度。其中深圳进出口总额最高，为12 325.32亿元，同比增长5.3%。东莞排名第二，进出口总额为5 616.60亿元，同比增长20.9%，增速快于深圳。老牌贸易城市广州进出口总额排名第三，为5 044.77亿元，同比增长31.4%。[2]

（3）产业结构优化合理。珠江三角洲地区已经完成了从传统的农业经济向重要的制造业中心的转变，并成功实现了第二、第三产业双重主导的经济社会全面联动发展。总体上看，珠江三角洲地区的产业结构已经基本实现了从传统农业到工业化再到产业多元化发展的转变，有制糖、丝织、食品、造纸、机械、化工、建材、造船等产业，有“南海明珠”之称。

（4）珠江三角洲地区经济最重要的特点是外向型。珠江三角洲地区的地区生产总值约一半是通过国际贸易来实现的，外贸出口总额占全国的10%以上。不少企业的绝大部分产品供应国际市场。珠江三角洲地区发展外向型经济的基本途径是从境外引进资金以及先进的技术、设备和管理经验。同时该地区有邻近港澳、面向东南亚的位置优势，有侨乡的优势，有多优良海港和劳动力丰富等优势，再加上国家为这里制定的优惠政策，从而成为吸引外商投资和外企落户的风水宝地。

**2.重点经济数据**

2017年各城市地区生产总值：深圳2.24万亿元、香港2.153万亿元、广州2.150万亿元、佛山9 549亿元、东莞7 582亿元、惠州3 830亿元、中山3 450亿元、江门2 690亿元、珠海2 564亿元、肇庆2 200亿元。[3]

2017年各城市财政收入：深圳3 331亿元、广州1 533亿元、佛山661亿元、东莞592亿元、惠州389亿元、中山312亿元、珠海314亿元、江门222亿元、肇庆94亿元。

---

1　智研咨询．2017中国珠三角城市圈GDP、固定资产投资、社会消费品零售、进出口情况、财政收入及CPI走势分析［EB/OL］.（2017-08-19）.http://www.chyxx.com/industry/201708/552214.html.

2　中商产业研究院．2017上半年珠三角城市圈经济PK［EB/OL］.（2017-08-14）. https：//www.sohu.com/a/164562973_350221.

3　中商产业研究院．2017上半年珠三角城市圈经济PK［EB/OL］.（2017-08-14）. https：//www.sohu.com/a/164562973_350221.

2015年各机场旅客吞吐量：香港国际机场6 850万人次、广州白云国际机场5 520万人次、深圳宝安国际机场3 972万人次、澳门国际机场580万人次、珠海金湾国际机场470万人次、惠州平潭机场37万人次。[1]

2015年各港口货物吞吐量：广州港51 992万吨[2]、香港港25 660万吨、深圳港21 706万吨、珠海港11 208万吨。[3]

2015年各城市人才储备（在校大学生数量）：广州112.27万人[4]、珠海13.3万人、东莞11.46万人、深圳9.01万人、肇庆6.61万人、佛山4.94万人、江门4.77万人、中山4万人、惠州3.46万人。[5]

2015年各城市人均可支配收入：广州46 734元、深圳44 633元、东莞38 651元、佛山38 501元、珠海36 157元、中山35 712元、惠州25 220元、江门22 364元、肇庆18 991元[6]。

2015年各城市社会消费品零售总额：广州7 932.96亿元、深圳5 017.84亿元、香港4 752亿港元、佛山2 687.22亿元、东莞2 154.7亿元、中山1 079.74亿元、惠州1 070.72亿元、江门1 032.31亿元、珠海913.20亿元、肇庆632.36亿元。[7]

2016年各城市住户存款（居民储蓄存款）总额：广州14 430.11亿元、深圳10 361.19亿元、佛山6 736.22亿元、东莞4 943.56亿元、中山2 309.44亿元、惠州1 945.23亿元、珠海1 457.49亿元、肇庆1 272.68亿元。[8]

2016年各城市人均存款：广州102 752元、佛山90 265元、深圳87 007元、珠海86 999元、中山71 499元、东莞59 839元、惠州40 738元、肇庆31 158元。[9]

### 3.特色农业

珠江三角洲地处亚热带，当地人民创造了桑基鱼塘、果基鱼塘、蔗基鱼塘等经营方式，既利用了优越的自然条件，又养护了农业生态系统，成为中国生态农业的典范。当地还修筑堤防，建立电力排灌系统，防止了洪涝灾害和海潮侵袭，更促进了农业的发展。珠江三角洲盛产水稻、甘蔗、蚕茧、黄麻以及香蕉、菠萝、木瓜、荔枝、龙眼、橙、柠檬等，水稻单位面积产量在中国名列前茅。淡水渔业也很发达。

---

1 颜梦迪．广州白云机场扩建目标是全球重要航空综合枢纽［EB/OL］．(2016-09-03)．http://money.163.com/16/0903/10/C01J5HFU002580S6.html#from=keyscan.

2 广州市统计局．广州市2015年国民经济和社会发展统计公报（4）［EB/OL］．(2016-04-11)．http://www.tjcn.org/tjgb/19gd/32754.html.

3 文侠书馆．2015年全球十大港口货物吞吐量统计排名表［EB/OL］．(2016-06-18)．http://www.360doc.com/content/16/0618/22/502486_568876243.shtml.

4 戴显天．广州“中国第三城”地位不保？看完牛人分析你再下结论！［EB/OL］．(2016-11-09)．http://gd.sina.com.cn/city/csgz/2016-11-09/city-ifxxnety7782935.shtml.

5 广州市统计局．广州市2015年国民经济和社会发展统计公报（5）［EB/OL］．(2016-04-11)．http://www.tjcn.org/tjgb/19gd/32754.html.

6 广州市统计局．广州市2015年国民经济和社会发展统计公报（5）［EB/OL］．(2016-04-11)．http://www.tjcn.org/tjgb/19gd/32754.html.

7 佚名．2015年全国主要城市消费情况对比分析［EB/OL］．(2016-06-19)．http://www.askci.com/news/chanye/2016/02/19/102136r5rw.shtml.

8 王雪薇．珠三角9市购买力对比：广州人最爱买买买　收入高、花得也多！［EB/OL］．(2017-06-01)．http://www.cnr.cn/gd/gdkx/20170601/t20170601_523781284.shtml.

9 王雪薇．珠三角9市购买力对比：广州人最爱买买买　收入高、花得也多！［EB/OL］．(2017-06-01)．http://www.cnr.cn/gd/gdkx/20170601/t20170601_523781284.shtml.

## （五）珠三角地区的主要城市

1.广州

广州是广东省省会、副省级城市、国家中心城市、超大城市、国际大都市、国际商贸中心、国际综合交通枢纽、国家综合性门户城市、首批沿海开放城市，是南部战区司令部驻地。广州地处广东省中南部，珠江三角洲北缘，濒临南海，邻近香港特别行政区、澳门特别行政区，是中国通往世界的南大门，是粤港澳大湾区、泛珠江三角洲经济区的核心城市以及“一带一路”的枢纽城市。

广州是国家历史文化名城，从秦朝开始，广州一直是郡治、州治、府治的行政中心，一直是华南地区政治、军事、经济、文化和科教中心，是岭南文化的发源地和兴盛地。广州从3世纪30年代起成为海上丝绸之路的主港，唐宋时期成为中国第一大港，是世界著名的东方港市；明清时期的很长时间里是中国唯一的对外贸易大港，是世界上唯一2 000多年长盛不衰的大港。

广州市总面积7 434平方公里，辖11个市辖区，人口达到2 015万人，是华南地区最大的城市。广州被全球权威机构GaWC评为世界一线城市。每年在广州举办的“中国进出口商品交易会”，吸引了大量客商以及大量外资企业包括国外世界500强企业的投资。广州的国家高新技术企业有8 700多家，总量居全国前三；广州集结了全省80%的高校、70%的科技人员，在校大学生总量居全国第一。

广州社会消费品零售总额、住户存款总额（居民储蓄存款）、人均住户存款均居全国前三，人均可支配收入居全省第一。联合国报告指出，广州人类发展指数居中国第一。以广州为首的珠三角9市将联手港澳打造粤港澳大湾区，成为世界四大湾区之一。[1]广州互联网企业超过3 000家，诞生了微信、唯品会、UC浏览器、YY语音、酷狗音乐、网易等知名企业。

广州港港口货物吞吐量居华南第一、世界第五。广州白云国际机场是中国三大国际航空枢纽之一。广州的跨境电子商务规模居全国第一。广州正形成国际航运中心、物流中心、贸易中心和金融服务体系融合发展的格局。广州作为国家自主创新示范区，已建成华南规模最大的科技企业孵化器集群，7家国家级科技企业孵化器被科技部评为优秀，数量居全国第一。广州“天河二号”超级计算机运算速度连续6次位居世界第一。

2.深圳

深圳，又称为“鹏城”，位于中国南方珠江三角洲东岸，是中国第一个经济特区，经国务院批准于1980年8月26日正式设立。全市土地总面积为1 953平方千米。它是中国具有一定国际影响力的新兴现代化城市，曾创造了举世瞩目的“深圳

1 佚名. 广州［EB/OL］.（2018-08-18）. https://baike.baidu.com/item/%E5%B9%BF%E5%B7%9E/72101?fr=aladdin.

速度”。深圳与香港山水相连。在短短的40多年里，深圳从一个南疆边陲小镇发展成为现代化国际化城市，创造了世界城市化、工业化和现代化的奇迹。深圳是中国与世界交往的主要门户之一，有着强劲的经济支撑与现代化的城市基础设施。深圳的城市综合竞争力位列内地城市第一。目前，深圳已建设成为中国高新技术产业基地和区域性金融中心、信息中心、商贸中心、运输中心及旅游胜地，成为现代化的国际性城市。

2008年12月7日，深圳被联合国教科文组织全球创意城市网络认定为“设计之都”，成为中国首个获此殊荣的城市。2011年深圳举办了第26届世界大学生运动会。2011年2月28日经广东省政府批准，深圳与汕尾市在汕尾市西部共建中国首个特别合作区——深汕特别合作区，至此深圳经济特区范围延伸到汕尾市。

深圳作为全国房屋租赁业统计调查唯一试点城市，率先将房屋租赁业增加值等新兴经济业态增加值纳入地区生产总值核算。深圳2016年新业态经济增加值为1 565.53亿元，占地区生产总值的8.0%。其中，房屋租赁业增加值1 037.39亿元。深圳也是国家“研发支出计入地区生产总值”唯一试点城市，就研发支出作为固定资本形式计入地区生产总值核算进行试算。[1]

### 3.佛山

佛山是广东省第三大城市，广东独具岭南文化特色的城市，粤剧的发源地，位于中国最具经济实力和发展活力省份之一的广东省中部珠江三角洲腹地，地处经济发展活跃的东亚及东南亚的交汇处，东倚广州，南邻港澳，地理位置优越。

佛山气候温和、雨量充沛、四季如春，属亚热带季风气候；珠江水系中的西江、北江及其支流贯穿全境，属典型的三角洲河网地区。佛山是中国古代四大名镇之一，文化底蕴深厚，岭南气息浓郁，为岭南文化兴盛之地。

佛山与广州地缘相连、历史相承、文化同源，共同构建成“广佛都市圈”，是“广佛同城”“广佛肇经济圈”“珠三角经济圈”的重要组成部分，在广东省经济发展中处于领先地位。佛山在“一带一路”中的重要性也不亚于其他城市，成立了佛山新城中欧中心。

### 4.东莞

东莞是广东历史文化名城，位于广东省中南部，珠江口东岸，北接广州，南连深圳。东莞距今1 700多年前的三国时期建郡，1985年9月撤县设市，1988年1月升格为地级市。全市陆地面积2 465平方千米。东莞经济总量规模不断扩大。制造业实力雄厚，产业体系齐全，是全球最大的制造业基地之一，制造业总产值占规模以上工业总产值的90%以上，形成了以电子信息、电气机械、纺织服装、家具、玩具、造纸及纸制品业、食品饮料、化工等八大产业为支柱的现代化工业体系。拥

1　深圳市统计局．深圳市统计局2015年工作总结［EB/OL］．（2016-01-20）．http://tjj.sz.gov.cn/xxgk/zfxxgkml/ghjh/ndgzjh/201602/t20160203_3460128.htm.

有全球500强企业45家，境外上市公司800多家，投资者来自世界20多个国家和地区，雀巢美极、三星、生益科技等一批国际知名企业落户于此。

5.珠海

珠海是珠江三角洲中心城市之一，位于中国广东省南部，东与香港水域相连，南与澳门陆地相接，是一座著名的花园式海滨城市。珠海是中国最早设立的经济特区之一，享有全国人大赋予的地方立法权，2008年被国务院确立为珠江口西岸核心城市。珠海市现辖香洲区、斗门区、金湾区，陆海总面积7 660平方千米，其中陆地总面积1 630平方千米，海岸线长690千米，拥有146个海岛，有“百岛之市”的美称。[1]

珠海区位位置优越，是中国重要的口岸城市，拥有国际先进水平的珠海金湾国际机场和华南第一深水港珠海港。随着港珠澳大桥、广珠城际轻轨、珠海市区至珠海机场城际轨道、广佛江珠城际轻轨、广珠铁路等一系列交通基础设施的兴建，珠海将成为连接中国西南地区与港澳间的交通枢纽和珠三角区域性中心城市。

为确保自身的高科技和旅游地位，珠海抑制重工业发展。珠海是全国唯一以整体城市景观入选“全国旅游胜地四十佳”的城市；《中国城市可持续发展指数报告2013》显示珠海综合排名全国第一，属国家颁布的“幸福之城”，有“浪漫之城”的称号。珠海从昔日一个经济落后的边陲小县，一跃成为新型花园城市。一个以高科技为重点的工业体系，综合发展的外向型经济格局初具雏形；社会生产力迅速发展，经济实力大大增强；社会主义精神文明建设取得丰硕成果，市民精神面貌焕然一新。珠海市作为中国的经济特区，是外商投资的热点地区之一。已有52个国家和地区的客商投资珠海，外商直接投资项目7 303项。日本的三菱、三井、伊藤忠、松下、东芝、佳能、日通，美国的埃克森美孚、塞拉尼斯、伟创力，英国的BP公司，德国的戴姆勒-克莱斯勒、西门子，法国的家乐福，荷兰的飞利浦等30多家著名跨国公司已落户珠海。

6.惠州

惠州位于广东省中南部东江之滨，珠江三角洲东北端。惠州是国家历史文化名城，在隋唐已是“粤东重镇”，一直是东江流域政治、经济、军事、文化中心和商品集散地，素有“岭南名郡”“粤东门户”之誉。惠州市南临南海大亚湾，西部与深圳、香港毗邻，东部与汕尾相邻。

惠州是中国内地除深圳外距离香港最近的城市，其境内有广府人、东江土著、福佬人、客家人等多种民系，是客家人的重要聚居地和集散地之一，旅居海外的华人华侨、港澳台同胞数量居客家所称的客家四州之首，称为“客家侨都”。2015年10月，国务院将惠州列为国家历史文化名城。

---

1 珠海市政府. 珠海市主体功能区规划［EB/OL］.（2016-12-12）. http://www.zhdz.gov.cn/xxgk/ghjh/201612/t20161212_15933719.html.

惠州市属珠三角经济区，现辖惠城区、惠阳区两区和博罗县、惠东县、龙门县三县，设有大亚湾经济技术开发区和仲恺高新技术产业开发区两个国家级开发区。惠州港是华南地区的天然优良深水港。惠州港为国家一级口岸，水路距香港仅47海里。惠州沿海水深、港湾多，具有建设年吞吐量一亿吨以上大港和国际港口城市的条件。惠州成为中国南方通向国际市场的重要的进出口口岸。惠州的博罗县是珠三角最大的可连片开发的县区。[1]

7.中山

中山位于广东省中南部，珠江三角洲中部偏南的西江、北江下游出海处，北接广州市番禺区和佛山市顺德区，西邻江门市区、新会区和珠海市斗门区，东南连珠海市，东隔珠江口伶仃洋与深圳市和香港特区相望。行政管辖面积1 800.14平方千米。市中心陆路北距广州市区86千米，东南至澳门65千米，由中山港水路到香港52海里。中山是国家历史文化名城，发祥于中山的香山文化是中国近代文化的重要源头，有“广东省曲艺之乡（粤剧）”“华侨之乡”的美誉。中山经济总量连续多年保持广东省第五，并与顺德、南海、东莞一起被称为“广东四小虎”。曾获中国和谐之城、联合国人居奖、国家环保模范城市、国家园林城市等荣誉。

8.江门

江门位于广东省中南部，珠江三角洲西侧，全市总面积9 541平方千米。江门属河流三角洲冲积平原，沿海有大小岛屿96个，海岸线总长328.7千米。江门属亚热带季风气候，少霜无雪，温和多雨，阳光充足。江门素有“中国第一侨乡”的美誉，也是中国优秀旅游城市、国家园林城市、国家卫生城市、国家环保模范城以及中国人居环境范例奖城市，跻身“中国综合实力百强城市”之列。

9.肇庆

肇庆位于中国广东省，属珠江三角洲，是“广佛肇经济圈”“珠三角经济圈”重要组成部分。西靠桂东南，珠江干流西江穿境而过，北回归线横贯其中。背枕北岭，面临西江，上控苍梧，下制南海，为粤西咽喉之地。肇庆先后被评为国家历史文化名城、首批中国优秀旅游城市、国家园林城市、国家森林城市、国家卫生城市、全国科技进步先进市、全国社会治安综合治理先进市、中国创建文明城市先进城市和中国投资环境百佳城市等称号。2006年，肇庆又被国家环保总局（现为生态环境部）认定为国家环境保护模范城市。

肇庆东接广佛都市圈，西连广西壮族自治区，地缘区位优势突出。肇庆地处沿海与内陆的交通要冲，市区距广州不足80千米，处于广州“一小时经济生活圈”

1　卢铁．珠三角三大都市圈扩容［EB/OL］．（2014-09-05）．https://new.qq.com/rain/a/20140905021446.

内；距深圳200余千米，距澳门180千米，距香港水路143海里，是沿海发达地区通往西南各省区的重要交通枢纽。国道321线、324线，三茂铁路（广州至湛江）贯穿全境，广肇高速公路、广佛肇高速公路和在建中的江肇、汕昆高速公路都预示着未来肇庆的高速发展。横穿肇庆的西江是径流量仅次于长江的全国第二大河，经由西江、绥江（北江支流）、贺江（西江支流）组成的江河水网，可东通广州、深圳、香港，西抵广西梧州，南达江门、珠海、澳门，北上韶关，素有“黄金水道”之称。肇庆交通便利，四通八达，形成了水陆衔接、江河相通、客货配套的水陆运输网络。

#### 10.香港

香港，简称“港”，全称为中华人民共和国香港特别行政区（HKSAR）。地处中国华南地区，珠江口以东，南海沿岸，北接广东省深圳市，西接珠江，与澳门特别行政区、珠海市以及中山市隔着珠江口相望。

香港是一座高度繁荣的国际大都市，全境由香港岛、九龙半岛、新界等三大区域组成，管辖陆地总面积1 104.32平方千米，截至2014年年末，总人口约726.4万人，人口密度居世界第三。[1]

香港自古以来就是中国的领土。1842—1997年，香港曾处于英国殖民统治之下。第二次世界大战以后，香港迅速发展，不仅被誉为“亚洲四小龙”之一，更成为全球最富裕、经济最发达和生活水准最高的地区之一。1997年7月1日，中华人民共和国正式恢复对香港行使主权，香港特别行政区成立。中央政府拥有对香港的全面管治权，香港保持原有的资本主义制度和生活方式，并可享受除外交、国防以外所有事务的高度自治权。“一国两制”、“港人治港”、高度自治是中国政府的基本国策。

香港是全球第三大金融中心，是重要的国际金融、贸易和航运中心，与纽约、伦敦并称为“纽伦港”，是全球最自由经济体和最具竞争力城市之一，在世界享有极高声誉，被GaWC评为世界一线城市。

香港是中西方文化交融之地，将华人智慧与西方社会制度优势合二为一，以廉洁的政府、良好的治安、自由的经济体系及完善的法制闻名于世，有“东方之珠”“美食天堂”“购物天堂”等美誉。

#### 11.澳门

澳门，全称为中华人民共和国澳门特别行政区，北邻广东省珠海市，西与珠海市的湾仔和横琴对望，东与香港隔海相望，相距60千米，南临中国南海。

1553年，葡萄牙人取得澳门居住权，1887年12月1日，葡萄牙与清朝政府签订《中葡会议草约》和《中葡和好通商条约》，正式通过外交文书的手续占据澳

1 根据百度百科相关资料整理

门。1999年12月20日，中国政府恢复对澳门行使主权。经过100多年欧洲文明的洗礼，东西方文化的融合共存使澳门成为一个风貌独特的城市，留下了大量的历史文化遗迹。澳门历史城区于2005年7月15日正式被联合国教科文组织列入世界文化遗产。

澳门是一个国际自由港，是世界人口密度最高的地区之一，也是世界四大赌城之一，实行资本主义制度。其著名的轻工业、旅游业、酒店业和娱乐场使澳门经济长盛不衰，成为全球最发达、最富裕的地区之一。

### （六）珠三角地区强大的交通网络

珠三角地区的交通已经形成了强大的网络（见表3-1），几乎覆盖了该地区全部城市，为这一地区的进一步发展奠定了良好的交通基础。

表3-1　　珠三角地区主要高速公路、机场、港口、大型桥梁列表

| 1.高速公路 | | | |
|---|---|---|---|
| 深汕高速公路 | 京港澳高速公路 | 广澳高速公路 | 沈海高速公路 |
| 广州绕城高速公路 | 长深高速公路 | 济广高速公路 | 大广高速公路 |
| 二广高速公路 | 广昆高速公路 | 珠三角环线高速公路 | 莞佛高速公路 |
| 广州环城高速公路 | 佛山一环高速公路 | 广清高速公路 | 广河高速公路 |
| 广深沿江高速公路 | 广明高速公路 | 肇花高速公路 | 潮莞高速公路 |
| 龙林高速公路 | 深罗高速公路 | 水官高速公路 | 惠深沿海高速公路 |
| 广东西部沿海高速公路 | 广惠高速公路 | 惠大疏港高速公路 | 仁深高速公路 |
| 从莞深高速公路 | 龙大高速公路 | 南光高速公路 | 东新高速公路 |
| 广州机场高速公路 | 广珠西线高速公路 | 江珠高速公路 | 新台高速公路 |
| 汕湛高速公路 | 广乐高速公路 | 佛清从高速公路 | 河惠莞高速公路 |

| 2.机场 | | |
|---|---|---|
| 广州白云国际机场 | 深圳宝安国际机场 | 珠海金湾国际机场 |
| 香港国际机场 | 澳门国际机场 | 珠三角新干线机场 |
| 惠州机场 | 中山机场 | |

| 3.港口 | | | |
|---|---|---|---|
| 广州黄埔港 | 广州新沙港 | 广州南沙港 | 深圳蛇口港 |
| 深圳盐田港 | 东莞虎门港 | 中山港 | 惠州港 |
| 珠海港 | 佛山港 | 肇庆港 | 鲘门港 |
| 小漠国际物流港 | 香港葵青货柜码头 | 香港内河码头 | 澳门货柜码头 |

续表

| 4.大型桥梁 | | | |
|---|---|---|---|
| 港珠澳大桥 | 青马大桥 | 汲水门大桥 | 澳氹大桥 |
| 友谊大桥 | 西湾大桥 | 珠江大桥（东桥+西桥） | 黄埔大桥 |
| 东圃特大桥 | 珠海大桥 | 龙穴岛特大桥 | 崖门大桥 |
| 番禺大桥 | 金马大桥 | 富湾大桥 | 三水大桥 |
| 虎门大桥 | 莲花山大桥 | 九江大桥 | 肇庆西江大桥 |
| 阅江大桥 | 深圳湾公路大桥 | 莲花大桥 | 惠州海湾大桥 |
| 深中大桥（在建） | 虎门二桥 | 北江大桥 | |

## 三、广东省沿海经济带商业环境

广东省沿海经济带包括广东省沿海陆域及相关海域，总面积约12.09万平方千米。其中，陆域为海岸带涉及的15个县（市）及相关15个地级以上市的中心城区，面积约5.87万平方千米，占全省陆域的32.7%；海域为广东省管辖海域范围（领海线内海域及东沙群岛所在海域），面积约6.47万平方千米。广东省其他地区为沿海经济带的联动区域。

广东省沿海经济带商业环境

### （一）广东省沿海经济带的发展背景

#### 1.广东省沿海经济带的发展基础

广东省沿海经济带区位优越、资源丰富、经济发达、基础设施较完善，优势明显，发展前景广阔。它区位优势突出，位于中国大陆最南部，毗邻港澳，面向南海，地处亚太主航道，扼南海交通要冲，是“一带一路”建设的重要战略枢纽和经略南海的前沿，是中国参与经济全球化的核心区域之一和对外开放的重要窗口，具有极其重要的战略地位。

①资源禀赋优良。地处亚热带，降水充沛，水系发达，地形地貌以平原为主。海域辽阔，近岸海域面积达6.47万平方千米，大陆海岸线长4 114千米，居全国首位，海岛数量1 963个。海港建设条件优越，拥有适宜建港的深水岸线海湾200多个。滩涂广布，生物种类繁多，滩涂、浅海可养殖面积为8 360平方千米，占全国的32.2%，是全国著名的海洋水产品产地。矿产、油气资源储量丰富，沿海风能等可再生能源蕴藏量巨大，开发前景良好，南海可开采石油储量达5.8亿吨、天然气6 000亿立方米，南海北部天然气水合物（可燃冰）资源储量约15万亿立方米。[1]自

1 佚名．广东将重点打造68个海岸海岛旅游景点！你们准备去哪几个？［EB/OL］．（2017-12-07）.http://www.ysslc.com/caijing/xiaofei/715758.html.

然与人文景观别具特色，沿海沙滩众多，红树林分布广，拥有亚洲唯一的海龟自然保护区、全国唯一的大陆缘型珊瑚礁，以南越国遗址、南海I号沉船、开平碉楼等为代表的众多历史文化遗存驰名中外。环境质量优良，区域内各类海洋与渔业保护区达110个，总面积约52万公顷，海洋自然保护区数量、面积和种类均居全国首位。

②经济实力雄厚。广东省沿海经济带2016年地区生产总值达6.9万亿元，占全省地区生产总值的86.8%；人均地区生产总值达9.1万元，折合1.38万美元，超过高收入国家和地区标准。产业体系完备，产业集群优势明显，三次产业比重为3.2∶42.5∶54.3，是全球重要的制造业基地。区域创新能力居国内领先水平，区域内有全日制公办本科及以上院校36所，国家级高新区9个、省级高新区6个，省部级以上创新平台超200个，国家级高新技术企业超15 000家。[1]城镇体系规模化，常住人口城镇化率达78.8%，珠三角核心地带已形成约17万平方千米的都市密集区，珠三角城市群已具有较强国际影响力，汕潮揭城市群和湛茂阳城市带初步形成。国际化程度高，国际贸易、航运、金融功能日臻完善，进出口总额约9 300亿美元，占全省的90%，是亚太地区经济最具活力、最具发展潜力的区域之一。

③基础设施良好。连接国际、国内的通道初步形成，由轨道、公路、水运、航空等多种运输方式组成的综合交通运输体系日益完善。高快速铁路和高速公路网密集，全省高速铁路营运里程达1 492千米，居全国前列，高速公路通车里程达到7 673千米，居全国首位，珠三角高速公路网密度达7.49千米/百平方千米，珠三角城际轨道通车里程280千米，全国领先；拥有较发达的航空运输网络，广州白云国际机场、深圳宝安国际机场年旅客吞吐量分别达5 973万和4 198万人次，国际航线达179条；初步建成亚太地区最开放、最便捷、最高效的沿海港口群，亿吨大港达到5个，集装箱年吞吐量5 094万标准箱，居全国第一；能源供应多元化，绿色低碳能源体系初步形成，能源安全保障水平进一步提升；防洪减灾能力显著增强，地级以上市城区防洪标准达到100年一遇；信息基础设施建设加快，基本实现4G网络覆盖。

2.广东省沿海经济带的机遇与挑战

当前，广东省沿海经济带正处于可以大有作为的重要战略机遇期。新一轮科技革命和产业变革不断深化，以信息技术和“互联网+”为代表的科技革命，催生了新的经济模式和生产组织关系，有力推动了沿海经济带加快转型升级进程。国家深入推进“一带一路”建设，沿海经济带地处中国与“21世纪海上丝绸之路”沿线国家和地区经贸合作的前沿地带，有利于在更广范围、更深层次上参与国际经济竞争合作、拓展新空间，加快“走出去”和“引进来”，打造内外联通、陆海交汇、开放包容的开放合作战略枢纽和重要引擎。国家深入推动“海洋强国”建设，实施

1 佚名．广东省人民政府广东省沿海经济带综合发展规划［EB/OL］.（2017-10-27）.http://zwgk.gd.gov.cn/006939748/201712/t20171205_733883.html.

科技兴海战略，有力支持沿海经济带优化海洋产业结构和布局，科学开发海洋资源，拓展蓝色经济空间，形成陆海统筹、人海和谐的海洋发展新格局。国家支持加快建设粤港澳大湾区，沿海经济带核心地区作为粤港澳大湾区的重要区域，能更好地发挥政策叠加优势，促进与港澳地区经济深度合作，加快改革创新发展，培育国际经济合作竞争新优势，携手港澳共同打造世界级城市群。国家在沿海经济带布局建设自贸试验区、珠三角国家自主创新示范区等重大平台，推动体制机制创新，加快全面创新改革试验，有利于沿海经济带加快转变经济发展方式，实现产业升级、创新发展，培育形成新的增长动力。深入实施粤东西北振兴发展战略，形成以珠三角为核心，连通东西两翼、辐射周边省（区）的交通网络格局，重塑了区域空间关系，为加快推进沿海经济带一体化发展和拓展腹地范围创造了有利条件。

同时，沿海经济带的发展仍面临一系列挑战。

①世界经济深度调整，外向型经济进一步拓展空间面临不确定性。全球经济环境依然复杂，全球贸易复苏缓慢，发达国家再工业化与发展中国家低成本竞争所形成的“双向挤压”，进一步增加了沿海经济带建设世界制造基地的困难；国际经济秩序竞争日趋激烈，国际投资贸易规则体系加快重构，逆全球化趋势显现，外向型经济面临较为严峻的挑战，沿海经济带对外拓展空间难度增加，不确定因素增多。

②发展方式仍较粗放，自主创新能力有待提高。沿海经济带产业层次总体不高，高端产业集群偏少，世界级企业和自主品牌不多，部分核心技术、关键零部件和重大装备的核心竞争力有待增强；高层次创新人才短缺问题仍然突出；高端创新平台数量偏少，创新引领作用与国际先进地区存在明显差距。

③陆海发展缺乏统筹，陆海经济关系不尽协调。海洋经济发展总体滞后，海洋资源综合开发利用率低。陆海经济联系层次较低，相互支撑不足，海岸带开发无序且海域开发布局不合理。国土空间管控、海洋资源开发等方面统筹程度不高，沿海优质资源闲置、浪费现象并存，海岸线开发利用方式粗放、低效、破碎化，低效占有、无序圈占浪费岸线资源等现象仍较严重。规划和管理体制不适应陆海统筹要求，规划之间缺乏有效衔接，陆海分治、陆海脱节，多头管理和管理缺位并存，陆海一体的综合管控机制尚未真正建立。

④珠三角与粤东、粤西两翼发展不协调问题仍较突出，一体化发展格局尚未真正形成。粤东、粤西沿海片区产业基础薄弱，内生发展动力不强，城镇化水平较低，中心城区辐射带动力较弱，生产总值增速呈现低于珠三角地区趋势。珠三角东西两岸发展差距明显，互联互通格局尚待完善。沿海经济带一体化发展水平不高，在产业错位发展、交通互联互通、生态环境共治等方面仍存在较突出问题。

⑤内联外通的交通网络不够完善，沿海对腹地带动力不足。沿海港口集疏运系统建设滞后，国际航线开拓不足，港口与经济腹地交通网络不完善，港口与铁路、公路及场站之间衔接不充分，部分主要港口的枢纽作用不够突出，“大交通”的集

疏运格局尚未形成。同时，沿海港口缺乏统筹协调，港口之间存在严重的同质竞争，沿海港口经济集聚功能偏弱，物流中转的枢纽作用未能充分发挥，对经济腹地的带动力不足。

⑥资源环境承载压力不断加大，开发与保护矛盾日益凸显。部分城市土地开发强度超30%的国际警戒线，水资源分布与区域经济发展不匹配。生态环境问题严峻，陆域生态环境恶化及其对海域冲击加重，近岸海域污染严重，海洋生态系统功能退化，河口、港湾、濒海湿地等生态系统结构失衡加剧，局部地区大气复合污染、土壤重金属污染、水环境污染问题突出。

⑦市场经济体系不够完善，市场化、法治化、国际化营商环境有待优化。投资贸易规则与国际通行规则衔接不紧，一些基础性、关键性改革有待突破，政府职能转变仍不彻底，营商成本偏高，打造市场化、法治化、国际化营商环境任重道远。

3.广东省沿海经济带的战略意义

加快沿海经济带的科学发展，是主动适应、引领经济发展新常态的客观需要，对广东省落实“四个坚持、三个支撑、两个走在前列”要求，继续引领全国经济转型发展，具有重大战略意义。

①有利于引领广东省在加快建设社会主义现代化新征程方面走在前列。加快沿海经济带开发建设，实现创新驱动发展，有利于加快转变沿海经济带经济发展方式，提升经济能级，率先对接国际标杆，实现经济社会全面进步，引领广东省在全面建成小康社会、加快建设社会主义现代化新征程方面走在前列。

②有利于推动广东省产业向中高端发展。立足沿海经济带的产业基础和市场优势，促进生产要素加快向沿海地区集聚，有利于进一步优化产业结构和布局，推动产业高端化、智能化、绿色化、集约化发展，形成以高端技术、高端产品、高端产业为引领的现代产业新体系，带动全省加快产业转型升级，向中高端发展。

③有利于优化广东省区域发展格局。将沿海经济带作为一个整体进行统筹谋划，对推动珠三角创新发展，促进和支撑粤东、粤西地区崛起，加强区域内双向交流合作，促进形成联动融合、互利共赢的区域协调发展新格局和形成新的经济增长极，密切广东与海峡西岸经济区、北部湾地区和海南国际旅游岛的联动融合具有重要作用。

④有利于实现沿海与腹地互动发展。充分发挥临海优势，加快建设沿海深水大港，强化基础设施建设和临港产业布局，实现港口、产业互动发展新格局，有利于提升沿海地区经济的集聚力和辐射力，进而带动近海内陆和整体经济发展，实现沿海与腹地良性互动，提升整体竞争力。

⑤有利于支撑“海洋强国”战略的实施。推进沿海经济带率先实现经济转型升级、加快发展，探索海洋保护开发新途径和海洋综合管理新模式，有利于广东省优化海洋产业结构，提升海洋资源开发和海洋资源要素全球配置能力，增强海洋经济综合竞争力，率先建成海洋经济强省，推动中国实现建设海洋强国的战略目标。

⑥有利于广东省全方位参与国家“一带一路”建设。抢抓国家深入实施“一带一路”倡议机遇，以高标准建设广东自贸试验区为重点，丰富沿海经济带对外开放内涵，有利于广东省全面拓展开放领域，稳固和深化与东南亚、欧美、非洲等国家和地区的合作，打造“一带一路”的枢纽、经贸合作中心和重要引擎，为国家构建全方位开放新格局提供重要支撑。

## （二）广东省沿海经济带的战略定位

广东省沿海经济带的战略定位是主动承担国家战略使命，服务国家发展全局，先行先试，在改革开放、科技创新、产业升级、生态文明建设等方面发挥引领和示范作用。

①全国新一轮改革开放先行地。主动适应和积极引领经济发展新常态，加快体制机制改革，统筹综合配套改革试点、开放平台建设，率先在利用外资、人才引进、科技合作等方面实现突破，进一步扩大对内对外开放，持续激发改革开放发展潜力，加快探索形成可复制、可推广的新经验、新模式，建设成为全国新一轮改革开放先行地。

②国家科技产业创新中心。瞄准世界科技前沿领域，建立健全创新体制机制，强化企业创新主体地位，打造创新人才高地，建设高水平创新平台，最大程度集聚创新资源，推动科技与产业、市场、资本高效对接，强化科技成果转化能力，建成世界先进制造业基地和国际化区域服务中心，建成国家科技产业创新中心。

③国家海洋经济竞争力核心区。以建设广东海洋经济综合试验区为契机，优化海洋产业结构，加快海洋经济向质量效益型转变，强化海洋科技自主创新，打造一系列海洋创新合作平台，基本形成以国家和省海洋科技重大创新平台为主力、产学研相结合的海洋创新体系，抢占全国海洋科技制高点，推动海洋创新发展，建设成为提升中国海洋国际竞争力的核心区和海洋强国建设的引领区。

④“一带一路”的枢纽和重要引擎。积极推进与发达国家和新兴经济体开展更高层次、更深领域、更广范围的区域合作，以港口、机场、铁路等重大基础设施为重点推进国际大通道建设，以国际产能、经贸合作等为核心开展多领域务实合作，将沿海经济带打造成为中国高水平参与“一带一路”建设和国际竞争合作的重要引擎。

⑤陆海统筹生态文明示范区。坚持陆海一体发展，以江河湖海为重点统筹陆域和海域丰富多样的生态要素，坚持保护和开发并重，实施陆源污染防治与海洋环境整治并举，建立陆海环境保护长效机制，推进沿海经济带生态文明建设，打造以沿海陆域和近海海域为支撑，以山水林田湖海为有机整体，陆海关系、人海关系和谐，生态环境优良的示范区。

⑥最具活力和魅力的世界级都市带。依托海滨特色自然资源和人文资源，建设魅力城乡和生态海湾，加快构建高水平对外开放经济新体制，加快融入全球市场体

系，携手港澳建成分工有序、优势互补、业态多元、高端引领、享誉世界的国际大都会经济区，通达全球的国际交通枢纽区，具有标杆意义的国际一流营商环境示范区和宜居宜业宜游的优质生活圈。

### （三）广东省沿海经济带的发展目标

到2020年，基本形成经济充满活力、空间集约高效、创新要素集聚、交通网络发达、营商环境宽松、协同发展顺畅的发展格局。地区生产总值达到9.2万亿元（2016年统计数字，下同），四年年均增长7.5%，人均地区生产总值达11.7万元，海洋生产总值达2.2万亿元，四年年均增长8%[1]，成为全球经济增长的重要引擎、全球重要的现代产业基地和国家科技产业创新中心。

①形成科学有序的空间开发格局。空间布局和空间结构进一步优化，分工合理、优势集聚、辐射联动的区域发展格局基本形成，国土空间功能管制显著增强，蓝色发展空间整体有序拓展，沿海经济带的产业、城镇和生态格局不断完善，海洋产业布局更趋合理，分工合作、良性互动的产业园区体系、港口体系和城镇体系更加成熟。

②形成国际化开放型创新体系。创新能力显著提升，协同创新体系更加完善，国内外创新资源高度集聚，建成一批国际一流水平创新载体，研发支出占比达2.8%，创新综合指标达到国际先进水平，海洋科技水平显著提升，率先形成以创新为主要引领、支撑的经济体系和发展模式，建设成为国家科技产业创新中心。

③形成具有国际竞争力的现代产业体系。产业迈向中高端，先进制造业规模不断壮大，传统制造业智能化水平显著提升，海洋装备制造达到世界先进水平，制造业与服务业融合成效显著，海洋生物医药、海洋可再生能源、海水综合利用等海洋新兴产业不断壮大，在全球价值链中的地位大幅提升，以智能制造为主体、以服务经济为支撑、高端引领、特色突出的现代产业新体系基本形成。

④形成具有全球影响力的战略枢纽门户。内联外通的综合交通运输体系进一步完善，建成亚太地区主要的国际航运枢纽和物流中心、国际商贸中心，国际综合性枢纽基本形成，全方位、宽领域的国际经济合作迈上新台阶，在全球市场体系中的核心贸易地位逐步提升，成为资源配置效率高、辐射带动能力强、现代市场体系完备的资源配置中心。

⑤形成极具魅力的世界级沿海都市带。生态环境质量全面改善，基本形成绿色低碳循环发展新格局；软硬设施进一步健全，基本建成多层次、广覆盖的社会保障体系和高效安全、世界先进的基础设施网络；城镇化质量稳步提高，基本形成集聚

---

1　徐学超．3.5万亿！未来10年这些广东人将受益！[EB/OL]．（2017-12-21）．http://www.sohu.com/a/211802534_408971.

有序、一体发展的城乡体系；区域发展品质逐步提升，成为世界闻名的滨海旅游休闲度假目的地。

表3-2为广东省沿海经济带发展主要指标。

表3-2　　　　广东省沿海经济带发展主要指标

| 序号 | 指标项 | | 单位 | 2016年 | 2020年 | 2025年 | 2030年 | 指标属性 |
|---|---|---|---|---|---|---|---|---|
| 一、经济总量 | | | | | | | | |
| 1 | 地区生产总值 | 绝对值 | 万亿元 | 6.9 | 9.2 | 12.9 | 17.7 | 预期性 |
| | | 年均增长率 | % | 9.9 | 7.5 | 7.0 | 6.5 | |
| 2 | 人均地区生产总值 | 绝对值 | 万亿元 | 9.1 | 11.7 | 15.7 | 20.5 | 预期性 |
| | | 年均增长率 | % | 8.7 | 6.5 | 6.0 | 5.5 | |
| 3 | 海洋生产总值 | 绝对值 | 万亿元 | 1.6 | 2.2 | 3.1 | 4.4 | 预期性 |
| | | 年均增长率 | % | 10.5 | 8.0 | 7.5 | 7.0 | |
| 4 | 单位岸线海洋生产总值 | | 亿元/平方千米 | 3.9 | 5.3 | 7.5 | 10.7 | 预期性 |
| 5 | 单位海域海洋生产总值 | | 亿元/平方千米 | 0.25 | 0.34 | 0.48 | 0.68 | 预期性 |
| 二、创新驱动 | | | | | | | | |
| 6 | 研发支出占地区生产总值比重 | | % | 2.6 | 2.8 | 3.0 | 3.5 | 预期性 |
| 7 | 每万人发明专利拥有量 | | 件 | 16 | 20 | 22 | 25 | 预期性 |
| 三、产业发展 | | | | | | | | |
| 8 | 服务业增加值占地区生产总值比重 | | % | 54.3 | 58 | 61 | 64 | 预期性 |
| 9 | 先进制造业增加值占规模以上工业增加值比重 | | % | — | 55 | 57 | 59 | 预期性 |
| 10 | 高技术制造业增加值占规模以上工业增加值比重 | | % | 27.5 | 30 | ＞30 | ＞30 | 预期性 |
| 11 | 金融业增加值占地区生产总值比重 | | % | 8.2 | 8.5 | 8.8 | 9.0 | 预期性 |
| 12 | 服务贸易占对外贸易总额比重 | | % | 12.8 | 18.6 | 24.6 | 29.6 | 预期性 |
| 13 | 旅游业总收入 | | 亿元 | 8 706 | 14 500 | 22 500 | 34 400 | 预期性 |
| 14 | 国内过夜旅游者人数 | | 亿人数 | 3.2 | 4.6 | 6.9 | 9.7 | 预期性 |
| 15 | 民航机场旅客吞吐能力 | | 亿人次 | 1.1 | 1.5 | 2.1 | 2.5 | 预期性 |
| 16 | 港口货物吞吐量 | | 亿吨 | 17.1 | 19.1 | 22 | 24 | 预期性 |

续表

| 序号 | 指标项 | | 单位 | 2016年 | 2020年 | 2025年 | 2030年 | 指标属性 |
|---|---|---|---|---|---|---|---|---|
| 四、社会民生 | | | | | | | | |
| 17 | 常住人口 | 绝对值 | 万人 | 7 563 | 7 800 | 8 200 | 8 600 | 预期性 |
| | | 年均增长率 | % | 0.9 | 1.0 | 1.0 | 1.0 | |
| 18 | 常住人口城镇化 | | % | 78.8 | 81 | 84 | 87 | 预期性 |
| 19 | 常住居民人均可支配收入 | 绝对值 | 万元 | 3.4 | 4.5 | 6.4 | 8.7 | 预期性 |
| | | 年均增长率 | % | — | 7.5 | 7.0 | 6.5 | 预期性 |
| 五、生态建设 | | | | | | | | |
| 20 | 主要污染物排放总量减少 | | % | 控制在国家下达指标内 | | | | 约束性 |
| 21 | 非化石能源占一次能源消费比重 | | % | 控制在国家下达指标内 | | | | 约束性 |
| 22 | 森林覆盖率 | | % | 41 | 控制在国家下达指标内 | | | 约束性 |
| 23 | 地级及以上市空气质量优良天数比例 | | % | 91.5 | 92.5 | 93 | 94 | 约束性 |
| 24 | 大陆自然岸线保有率 | | % | 36.1 | >35 | 控制在国家下达指标内 | | 约束性 |
| 25 | 海岛自然岸线保有率 | | % | — | >85 | 控制在国家下达指标内 | | 约束性 |
| 26 | 修复岸线长宽 | | 千米 | — | {>400} | {>600} | {>800} | 约束性 |
| 27 | 围填海面积 | | 平方千米 | — | <230 | 控制在国家下达指标内 | | 约束性 |
| 28 | 海洋开发强度 | | % | 0.125 | <0.413 | 控制在国家下达指标内 | | 约束性 |
| 29 | 水质达标率 | 海洋功能区 | % | 63.5 | >90 | — | — | 约束性 |
| | | 水功能区 | % | — | >83 | >89 | >95 | |

到2030年，沿海经济带建成世界一流的科技产业创新中心、先进制造业基地和现代服务业中心，在全球范围内的综合竞争力和科技创新能力显著提升，建成陆海统筹的生态文明示范区，成为更具活力、魅力的广东黄金海岸和国际先进、宜居宜业、开放包容、特色彰显的世界级沿海经济带。

### (四) 广东省沿海经济带的空间布局

根据不同地区的资源禀赋、环境容量、发展基础、增长潜力，以创新驱动发展、“一带一路”建设、珠三角地区优化发展、粤东西北地区振兴发展战略为引领，因地制宜，统筹兼顾，强化功能布局，优化提升核心地区，培育发展潜力地区，促进国土集约高效开发，加快拓展蓝色经济空间，形成开放、有序、高效、可持续的发展新局面。

结合自然属性、空间属性以及产业基础和发展方向，优化空间布局，形成“一心两极双支点”发展总体格局，统筹“六湾区一半岛五岛群”海滨布局，构筑三大海洋经济合作圈。

(1) 构建“一心两极双支点”发展总体格局

进一步提升珠三角片区整体发展能级，培育壮大汕潮揭、湛茂发展增长极，加强两极的集聚力和辐射力，增强汕尾、阳江衔接东西两翼和珠三角的战略支点功能，强化中心、支点、增长极之间的有机联系，形成“一心两极双支点”的沿海经济带发展总体格局（见表3-3、表3-4）。

表3-3 **沿海地级以上市战略定位**

| | | |
|---|---|---|
| 一、珠三角沿海片区 | | |
| 1 | 广州 | 建设国家中心城市、综合性门户城市、国家创新中心城市、国际性综合交通枢纽、“21世纪海上丝绸之路”倡议支点 |
| 2 | 深圳 | 建设全国经济中心城市、国家创新型城市、国家科技和产业创新中心、“21世纪海上丝绸之路”倡议支点 |
| 3 | 珠海 | 建设国际化创新型城市、“21世纪海上丝绸之路”倡议支点、生态文明新特区 |
| 4 | 佛山 | 建设中国制造业一线城市、珠江西岸先进装备制造业龙头城市 |
| 5 | 惠州 | 建设电子信息产业和世界级石化产业基地、国家海洋生态文明建设示范区 |
| 6 | 东莞 | 建设国际制造名城、珠三角创新创业基地 |
| 7 | 中山 | 建设世界级现代装备制造业基地、连接珠江两岸和粤西地区的枢纽 |
| 8 | 江门 | 建设珠江西岸先进装备制造产业基地和综合交通枢纽、全国小微企业创业创新示范市 |
| 二、粤东沿海片区 | | |
| 1 | 汕头 | 建设创新型经济特区、“21世纪海上丝绸之路”倡议支点、东南沿海现代化港口城市、粤东区域中心城市和商贸物流中心 |
| 2 | 汕尾 | 建设珠三角经济区和海峡西岸经济区之间重要海滨节点城市、省电子信息产业基地、国家级海洋渔业基地、能源产业基地、珠江东岸产业转移主承接区 |
| 3 | 潮州 | 建设历史文化名城、重要的特色产业基地、广东特色经济示范区 |
| 4 | 揭阳 | 建设广东新型工业化城市、重要石化能源基地、粤东航空物流基地 |
| 三、粤西沿海片区 | | |
| 1 | 湛江 | 建设全国海洋经济示范市、“21世纪海上丝绸之路”倡议支点、粤西地区和北部湾地区中心城市、现代港口城市、重化产业基地 |
| 2 | 茂名 | 建设区域次中心城市、粤西重要交通枢纽 |
| 3 | 阳江 | 建设沿海临港工业城市、休闲旅游度假胜地、国家新能源基地、珠江西岸产业转移主承接区 |

表3-4 **沿海地区国家级经济开发区产业方向**

| | | |
|---|---|---|
| 1 | 广州经济技术开发区 | 发展新一代信息技术、平板显示、生命健康、新材料、智能装备及机器人、节能环保六大战略性新兴产业，构建高精尖现代产业体系 |
| 2 | 南沙经济技术开发区 | 依托广东自贸试验区，发展航运物流、装备制造、科技智慧、商业服务、旅游健康等主导产业，打造现代产业新高地 |
| 3 | 惠州大亚湾经济技术开发区 | 建设世界级生态型石化基地，壮大提升石化、电子、汽车及现代服务业等主导产业发展，推动形成主业更强、多业并发的产业格局 |
| 4 | 珠海经济技术开发区 | 发展珠海高栏港毗邻港澳、南海门户的优势，发展海洋工程装备制造、石油化工、清洁能源和港口物流产业为主导的“3+1”临港产业格局 |
| 5 | 湛江经济技术开发区 | 依托宝钢湛江钢铁基地、中科炼化一体化项目、中国职业基地三大重点项目，着力建设具有国际影响力的钢铁、石化、特种纸、生物制药等高新产业集群 |

① 中心带动。珠三角沿海片区包括广州、深圳、珠海、东莞、惠州、中山、江门的沿海地区及佛山市禅城区、顺德区和南海区，作为沿海经济带发展中心区和主引擎，重点发挥辐射带动作用，引领沿海经济带整体发展。以广州、深圳双核为龙头，充分发挥广州国家中心城市引领作用，全面增强国际航运、航空、科技创新枢纽和国际商贸中心功能，着力建设全球城市；充分发挥深圳作为经济特区、全国经济中心城市和国家创新型城市的引领作用，加快建成现代化、国际化、创新型城市。更好发挥重要节点城市作用，强化城市间创新合作和城市功能互补，携手港澳共同打造粤港澳大湾区城市群。以全面创新为引领，以自由贸易试验区、国家自主创新示范区、国家级高新区、国家级经济技术开发区等重大区域发展平台为主阵地，集聚整合高端要素资源，强化全球重要现代产业基地地位，加快构建开放型区域创新体系和高端、高质、高新现代产业体系，打造高端功能集聚的核心发展区域。全面强化沿海经济带发展中枢的功能支撑和综合服务能力，辐射带动粤东西北和内陆腹地协同发展。

② 两极跃升。推进汕潮揭城市群和湛茂都市区加快发展，打造东西两翼沿海经济增长极。以深水大港为核心，强化基础设施建设和临港产业布局，疏通联系东西、连接省外的交通大通道，拓展国际航线，对接海西经济区和北部湾地区，加快形成新的增长极。东极以汕头为中心，加快推进汕潮揭同城化发展，强化与珠三角地区尤其是珠江口东岸各市的对接合作，积极参与海西经济区建设，打造粤港澳大湾区辐射延伸区；充分发挥交通基础设施的先导作用，围绕汕头港、高铁潮汕站、揭阳潮汕机场三大交通枢纽，建设高水平的临港经济区、高铁经济带和空港经济区，加快建设出省大通道，打通江西、福建等发展腹地，打造国家海洋产业集聚区、临港工业基地和世界潮人之都。西极以湛江为中心，推进湛茂一体化发展，强化与珠三角地区尤其是珠江口西岸各市的对接合作，全面参与北部湾城市群建设；

充分发挥湛江港作为西南地区出海大通道的作用，加快形成陆海双向交通大通道，积极拓展大西南腹地，打造临港世界级重化工业基地、临港装备制造基地和全省海洋经济发展重要增长极。

③双点支撑。汕尾、阳江是珠三角辐射粤东、粤西的战略支点，是珠三角产业拓展主选地和先进生产力延伸区，要把握推进产业共建窗口期，在汕尾、阳江规划布局两大省级产业集中集聚区，打造承接珠三角辐射东西两翼的战略支点和战略平台。汕尾推进广汕高铁等沿海大通道和汕尾港建设，着力加快深汕特别合作区发展，重点承接深圳产业转移，规划建设汕尾海洋渔业科技产业基地和能源装备制造基地，打造珠江东岸产业转移主承接区。阳江加快深茂铁路等交通大通道和阳江港建设，依托海陵岛经济开发试验区、高新区等重大发展平台，集约发展新能源装备、不锈钢、汽车零部件等高端临港工业，建设沿海临港工业重要基地，打造珠江西岸产业转移主承接区。

（2）统筹"六湾区一半岛"发展

以环珠江口湾区、环大亚湾湾区、大广海湾区、大汕头湾区、大红海湾区、大海陵湾区和雷州半岛为保护开发单元，串联广东沿海，优化海洋空间分区规划，明确湾区发展指引，以湾区统筹滨海区域发展，推进跨行政区海洋资源整合，构建各具特色、功能互补、优势集聚、人海和谐的海滨发展布局（见表3-5）。

表3-5　**"六湾区一半岛"发展定位**

| | | |
|---|---|---|
| 1 | 环珠江口湾区 | 具有国际影响力的世界级城市群和宜居优质生活圈，中国南方海洋科技中心和国际航运中心，粤港澳大湾区核心区域，中国最重要的海洋产业集聚区之一 |
| 2 | 环大亚湾湾区 | 国际级石化与港口物流基地、广东重要的海洋先进制造业基地、现代海洋服务业基地和重要的清洁能源生产基地 |
| 3 | 大广海湾区 | 广东海洋经济发展的新引擎、珠三角辐射粤西及大西南的枢纽型节点和珠江西岸粤港澳合作重大平台 |
| 4 | 大汕头湾区 | 粤台海洋产业合作的桥头堡、广东重要的国际港、物流中心和海洋产业基地 |
| 5 | 大红海湾区 | 广东新型能源基地、临海型先进制造业基地、海洋渔业深加工基地和海洋产业转移示范区 |
| 6 | 大海陵湾区 | 广东沿海临港工业基地、先进装备制造业基地、滨海旅游和海洋文化基地 |
| 7 | 雷州半岛 | 中国西南重要通道、广东临海重化工业及物流基地和国家级海洋重点保护区 |

① 环珠江口湾区。陆域涉及珠海、中山、广州、东莞和深圳5市，主要由西江、北江和东江冲积而成的三个小三角洲及珠江口外海的岛群共同组成，是珠江出海口。构建由高端装备制造业、金融服务业、信息产业、港口物流业等构成的现代

产业体系，建设具有国际竞争力的海洋产业集聚区，建设南海油气资源研发战略基地；重点推进横琴新区、前海新区、南沙新区、翠亨新区和滨海湾新区等滨海新区建设，统筹协调新区建设与海域利用。

② 环大亚湾湾区。陆域涉及深圳、惠州2市，主要由大亚湾、大鹏湾以及大鹏半岛共同组成。重点建设惠州能源工业基地、大亚湾石化工业区、惠州港口物流基地、深圳盐田港物流基地，以大小梅沙、巽寮湾为中心，推动稔平半岛海滨旅游区和大鹏半岛旅游区差异化发展高品质海滨旅游、生态旅游和海岛旅游。

③ 大广海湾区。陆域涉及江门市，由黄茅海、广海湾、镇海湾和上下川群岛等共同组成。重点建设深圳-江门工业园、粤澳（江门）产业合作示范区、珠西化工集聚区、台山工业新城、广海湾工业新城及银湖湾滨海新城等，发展上下川岛旅游区、浪琴湾旅游区和黄茅海养殖区、广海湾海水增养殖区等。

④ 大汕头湾区。陆域涉及汕头、潮州、揭阳3市，由韩江和榕江出海口形成的冲积平原及南澳岛共同组成，包括柘林湾、海门湾、神泉港3个相互连接的海（港）湾。科学有序推进汕头海湾新区、潮州新区、揭阳新区和揭阳副中心发展和建设，加快推进汕头华侨经济文化试验区、临港经济区、潮州临港工业区、揭阳空港经济区、大南海石化基地等重大发展平台建设，大力发展柘林湾、金海湾、龙虎滩、南澳岛、西澳岛等海滨旅游，加强南澎列岛海洋生态保护。

⑤ 大红海湾区。陆域涉及汕尾市，由碣石湾和红海湾两个海（港）湾共同组成，是珠三角和粤东地区的主要通道，也是承接珠三角产业转移的重要区域。重点建设深汕特别合作区、汕尾中心城区、汕尾临海能源工业基地、马宫海洋科技产业园等，加快发展碣石湾海洋生态旅游区等。

⑥ 大海陵湾区。陆域涉及阳江、茂名2市，由北津港、海陵湾、沙扒港、博贺港、水东湾、海陵岛及附近其他岛屿共同组成，是珠三角与粤西地区的重要通道。重点建设阳江中心城区和临港工业区、阳江能源基地、阳东滨海工业区、茂名临港工业区、博贺新港区、茂名滨海新城，重点开发海陵岛、沙扒、浪漫海岸、放鸡岛等旅游区。

⑦ 雷州半岛。陆域涉及湛江市，由雷州半岛及其周边岛群共同组成。依托深水良港，重点建设湛江物流港口基地、东海岛化工及钢铁工业基地、雷州半岛能源基地等，加快开发“五岛一湾”（指东海岛、南三岛、硇洲岛、特呈岛、南屏岛和湛江湾）和雷州半岛西侧安铺港-徐闻等海洋休闲旅游区。

（3）着力加强“五岛群”保护利用

基于海岛的自然属性、分布特征，结合相关规划，将全省海岛分为珠江口岛群、大亚湾岛群、川岛岛群、粤东岛群和粤西岛群五大岛群，明确发展导向和发展重点（见表3-6）。充分利用海岛及邻近海域渔业、旅游、港口和海洋可再生能源等，拓展海洋综合开发空间。

表3-6　　　　　　　　　　　“五岛群”发展导向

| | | |
|---|---|---|
| 1 | 珠江口岛群 | 深圳东部沿岸岛区、狮子洋岛区、伶仃洋岛区、万山群岛区、磨刀门-鸡啼门沿岸岛区、高栏岛区6个岛区，重点发展海洋交通运输业、海滨旅游业、临海现代工业、海洋高新技术产业 |
| 2 | 大亚湾岛群 | 虎头门以北沿岸岛区、虎头门-大亚湾口岛区、平海湾沿岸岛区、沱泞列岛区、考洲洋岛区5个岛区，重点发展海洋交通运输业、海滨旅游业和临海现代工业 |
| 3 | 川岛岛群 | 川山群岛区、大襟岛区、台山沿岸岛区3个岛区，重点发展海滨旅游业、海洋交通运输业 |
| 4 | 粤东岛群 | 南澳岛区、拓林湾岛区、达濠岛区、海门湾-神泉港沿岸岛区、甲子港-碣石湾沿岸岛区、红海湾岛区、东沙群岛区7个岛区，重点发展现代海洋渔业、海洋交通运输业、海洋生态旅游业 |
| 5 | 粤西岛群 | 南亚列岛区、阳江沿岸岛区、茂名沿岸岛区、吴川沿岸岛区、湛江湾岛区、新寮岛区、外罗港-安铺港沿岸岛区7个岛区，重点发展现代海洋渔业、海滨旅游业 |

① 珠江口岛群。由龙穴岛、大虎岛、海鸥岛、沙仔岛、威远岛、横门岛、淇澳岛及东澳、外伶仃、庙湾等海岛组成。重点保护佳蓬列岛等领海基点海岛；以内伶仃岛、淇澳岛、大襟岛等为重点，加大海岛珍稀动植物资源及海洋生态环境的保护力度；以龙穴岛等海岛为重点，加快推进大型深水港口及临海工业建设，不断完善海岛基础设施；以东澳岛、海鸥岛等为重点，推动海岛旅游区建设；以万山列岛、蜘洲列岛等为重点，发展海水增养殖业。

② 大亚湾岛群。由大洲头、大三门岛、小三门岛、盐洲及中央列岛、辣甲列岛、纯洲、芒洲、马鞭洲等海岛组成。重点保护针头岩等领海基点海岛；以大、小三门岛为中心，加强海岛旅游基础设施建设，逐步建成生态旅游度假基地；合理利用纯洲、芒洲、马鞭洲等海岛深水岸线资源，发展海岛交通运输及物流仓储业。

③ 川岛岛群。由上川岛、下川岛、大襟岛、盘皇岛及王府洲等海岛组成。重点保护围夹岛、大帆石等领海基点海岛；以上川岛、下川岛等为中心，加快发展生态旅游、海上运动、邮轮旅游等海岛旅游。

④ 粤东岛群。由南澳岛、达濠岛、妈屿岛、海山岛、汛洲岛、西澳岛、东沙群岛等海岛组成。重点保护南澎列岛等领海基点海岛；加强海岛旅游基础设施建设，逐步建成以南澳岛为中心的生态旅游度假基地；保护南澎列岛生物多样性；促进南澳岛清洁能源基地建设，推动生态经济区发展。

⑤粤西岛群。由海陵岛、大洲岛、东海岛、南三岛、特呈岛、硇洲岛及南鹏列岛、大小放鸡岛、大竹洲岛、鲎沙岛、南沙仔岛等海岛组成。加强阳西大树岛、新寮岛、南鹏列岛等典型海岸地貌景观和海洋生态系统保护；以海陵岛为主，发展生

态旅游、海上运动、度假疗养、休闲渔业、邮轮旅游等多元化旅游产业；促进新寮岛风力发电、海水淡化等海洋新兴产业的发展，建设粤西沿海大型可再生能源基地和东海岛海洋综合开发示范区。

（4）构筑粤港澳、粤闽和粤桂琼三大海洋经济合作圈

主动对接港澳、海峡西岸经济区、北部湾地区和海南国际旅游岛，加快构建三大海洋经济合作圈，进一步增强全省经济辐射带动能力，优化中国沿海开发布局。

① 粤港澳海洋经济合作圈。以珠三角沿海片区为支撑，以广州南沙、深圳前海蛇口、珠海横琴等区域为重要节点，高水平建设广东自贸试验区，携手港澳共同打造粤港澳大湾区世界级城市群。推动自贸区高端发展，强化国际贸易功能集成，深化金融领域开放，推进关键领域体制机制改革创新。深化与港澳紧密合作，共建开放型经济体系，打造全球科技产业创新中心；共建具有国际竞争力的现代产业体系，积极推进海洋运输、海洋金融服务、物流仓储、海工装备、邮轮游艇等方面的合作，打造国际型现代化的高端现代海洋产业基地；共建互联互通的基础设施网络，推进环保联防共治，打造优质生活圈和世界级旅游区。

② 粤闽海洋经济合作圈。以汕头、汕尾、潮州、揭阳为依托，主动对接珠三角地区、全面参与海峡西岸城市群发展建设，重点推进粤闽在海洋装备制造、海洋生物医药、现代海洋渔业、海滨旅游等领域合作，共建海西经济圈和“21世纪海上丝绸之路”支点。

③ 粤桂琼海洋经济合作圈。以湛江、茂名、阳江为依托，全面参与北部湾城市群、琼州海峡经济带发展建设，重点推进粤桂琼在培育高端装备制造产业集群、冶金石化产业集群、旅游产业集群、特色农海产品加工集群等领域深度合作，充分发挥湛江港作为西南地区出海大通道的作用，增强对北部湾地区的服务功能，共同打造粤桂琼滨海旅游“金三角”，建设国际休闲度假旅游目的地。

（5）拓展深远海空间

深远海空间指500米等深线以外的区域，海域辽阔，海洋生态、海洋矿产、海洋油气等资源丰富，开发前景广阔，是蓝色经济的延伸拓展空间。建设深海矿产资源中心，开展深海油气资源勘探、深海矿产资源勘查、深海微生物物种资源采集与保藏和高精度海底探测工作。加强与行业协会、科研机构、大型矿产企业合作，争取承担国家级创新载体建设任务，积极参与国际海域资源调查与开发。建设南海深海基地，着力打造深海海洋装备试验基地和装配基地，建设海洋技术装备海上公共试验场和深海生物资源中心，重点建设珠海深水设施制造基地等海洋装备制造基地，推动深圳、江门、阳江、茂名、湛江等地建设远洋渔业海外基地。

### （五）广东省沿海经济带的高端产业带

深入推进供给侧结构性改革，坚持陆海统筹和区域联动，以产业园区、生产基

地为载体，推动产业高端化、智能化、绿色化、集约化发展，构建以先进制造、现代服务、现代农业渔业为重点的产业新体系，形成更具国际竞争力的沿海产业集聚发展带。

1.培育具有国际先进水平的海洋新兴产业集聚发展高地

大力开发海洋药物和生物制品，实施海洋生物医药技术重点突破计划，积极开展海洋生物活性物质筛选、重要海洋动植物和微生物基因组及功能基因工程，大力开发新型海洋蛋白、多糖和多肽类创新药物以及海洋生物基因工程制品，积极开发海洋功能食品、化妆品和海洋生物材料。加快建设广州、湛江国家海洋高技术产业基地和深圳海洋生物产业基地，大力推动海洋生物重大新品种的培育、扩繁与产业化，支持汕头、阳江等地发展海洋生物产业。加快海水综合利用产业发展，重点发展海水淡化、直接利用和综合利用的关键材料、技术和设备，在阳江、汕尾等地建设海水淡化和综合利用示范工程，依托炼化、钢铁、造纸等高耗水企业，大力推广海水直接利用。围绕"智慧海洋"建设，大力发展海洋电子信息产业，支持大型电子信息产业向海洋领域拓展，重点发展船载智能终端、船用导航雷达、海洋自动监测系统等高端海洋电子设备及系统，提升船用电子设备和海洋工程装备电子信息技术的研发制造水平。依托南海资源勘探开发，在广州、深圳规划建设深海研究基地，发展海洋遥感与导航、水声探测、深海传感器、无人和载人深潜、海底通信定位等关键技术和设备，开展海洋资源利用关键技术研发和产业化应用。

2.打造具有国际竞争力的海洋先进制造基地

加快海洋船舶产品结构优化升级，以散货船、油船、集装箱船等三大主流船型为重点，提高海洋船舶研发设计能力，加快发展液化天然气船、海洋工程辅助用船、多功能海洋工程船、海上风电安装船、豪华邮轮等高技术高附加值船舶和智能航行系统、船用柴油机、电力推进系统等关键部件，推进军民船舶装备科研生产融合发展和成果共享，建设广州、中山船舶制造基地、江门中小型船舶及配套设备基地和珠海游艇产业研发制造基地。面向深远海资源开发，培育发展海洋工程装备总包和设计能力，重点突破浮式生产储卸装置、浮式液化天然气储存和再气化装置、超深水钻井平台等主力海洋工程装备研发设计和制造技术，形成总装建造能力，培育发展系泊定位系统、发电机组、专用作业包等海洋工程装备专用系统，鼓励发展智能码头和新一代港口机械。推进广州龙穴、珠海高栏港、深圳蛇口海洋工程装备制造基地建设，适时在阳江、汕尾布局建设海洋工程装备基地。积极发展海洋专用设备，重点开发深海环境监测、深水探测、海洋卫星遥感、水下作业装备等产品，支持广州建设国家海洋专用设备检测中心。培育发展海洋精细化工，重点发展依托海洋资源的氯碱、纯碱、溴素及深加工等产业链，积极开发海洋防腐涂料、海洋无机功能材料、海洋高分子材料等产品和海藻化工新产品，支持湛江、茂名、揭阳等地建设海洋精细化工基地。

### 3.建设绿色高端的沿海临港重化产业带

依托港口资源优势，加快建设惠州、湛江、茂名、揭阳四大炼化一体化基地，适度提高炼油、乙烯生产能力，提升油品质量和标准，重点发展对二甲苯、环氧乙烷等有机化工原料，延伸发展高端聚烯烃塑料、高端工程塑料、高性能特种橡胶，提高化工新材料整体自给率，加快精细化工的绿色工艺和产品开发，大力发展高纯电子化学品、高端表面活性剂、高端加工助剂等精细化工产品，提升高附加值、高技术、低污染的精细化工产品在石化产业中的比重，打造各具特色的精细化工产业链。进一步优化石化产业布局，推动广州石化搬迁，提升珠海高栏港、江门银洲湖等精细化工基地发展水平。支持湛江钢铁基地优化发展，巩固提升超高强汽车用钢、建筑用钢、高性能不锈钢、高性能硅钢等精品钢材的技术水平和市场能力，支持阳江高新区高端不锈钢产业基地建设，在粤东、粤西地区适时布局建设综合性钢铁资源回收利用基地。以绿色环保为前提推动造纸工业精品化发展，重点建设江门银洲湖、湛江麻章和东海岛、阳江高新区等精品纸业基地。

## （六）广东省沿海经济带的现代服务业

坚持专业化、高端化发展方向，促进生产性服务业向专业化和价值链高端延伸发展、生活性服务业向精细化和高品质转变，以总部经济、现代金融、港口物流、信息服务等为重点，培育发展服务业新业态，壮大海洋新兴服务业，打造国际服务中心。

### 1.发展沿海总部经济

以打造特色鲜明的现代服务业总部经济示范功能区为引领，充分发挥广东自贸试验区国际商务服务功能，大力发展沿海总部经济，推进现代服务业集聚发展，促进海洋战略性新兴产业与现代服务业的有效融合，建成全国领先的现代服务业集聚区。规划建设粤港澳现代服务业集聚区，加快集聚全球高端产业要素，制订引进世界500强、中国500强企业区域总部计划。优化提升广州珠江新城、深圳后海湾、东莞松山湖高新技术产业开发区等总部经济基地，加快推进深汕合作区海洋总部研发基地和广州第二中央商务区、广州琶洲互联网创新集聚区、前海深港现代服务业合作区、珠海十字门中央商务区等片区的开发建设。依托汕头华侨经济文化合作试验区，打造粤东区域性总部乃至世界侨商潮商总部经济区。提升湛江在粤西和北部湾地区的总部经济集聚能力。

### 2.发展现代金融业

加快推进珠三角金融改革创新综合试验区建设，重点发展高效安全、绿色普惠、开放创新的现代金融服务业，建设中国青创板、新三板华南服务基地、国际金融资产交易中心等一系列重大金融创新平台，支持“广佛莞”、深圳推进国家促进科技和金融结合试点，把珠三角地区打造成金融机构聚集区、金融服务创新区、金融生态示范区和金融后台中心区、对外合作与交流区。大力推进广东自贸试验区金融创新，其中，深圳前海蛇口片区重点建设中国金融业对外开放试验示范窗口，设立广东自贸试验区金融仲裁中心；珠海横琴片区重点发展商务金融服务，设立新三板区域中心、国际知识产权交易中心；广州南沙片区建设金融中心，着重发展特色金融、国际商贸，加快形成千亿级融资租赁产业集聚区，并依托港澳建设南沙“一带一路”金融服务新枢纽。大力发展涉海金融，发挥政策性金融在支持海洋经济中的示范引领作用，鼓励各类金融机构发展海洋经济金融业务。积极培育涉海金融保险市场，创新涉海金融保险合作，改善涉海融资保险结构。引进培育并规范发展若干涉海融资担保机构，加快发展航运保险业务。壮大船舶、海洋工程装备融资租赁，探索发展海洋高端装备制造、海洋新能源、海洋节能环保等新兴融资租赁市场。依托广东自贸试验区建设，引导金融资本支持海洋经济发展，打造面向国际市场，集海洋资源、环境和知识产权交易等于一体的海洋产权交易中心。

### 3.发展港口物流业

实施“大港口、大通道、大物流”发展战略，完善港口建设规划，建立健全现代港口集疏运体系，提高物流高度社会化、专业化、标准化、智慧化水平。充分发挥广东自贸试验区先行先试优势，实施海空港联动，发展国际航运与物流业。加强与区外航运产业集聚区协同发展，探索形成具有国际竞争力的航运发展制度和协同运作模式。积极建设粤港澳大湾区物流枢纽，依托广州南沙、深圳前海等平台，提高广州物流业发展的辐射带动能力，推动深圳与香港共建全球性物流中心。积极推进粤港澳大湾区物流一体化，建设粤港澳航运服务示范区，推动粤港澳航运物流服务自由化。加快建设广东铁路国际物流基地，打造“东盟-广东-欧洲”公铁海河多式联运国际物流枢纽。推动建设东莞石龙（铁路）国际物流基地和广州大田集装箱中心站，打造华南地区连接“一带一路”国际物流枢纽。依托广东经广西、云南至越南、缅甸、泰国等“一带一路”沿线国家和地区的铁路动脉，构建“粤港澳-西南省份-东盟国家”国际综合物流大通道。支持企业开辟东南亚等国际航线，与“一带一路”沿线国家和地区共建友好港口、临港物流园区，打造“21世纪海上丝绸之路”的重要航运和物流节点。开展保税、国际中转、国际采购和分销、配送等业务，打造国际商品展示、交易、配送和结算中心，发展航运电商平台等新业态。依托广州港、深圳港、珠海港、东莞港，建设珠江三角洲国际物流基地；依托汕头港、潮州港、揭阳港，建设粤东物流基地；依托湛江港、茂名港、阳江港，建设粤西物流基地。

## （七）广东省沿海经济带的现代农业和渔业

优化沿海经济带农业和渔业产业结构，发展农业和渔业新业态，提高综合效益和竞争力，推动农业和渔业现代化发展。

1.严格保护农业、渔业资源

切实保护耕地资源，大力推进高标准农田建设，确保至2020年沿海地区高标准农田建设基本完成。严格控制近海捕捞强度，实行近海捕捞产量负增长政策，严格执行伏季休渔制度和捕捞业准入制度，积极推进渔业减船转产。保护近岸海洋生物资源，大力推进海洋牧场建设。建设以人工鱼礁为载体，以增殖放流、底播增殖为手段的海洋牧场示范区。科学养护海水养殖区和传统渔场海洋生物资源，合理控制增养殖密度和规模，改善近岸养殖用海生态环境，提升资源增殖效果和海岸生态修复效果。重点建设惠州稔平半岛、江门镇海湾、黄茅海-磨刀门、汕头南澳-饶平、汕尾、阳江海陵湾、湛江雷州半岛东部和西部、茂名博贺等近岸海洋增养殖基地。

2.优化现代农业布局

按照珠三角都市农业区、潮汕平原精细农业区、粤西热带农业区、东南亚热带农业带的沿海农业发展格局进行优化布局。珠三角都市农业区主要发展高效园艺及水产加工、生物育种研发、现代化农产品物流、观光休闲农业等都市精品农业；潮汕平原精细农业区重点建设一批具有地方特色和市场优势的加工型蔬菜、茶叶、优稀水果、花卉、水稻、畜禽等精致高效农业；粤西热带农业区重点建设雷州半岛热带亚热带农业现代化示范区、冬季北运菜重要生产基地、热带水果示范区、国家种业二线南繁基地等节水高效农业；东南亚热带农业带重点建设全省现代粮食及畜禽产品供给保障基地，发展岭南水果、淡水养殖、南药等优势产品的生产加工，发展草食畜牧业。主要建设台山、廉江、雷州、电白、开平、遂溪、吴川、海丰、惠东、陆丰、新会、恩平、阳东、阳西、饶平、潮阳、潮南、揭东18个产量超10万吨的优质稻米生产大县，电白、廉江、遂溪、开平4个年出栏超50万头的生猪大县，澄海、徐闻、南海、揭东、遂溪、廉江、惠东、阳西、雷州、电白10个国家蔬菜大县，21个水果大县（包括1个产量超3万吨的柑橘大县廉江，电白、廉江、阳东、阳西、东莞、惠阳、惠东、惠来、陆丰、海丰10个产量超1万吨的荔枝大县，徐闻、雷州、廉江、遂溪、坡头、电白、南沙、潮阳、吴川、东莞、中山、恩平、榕城13个产量超3万吨的香蕉大县），以及潮安、饶平、湘桥、惠来、廉江5个种植面积超过1.5万亩或产量超1 000吨的茶叶大县。

3.优化现代渔业布局

推进科学养殖，构建以品种为单位，涵盖基础研究、新品种培育、苗种扩繁和市场化推广及种质测试评估、公共服务平台建设等全产业链的现代种业体系。推广绿色生态养殖模式，以市场需求为导向，运用生态技术措施改善养殖水质和生态环境。发展深蓝渔业，推进深水网箱产业化基地和园区建设，开发海洋牧场，把发展深水网箱养殖作为调整优化粤东、粤西渔业产业结构的战略重点。充分发挥粤东、粤西的沿海区位优势和渔业资源优势，发展集约化高效清洁养殖，支持深水抗风浪网箱养殖和工厂化循环水养殖，推动深水网箱养殖的产业化、集群化。打造粤东名优海水鱼类、名贵经济贝类和海藻养殖基地及粤西对虾、湛江南珠海水养殖、罗非鱼生产、热带特色贝类养殖基地。发展远洋渔业，推动捕捞作业重点从近海转向深远海，延长产业链。做大做强精深加工业，发展水产品精深加工和综合利用，培育扶持具有国际竞争力的水产加工龙头企业。建设水产品仓储、运输等冷链物流，发展水产品交易市场。建设水产品质量检测中心，创建出口水产品质量安全示范区。珠三角都市渔业区以提质增效为主线，重点发展生态高效集约化池塘养殖、设施养殖和外向型渔业，扶持具有鲜明地方特色品种的中山脆肉鲩、珠海海鲈、江门锦鲤、江门牡蛎、东莞龟鳖等品牌产品发展。在城市周边地区建设休闲渔业区，形成具有都市特色，集约化养殖、休闲渔业和外向型渔业为一体的现代都市型渔业模式。引导珠三角地区以都市现代观光渔业为主体，东西两翼以地方特色渔业文化和民俗文化特色资源为载体，打造休闲渔业精品品牌，创建一批“最美渔村”和全国精品休闲渔业示范基地。

4.优化现代渔港建设布局

加强渔港等基础设施建设，推动渔港经济区和渔区城镇融合发展。构建以区域性避风锚地、示范性（一级）渔港为核心，以二、三级渔港为基础的现代渔港新体系，形成“一轴、三区、多群”的空间布局。以三百门、云澳、海门、神泉、莲花山、沙堤、闸坡、博贺、硇洲、乌石十大示范性（一级）渔港为节点构建全省现代渔港主轴。建设粤东、珠三角、粤西三大渔港湾区。粤东渔港湾区主要包括汕头、汕尾、潮州和揭阳4个沿海市，适当增加示范性（一级）渔港、二级渔港、三级渔港布局，重点建设2座区域性避风锚地、4座示范性（一级）渔港、10座二级渔港、6座三级渔港。珠三角渔港湾区主要包括广州、深圳、珠海、惠州、东莞、中山和江门7个沿海市，突出兼顾大中小型渔港，着力增加二、三级渔港布局，重点建设1座区域性避风锚地、2座示范性（一级）渔港、8座二级渔港、8座三级渔港。粤西渔港湾区主要包括阳江、茂名和湛江3个沿海市，加大区域性避风锚地、示范性（一级）渔港建设，同时，加大二、三级渔港布局密度，加强渔港避风能力、强化渔港综合服务功能，重点建设3座区域性避风锚地、4座示范性（一级）渔港、15座二级渔港、15座三级渔港。以沿海62座二级、三级渔港为基础，构建潮州、揭汕、汕尾、珠江口、广海湾-川山群岛、阳江、茂名、雷州湾、琼州海峡-北部湾9大渔港群。与渔区经济发展相结合，与当地城镇建设规划相衔接，将10座示范性（一级）渔港建设成为集渔船避风补给、鱼货集散、加工流通、旅游休闲为一体的高标准现代化综合性渔港，推进现代渔业产业转型升级。

5.建立现代水利保障体系

完善沿海水利防灾减灾体系，实施全省海堤达标加固建设工程，达标加固1 166千米海堤，除险加固南顺南闸、潭洲水闸、四沙水闸、七沙水闸等31座大型穿堤水闸；实施沿海地区的韩江（下游）、榕江（中下游）、西枝江、潭江、漠阳江、九洲江、鉴江等纳入全国流域面积3 000平方千米以上江河主要支流及独流入海河流治理专项项目，治理河道504千米；优化区域水资源配置，加快推进珠江三角洲水资源配置工程、惠州市稔平半岛供水工程、潮州市引韩济饶供水工程、茂名市滨海新区供水工程等一批区域水资源配置工程建设，逐步建立起沿海地区跨流域、跨地区科学配置、高效统一的水资源配置网络，优化沿海区域水资源配置。

### （八）广东省沿海经济带中“一带一路”的重要引擎

承接作为古代海上丝绸之路起点的传统，深入推进与“一带一路”沿线国家和地区在产业投资、贸易往来和能源资源等领域的务实合作，打造成为内外联通、陆海交汇、安全高效、开放包容的重要引擎，有力拓展广东发展腹地，形成辐射周边的经济发展新增长极（见表3-7）。

表3-7　　高水平对外开放战略枢纽与合作平台

| | | |
|---|---|---|
| 一、三大对外开放战略枢纽 | | |
| 1 | 南沙新区 | 围绕打造立足全省、服务全国、面向全球的高水平对外开放门户枢纽要求，把南沙建设成为国际航运中心、贸易中心、金融中心，逐步成为经济繁荣、社会和谐、环境优美的高水平国际化城市 |
| 2 | 前海深港现代服务业合作区 | 以发展生产性服务业为重点，推动现代服务业集聚发展，促进珠三江地区产业结构优化升级，以广东自贸试验区前海蛇口片区建设促进粤港合作水平的提升，努力打造粤港现代服务业创新合作示范区、参与国家“一带一路”建设的重要平台 |
| 3 | 横琴新区 | 以广东自贸试验区横琴片区建设推动粤澳深度合作，重点发展以高端服务业为主导的现代产业，打造成为参与国家“一带一路”建设的重要平台、国际休闲旅游岛及中国与葡语系、西语系国家商贸合作平台，建设高度开放、支持澳门经济适度多元发展的重要平台 |
| 二、六大对外合作平台 | | |
| 1 | 汕头华侨经济文化合作试验区 | 充分利用全球华侨华人优势，加强与港澳台地区及东盟国家的合作，重点发展现代服务业与海洋产业，打造更加开放的全球侨资集聚发展平台 |
| 2 | 中新（广州）知识城 | 推动中新两国在知识经济、研发创新、科技服务、教育培训、社会管理等高端领域的深度合作，打造珠三角产业升级和科技创新的重要引擎 |
| 3 | 中德（揭阳）金属生态城 | 以中德金属集团为主体，依托中德（揭阳）中小企业合作区，打造德国先进技术推广中心和德国先进装备国产化中心，配套建立多元化的中德金属生态城综合服务体系 |
| 4 | 中以（东莞）国际科技合作产业圈 | 结合以色列的产业优势与东莞的产业基础，开展水处理技术、高端电子信息、生物技术等领域的合作，促进东莞及珠三角地区的产业转型升级 |

续表

| 二、六大对外合作平台 | | |
|---|---|---|
| 5 | 中以（汕头）科技创新合作区 | 依托以色列理工学院科研成果及技术资源优势，引进先进技术，培养创新人才，加快推进广东省与以色列创业创新资源的耦合对接 |
| 6 | 广东（湛江）奋勇东盟产业园 | 建设成为广东与东盟产业合作的重要平台，着力发展新海洋、新能源、新医药、新电子、新材料产业，全力打造成为中国-东盟自由贸易区产业合作的先进社区 |

### 1.加强国际产能合作

坚持以市场为导向、以企业为主体，支持发展高端产业，加强科技研发，加快从全球加工装配基地向研发、先进制造基地转变，逐步实现从产品输出到产业输出的战略提升。继续推进华为、中兴、美的等知名企业在沿线国家和地区的战略布局，推进中广核、粤电、广新、农垦等大型国企积极参与沿线国家和地区基础设施建设和资源开发项目，加快一批民营企业境外投资步伐。重点推进中广核集团马来西亚电厂项目、广新控股印度尼西亚镍铁及下游配套项目、广东省农垦集团农业种植加工项目等建设，促进能源、资源、技术等方面的互利合作。

### 2.构建国际大通道

以广州港、深圳港为龙头，以珠海港、湛江港、汕头港及潮州港等港口为支撑，联合香港构建错位发展、合作共赢的世界级港口群，将广州港、深圳港、珠海港、湛江港、汕头港建设成为海上通道重要支点。组建海上丝绸之路货运物流合作网络，建设粤港澳大湾区物流枢纽。以广州航交所航运交易、服务、信息平台为载体，推动形成航运、船舶、人才、大宗商品和运价衍生品等交易市场，构建国际航运服务体系。强化国际枢纽机场功能，以广州白云国际机场、深圳宝安机场为核心，将珠三角机场群建设成为“21世纪海上丝绸之路”航空门户，积极开拓广州白云国际机场至沿线国家重要城市的国际航线，完善多层次航空运输服务体系基础设施建设。推进广东（石龙）铁路国际物流基地建设，拓展中欧班列。积极构建以广州、深圳、湛江为枢纽，以高速公路、高速铁路出省通道为骨干，连接东盟和泛珠省区的国际大通道。

### 3.加强海洋领域合作

依托广州南沙、汕头南澳等条件和基础较好的地区规划建设一批海洋经济合作示范区，开展海洋保护、海洋工程、海洋科技等方面的合作。依托船舶和海洋工程装备制造基地、深水海洋工程装备制造基地，大力发展海洋工程装备制造业。加快建设广东海洋与水产高科技园、中国-东盟海水养殖技术联合研究与推广中心、湛江中国南方海谷等，重点推进沿海地区与马来西亚、泰国等东盟国家以及斐济等太平洋岛国的海洋科技合作。支持广州、汕头、湛江建设国家海洋高技术产业基地，鼓励珠海、茂名建设海洋高技术产业基地。推动揭阳、湛江、茂名等地建设海洋石油开发后勤保障基地。在自由贸易试验区稳步推进外商独资船舶管理公司、控股合资海运公司等试点，进一步探索国际航运综合试验区示范政策。以国际航运中心发展为契机，吸引各类大型企业总部入驻，引进涉海行业组织、中介机构、高等院校、科研机构等，支持涉海金融、航运保险、船舶和航运经纪、海事仲裁等业态发展。

4.构建对外开放重要平台

以珠江口两岸沿海城市为核心，高标准统筹建设对外开放重要平台。加快推进广东自贸试验区建设，强化广州南沙、深圳前海蛇口、珠海横琴等重大平台建设。支持广州增城侨梦苑、江门侨梦苑打造面向“一带一路”沿线国家和地区侨商合作平台。以汕头华侨经济文化合作试验区、广东（湛江）奋勇东盟产业园为平台，积极引进侨资，促进粤东粤西地区开放。继续办好广交会、高交会、“21世纪海上丝绸之路”博览会、亚洲金融论坛、中葡经贸合作论坛、珠海航展等经贸合作平台。按照稳中求进的总基调和稳妥审慎的原则，务实推进中国-白俄罗斯工业园、中国-沙特吉赞产业集聚区、广东-马六甲皇京港临海工业园、伊朗格什姆自贸区、埃塞俄比亚华坚工业园5个重点跨境合作园区，打造广东省企业参与“一带一路”建设的载体和平台。

## 阅读拓展

### “一核一带一区”蓝图初绘 广东构建区域协调发展新格局

作为改革开放排头兵的广东，40年来经济社会发展取得举世瞩目的成就，但区域与城乡发展不平衡、不协调的问题仍然突出。在创新、协调、绿色、开放、共享的发展理念指引下，中共广东省委十二届四次全会提出，要以构建“一核一带一区”区域发展格局为重点，加快推动区域协调发展。目前，这一全新的区域发展战略已经凸显发展格局，广东将调整优化发展机制，发挥各地差异化优势，解决区域、城乡发展不平衡问题，谱写新时代协调发展新篇章。

“一核一带一区”，即将区域发展格局明确为三大板块：推动珠三角核心区优化发展；把粤东、粤西打造成新增长极，与珠三角城市串珠成链形成沿海经济带；把粤北山区建设成为生态发展区，以生态优先和绿色发展为引领，在高水平保护中实现高质量发展。

这一以功能区为引领的广东区域发展新战略，改变了传统思维、转变了固有思路、突破了行政区划局限，是认真落实习近平总书记参加十三届全国人大一次会议广东代表团审议时重要讲话精神、是依靠体制机制创新推动广东区域协调发展的重大创新性战略部署。

2018年8月9日，广东省统计局发布的《2018年上半年广东各地市地区生产总值情况简析》显示，“一核一带一区”发展格局已经凸显。“一核一带一区”有着各自不同的优势产业。上半年珠三角地区工业总产值增长7.5%，分别高于东翼、西翼、山区1.6个、4.6个和3.6个百分点，有力支撑了珠三角稳中有进的发展态势。东翼的优势行业是交通运输仓储业和邮政业（增长14.2%）以及营利性服务业（增长25%）。西翼的金融业（增长8.0%）、房地产业（增长6.3%）优于其他地区。山区的营利性服务业（增长20.1%）也发展较快。

目前，在广深“主引擎”的牵引下，珠三角正朝着深度一体化走得更远。广东计划在未来6年新建19条（段）高铁/城际，总投资4 807.42亿元。其中，2019年建成穗莞深城际两部分，将珠三角9市一“轨”网尽，以广州为中心，一小时内9市可互相通达。

交通网络的不断完善也正增强沿海经济带的“造血功能”。广东省交通厅提供的数据显示，2018年上半年，全省交通基础设施建设共完成投资6 90.4亿元，为年度计划的57.5%，同比增长17.4%；另外，全球最长的海滨公路广东海滨旅游公路，2020年各市路段将全面启动建设，到2025年，滨海旅游公路兼具交通运输、生态保护、旅游休闲的复合型功能将全面实现，全面支撑起广东沿海经济带的发展。

不仅如此，广东省在实行高水平生态保护的同时，也在推动经济高质量发展，促进北部生态发展区“绿色崛起”，为全省提供重要的生态保障。

广东省农业厅正大力发展“一村一品、一镇一业”，旨在推动形成更加鲜明的优势主导产业产品，打造水果、蔬菜、南药、畜牧、水产、饲料6个千亿产业集群和一批百亿产业集群，让镇村经济强起来、农民生活富裕起来。

蓝图已经绘就，征程已经开启。未来，广东将建设一批农村一、二、三产业融合发展的试点县与先导区。另外，广东2018年全面启动50个省级现代农业产业园创建工作，到2020年创建100个现代农业产业园，形成“百园强县、千亿兴农”的产业兴旺新格局。

（资料来源　许悦．“一核一带一区”蓝图初绘，广东构建区域协调发展新格局［EB/OL］.（2018-08-31）.http://news.news.ycwb.com/2018-08/31/content_30078671.htm）

## 学习成果

### 主要概念和观念

主要概念

粤港澳大湾区　珠江三角洲地区　广东省沿海经济带　“一核一带一区”

主要观念

★ 粤港澳大湾区是建设富有活力和国际竞争力的一流湾区和世界级城市群，是打造高质量发展的典范。

★ 珠江三角洲城市群包括广州、深圳等14个城市所形成的珠三角城市群，并且是中国乃至亚太地区最具活力的经济区之一，大珠江三角洲地区另外加上香港、澳门，是国家级三大城市群之一。

★ 2017年12月，广东省政府印发实施《广东省沿海经济带综合发展规划（2017—2030年）》，提出了“一心两极双支点”沿海经济带发展总体格局和“六湾区一半岛五岛群”布局，包括广东省沿海陆域涉及的15个县（市）和相关15个地级以上市的中心城区，广东经济高速发展将全面爆发！

## 实务自测题

1. 从最近的杂志或报纸上搜索您所属地区对广东省的相关报道，分析广东省建立的多个经济带和城市群对国家有何影响。

2. 对比粤港澳大湾区、珠江三角洲地区、广东省沿海经济带、“一核一带一区”的商业环境，分析这四个经济区和经济带的相同之处与不同之处。

## 成果形式

实训课业：结合粤港澳大湾区、珠江三角洲地区、广东省沿海经济带、“一核一带一区”的发展特色，分析您的所属地区与哪一个经济区或经济带合作最具商机和可行性，并形成一份评估报告。

## 学习成果考核

本模块的学习成果考核见表3-8。

表3-8 “广东商业环境地区篇”学习成果考核参考表

| 评估指标 | 评估标准 | 评价成绩（分） |
|---|---|---|
| 自我学习（20%） | 在确定长期学习目标时，能根据各种信息和资源确定要实现的多个目标及途径，明确可能影响计划实现的因素，确认实现目标的时限，制定行动要点和时间表，预计困难和变化；在实施学习计划时，能保证重点、调整落实、处理困难、选择方法，通过复杂的课程和技能训练提高工作能力；在检查学习进度和成果时，能汇总学习成果、成功经验和已实现的目标，证明新学到的东西能有效运用于新选择的职业或工作任务中 | |

续表

| 评估指标 | 评估标准 | 评价成绩（分） |
| --- | --- | --- |
| 信息处理（15%） | 在获取信息时，能分析复杂工作任务，比较不同信息来源的优势和限制条件，选择适当技术发现和搜寻信息；在开发信息时，能辨别信息真伪，定性核校、分析综合、解读与验证资料，建立较大规模的数据库，用计算机生成新的信息；在展示信息时，能用新闻方式发布、平面方式展示、网络技术传递，能利用信息预测趋势、进行新的设计，能收集信息反馈，评估使用效果 | |
| 数字应用（10%） | 在解读数据信息时，能组织大型数据采集活动，通过调查和实验获取、整理与加工数据；在进行数据计算时，能从事多步骤的复杂计算，并统计与分析数据；在展示和使用数据信息时，能选择合适的方法阐明和比较计算结果，检查并论证其合理性，设计并绘制图表，根据结果得出推论，说明和指导工作 | |
| 与人交流（10%） | 在交谈讨论中，始终把握会议主题，认真聆听他人讲话内容并进行交流；主持会议或会谈，全面准确表述复杂事件或观点；在当众讲演时，能为讲演做准备，把握讲演的内容、方式，借助各种手段强化主题；在阅读和获取资料时，能为一个问题或课题找到相关资料，看懂资料的思路、要点、价值和问题，分析、筛选和利用资料表达主题；在书面表达时，能熟悉专业文书、把握基本要求，组织利用素材、说明内容要点，掌握写作技巧、恰当表达主题，采用适当风格、增强说服力 | |
| 与人合作（10%） | 在调整合作目标时，能发现各方问题，协调利益关系，进行有效沟通，调整合作计划与工作顺序；在控制合作进程时，能整合协调各方资源，妥善处理矛盾，排除消极因素，激发工作热情；在达到合作目标的过程中，能及时全面检查工作成效，不断改善合作方式 | |
| 解决问题（20%） | 在揭示复杂问题和提出问题的对策时，能分析探讨问题的实质，提出解决问题的最优方案，并证明这种方案的合理性；在制订计划、实施解决办法时，能制订并实施获得认可的详细计划与方案，并能在实施中寻求信息反馈，评估进度；在检查问题、分析结果时，能选择有效检查方法，分析总结、提出解决同类问题的建议与方案 | |
| 革新创新（15%） | 在提出创新意见时，能客观分析事物发展与需求之间的矛盾，提出独特的改进意见和方法；在做出创新方案时，能根据实际需要，设计并实施创新工作方案，并在条件变化时坚持创新活动；在评估创新方案时，能按常规方式和专业要求，对创新方案和结果进行检测并预测风险，能针对问题调整工作方案、总结经验、指导他人，提出进一步创新和改进的方法 | |
| 总成绩（100%） | | |
| 团队互评评语 | | |

# 模块四

## 广东商业环境
## 产业篇

### 学习目标

通过本模块学习，应该达到以下目标：

理论目标：了解广东省战略性新兴产业发展“十三五”规划；把握广东省战略性新兴产业发展的趋势。

实务目标：了解和把握广东省的战略性新兴产业发展现状，能够分析广东省将这些产业作为战略性新兴产业的原因。

案例目标：运用所学广东省战略性新兴产业发展“十三五”规划文件，分析广东省的战略性新兴产业长期发展方向。

实训目标：结合广东战略产业发展“十三五”规划，分析其与“十二五”中发展传统制造业模式的异同。

## 案例引入

广东实体产业未来将如何发展?

2017年9月，广东省政府出台《广东省降低制造业企业成本支持实体经济发展的若干政策措施》（以下简称“实体经济十条”），提出支持培育高端智能装备、新能源及节能环保、新材料、新一代信息技术、生物医药五个“万亿级”新兴支柱产业。同时，广东将采取“一项目一议”的方式，重点支持五大产业的标志性重大项目落地、关键核心技术攻关、重大兼并重组和颠覆性创新成果转化。值得注意的是，当前广东省制造业的水平与先进国家地区相比还有较大差距，工业发展面临着产业核心技术少、产业层次不高、产业链条不完善等方面的制约。同时，广东还面临着资源环境要素约束趋紧、企业综合成本上升、部分行业产能过剩、国际国内竞争日益加剧等挑战。

根据广东省总体计划，政府通过对重点企业新技术研发及产业化、扩产增效、产业链上下游配套协作等给予企业补助。同时，现有资金渠道将充分统筹整合，进一步加大对相关制造业的研发、中试、产业化、产学研合作、创新平台建设等的支持力度。“力争到2020年，五大产业成为广东工业经济主要增长点和产业发展重要支柱，在广东形成多支柱的新兴产业体系。”[1]

（资料来源　根据广东省人民政府相关资料整理而成，http：//zsgk.gd.gov.cn）

1　佚名．广东重点支持五大新兴支柱产业［EB/OL］．（2017-09-04）．https://s2.shenkexin.com/news/info-news-n82.html.

## 学习内容

"十三五"时期，将是广东率先全面建成小康社会的决胜阶段，必须把战略性新兴产业摆在更加突出的位置，发展新经济、培育新动能，推动经济社会持续健康发展。因此，广东省未来的产业发展都将基于《广东省国民经济和社会发展第十三个五年规划纲要》。

### 一、广东省战略性新兴产业发展分析

战略性新兴产业代表新一轮科技革命和产业变革的方向，是广东培育发展未来新动能、获取未来竞争新优势的关键领域。

#### （一）发展基础

"十二五"时期，广东围绕实施创新驱动发展战略，将发展战略性新兴产业作为推进产业结构调整、加快经济发展方式转变、抢占经济科技发展制高点的重要举措，推动广东战略性新兴产业发展取得良好成效。

1.产业规模不断壮大

"十二五"期间，广东战略性新兴产业年均增速超过12%；以战略性新兴产业为主的高技术制造业增加值从2010年的4 850.59亿元增加到2015年的8 172.2亿元，年均增速达11%，比规模以上工业增速高3.5个百分点，占规模以上工业增加值比重从20.6%上升到27%。[1]

2.创新能力不断提升

广东区域创新能力综合排名连续6年位居全国第二，战略性新兴产业领域专利授权量位居全国前列，其中高端新型电子信息、新能源汽车、半导体照明、节能环保等领域专利授权量居全国首位。

3.集聚效应不断显现

推进15家国家高新技术产业基地和42家省战略性新兴产业基地建设，发展形成新一代移动通信、平板显示、高端软件、半导体照明、生物医药、智能制造装备、新材料等产值规模超千亿元的新兴产业集群，珠三角地区获批成为国家首批战略性新兴产业区域集聚发展试点。移动智能终端、基因检测、新能源汽车等产业在全国占有重要地位。

4.新业态新模式不断涌现

新兴产业应用环境不断优化，物联网、云计算、大数据、基因检测等新兴信息技术产业快速发展。广东信息消费规模居全国首位，跨境电子商务交易量占全

---

1　广东省人民政府办公厅．广东省人民政府办公厅关于印发广东省战略性新兴产业发展"十三五"规划的通知［EB/OL］．（2017-09-06）．http：//zwgk.gd.gov.cn/006939748/201709/t20170906_721337.html？from=timeline&isappinstalled=0.

国近七成，网购普及率、电子商务总订单、市场交易规模和在全国电子商务交易中所占份额等多项指标均居全国前列；基因检测服务年均增速超50%，涌现出一批第三方基因检测机构；软件产业年均增速超30%，带动数字创意产业快速发展。[1]

### （二）面临形势

从国际看，世界主要发达国家和地区纷纷加快布局发展新兴产业，加快抢占未来科技和产业发展制高点。人工智能、量子通信等新型信息技术不断突破，信息经济将更加繁荣；以精准医学、基因组学、生物合成等为代表的生物技术加快发展，助推生物经济时代加速到来；增材制造（3D打印）、智能机器人等领域技术迅速发展，推动制造业不断升级；气候变化和环境治理催生绿色发展大潮，新能源、高效节能、先进环保等产业发展空间日益广阔；物联网、云计算、大数据等新技术与经济社会各领域深度融合，创意经济新业态新模式不断涌现。

从国内看，“十三五”时期是中国全面建成小康社会的决胜阶段，创新驱动体制机制将更加完善，人才、技术、资本等创新要素配置持续优化，新兴消费需求加快升级，新兴产业领域国际合作不断拓展，战略性新兴产业发展面临大有可为的战略机遇期。珠三角、长三角、京津冀以及中西部等地区涌现出一批优势产业集群，形成了齐头并进、竞相发展的格局。

广东省战略性新兴产业在“十二五”时期取得长足进展的同时，仍面临着整体创新水平不高，发展层次有待提升，高性能芯片、基因工程等关键核心技术竞争力不足，高端智能制造装备以及制造业所需关键原材料仍需大量依赖进口等挑战。要紧紧围绕建设国家科技产业创新中心，进一步聚焦产业重点，提升发展质量，全面营造有利于新兴产业发展的生态环境，推动战略性新兴产业成为经济社会发展和产业转型升级的重要动力。

## 二、国家对广东省战略性新兴产业发展的总体要求

战略性新兴产业代表新一轮科技革命和产业变革的方向，是培育发展新动能、获取未来竞争新优势的关键领域。广东积极响应国家对自身的总体要求，深入领会中央精神。

### （一）广东省战略性新兴产业发展总体指导思想

广东将全面贯彻党的十八大和十八届三中全会、四中全会、五中全会、六中全会精神，深入贯彻落实习近平总书记系列重要讲话精神和治国理政新理念新思想新战略，特别是对广东提出的“四个坚持、三个支撑、两个走在前列”要求，主动适

1 广东省人民政府办公厅．广东省人民币政府关于印发广东省战略性新兴产业发展“十三五”规划的通知［EB/OL］．（2017-09-06）．http：//zwgk.gd.gov.cn/006939748/201709/t20170906_721337.html? from=timeline&isappinstalled=0.

应和引领经济发展新常态，紧紧把握全球科技革命和产业变革重大机遇，充分发挥市场在资源配置中的决定性作用和更好发挥政府作用，坚持创新驱动、改革引领、开放合作、集聚发展，着力集聚创新资源和要素、激发创新创业活力、增强自主研发能力，发展创新型企业、构建完整产业链条、营造良好产业发展生态，培育壮大新一代信息技术产业，推动生物、高端装备与新材料、绿色低碳、数字创意等发展成为支柱产业，加快形成以创新为主要引领的经济体系和发展模式，为加快建设国家科技产业创新中心提供重要支撑。

### （二）广东省战略性新兴产业发展基本原则

#### 1.坚持创新驱动

统筹推进制度创新、管理创新、模式创新，深入实施创新驱动发展战略，弘扬企业家创新精神，着力提升原始创新、集成创新、引进消化吸收再创新的综合能力，加快掌握自主知识产权的关键核心技术，加速集聚引领产业发展的高端人才，强化企业创新主体地位，不断增强科技成果转化能力。

#### 2.坚持改革引领

坚决破除制约产业发展的利益藩篱和制度障碍，着力清除旧管理方式对新技术、新业态、新模式发展的束缚，深入推进全面创新改革试验，加强政策创新与供给，着力营造有利于产业发展的制度环境。

#### 3.坚持开放合作

聚焦全球科技变革最前沿和产业发展新趋势，积极融入全球创新网络和产业生态，把握“一带一路”建设契机，深化粤港澳合作，坚持以更开放的理念、更包容的方式，积极汇聚和利用全球创新资源，对标国际大力发展优势产业技术和标准，加快产业链、创新链、价值链全球配置，全面提升产业国际竞争力和影响力。

#### 4.坚持集聚发展

推动产业链协同发展，通过优化增量和调整存量，推动新产业、新业态加快发展和集群发展，打造一批产业链条完善、辐射带动力强、具有国际竞争力的战略性新兴产业集群，把广东建设成为全国战略性新兴产业发展重要策源地。

### （三）广东战略性新兴产业发展目标

#### 1.产业规模稳步提升，成为创新型经济的主要支撑

到2020年，广东省战略性新兴产业增加值占地区生产总值比重将达到16%，高技术制造业增加值占规模以上工业比重将达30%以上，战略性新兴产业在经济社会发展中的地位更加突出。

#### 2.创新能力显著提高，形成具有自主技术支撑的新兴产业体系

到2020年，广东产业技术自给率将达到75%，高技术制造业研发人员占比将

达10%，每万人发明专利拥有量将超过20件。实施重大科技专项，在新一代信息技术、生物、绿色低碳等领域攻克一批关键核心技术，科技成果转化效率不断提高。

**3.企业竞争力不断增强，培育一批具备国际竞争力和品牌影响力的行业龙头企业**

到2020年，广东高新技术企业数量将超过2.8万家，战略性新兴产业领域年主营业务收入超百亿元企业将达110家，超千亿元企业将达13家。[1]

**4.集聚水平不断提高，形成战略性新兴产业重要集聚区**

力争到2020年，新一代信息技术产业产值规模突破3万亿元，形成生物、高端装备制造、绿色低碳、数字创意等3～4个万亿元级支柱产业，成为全球战略性新兴产业的重要集聚区。

## 三、广东省战略性新兴产业

广东将把握新一代信息技术全面跨界融合、智能化发展加速和全方位产业生态竞争等新趋势，以实施“互联网+”行动、大数据战略和网络强省战略为着力点，推进“数字广东”建设，打造万物互联、绿色智能、安全可靠的新一代信息技术产业体系，成为引领广东科技创新、驱动经济社会转型发展的重要力量。

### （一）新一代信息技术产业

新一代信息技术产业、生物产业、高端装备与新材料产业

根据国家统计局编订的《战略性新兴产业分类目录》（2012），将“新一代信息技术产业”分为3个大类，27个小类，在小类下还按照产品进行了进一步细分。“新一代信息技术产业”的3个大类包括电子信息核心基础产业、下一代信息网络、高端软件和信息技术服务。[2]电子信息核心基础产业在整个产业中具有关键基础作用，涉及通信设备、高端计算机及外围设备、集成电路等领域。下一代信息网络主要强调对广播、通信、网络等手段的提升，以更好地实现基于这些手段的各种应用，涉及新一代移动通信网络运营服务、下一代互联网运营服务、下一代广播电视网运营服务等领域；高端软件和信息技术服务则更强调新一代信息技术的应用和服务能力，满足社会经济生活需求，涉及基础软件、开发支撑软件、通用应用软件等领域。

参考图4-1所示的战略性新兴产业分类目录，结合广东省的实际和产业发展的态势，选择集成电路、互联网和智能终端三个产业。同时，广东根据中央“十三五”规划的指引，划分出新一代信息技术产业的主要范畴，见表4-1。

---

1　广东省人民政府办公厅．广东省人民政府办公厅关于印发广东省战略性新兴产业发展“十三五”规划的通知［EB/OL］.（2017-09-06）. http：//zwgk.gd.gov.cn/006939748/201709/t20170906_721337.html? from=timeline&isappinstalled=0.

2　国家统计局．战略性新兴产业分类（2012）（试行）［EB/OL］.（2013-10-31）. http：//www.stats.gov.cn/statsinfo/auto2073/201310/t20131031_450509.html.

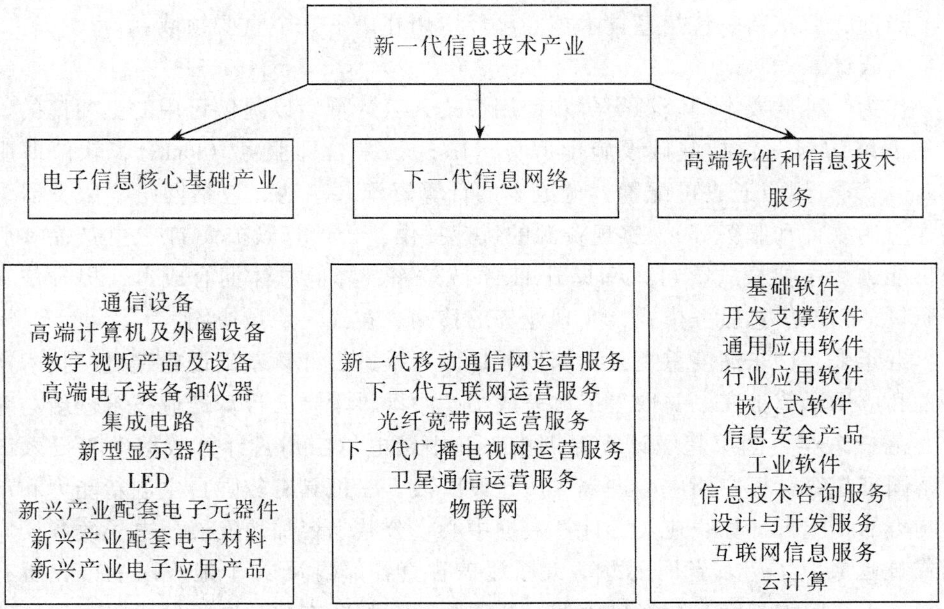


**图4-1《战略性新兴产业分类目录》**

**表4-1　　　　新一代信息技术产业范畴**

| 产业分类 | 产业概述 |
| --- | --- |
| 下一代通信网络 | 下一代通信网络以软交换为核心，能够提供包括语音、数据、视频和多媒体业务的基于分组技术的综合开放的网络架构，代表了通信网络发展的方向 |
| 物联网 | 物联网是通过射频识别（RFID）、红外感应器、全球定位系统、激光扫描器等信息传感设备，按约定的协议，把任何物品与互联网相连接，进行信息交换和通信，以实现对物品的智能化识别、定位、跟踪、监控和管理的一种网络 |
| 三网融合 | 三网融合是指电信网、计算机网和有线电视网三大网络通过技术改造，能够提供包括语音、数据、图像等综合多媒体的通信业务 |
| 新型平板显示 | 新型平板显示技术包含多个方面，不仅仅局限于显示技术本身<br>目前的关注热点主要有微型显示、立体显示、电子纸、LED背光、高端触摸屏和平板显示上游器材等 |
| 高性能集成电路 | 集成电路是现代信息产业和信息社会的基础，是改造和提升传统产业的核心技术 |
| 云计算 | 云计算的核心思想是将大量用网络连接的计算资源统一管理和调度，构成一个计算资源池向用户按需服务。提供资源的网络被称为“云” |

当前，广东新一代信息技术核心已经应用在以下几个重要领域：

1.云计算

作为一种低成本的资源交付和使用模式，云计算用以提供可用的、便捷的、按需的网络访问，包括基础设施即服务（IasS）、平台即服务（PaaS）、软件即服务（SaaS）等类型。通过可配置、低成本的计算资源共享池（包括网络、服务器、存储、应用软件和服务等），实现资源的快速提供。云计算以扩大IT公共产品和服务提供能力为主要模式，可大幅提升IT系统效率，降低总体拥有成本，提升信息服务质量，创新信息服务模式，实现业务的移动、在线、跨域协同。

近年来，广东高度重视云计算发展，大力推进云计算基础设施建设、技术产品研发和应用示范推广，并取得了显著成绩。中国科学院云计算产业技术创新与育成中心落户东莞，国家超级计算深圳中心和中国电信广州云计算数据中心投入试运行，国家超级计算广州中心进入实质建设阶段。一批具有较强自主创新能力和市场影响力的本土云计算企业及云计算数据中心、公共平台加快发展。电子政务云应用模式日趋成熟，广东省网上办事大厅覆盖省直各部门及21个地级以上市和所有县（区），正在向镇（街）和农村延伸。交通物流、教育文化、医疗健康等各领域的云计算应用方兴未艾。[1]不过，广东该领域的发展也存在一定短板。与云计算在全球范围迅猛发展的形势相比，广东还存在云计算基础设施不够完善、核心技术攻关有待加强、龙头企业引领效应不够明显等问题。

2.工业互联网

通过实现工业系统与高级计算、分析、感应技术以及互联网的连接融合，建立智能机器间连接以及人机连接，结合工业软件和大数据分析，重构工业形态，激发生产力。智能网络可实现互联机器网络的优化；系统级优化让员工能够提高效率并降低成本；智能决策让智能软件能够巩固机器和系统级的收益；持续学习成为更好地设计新产品和服务的关键。

眼下，广东珠三角地区正在进行一场以智能制造、数字经济为核心的产业革命。经过几年的自动化、信息化技术改造，广东将工业互联网创新应用作为制造业新一轮技术改造的“升级版”，推动工业企业“上云上平台”。实施“工业连接计划”两年来，中国电信广东分公司围绕网络化协同、个性化定制、服务化延伸和智能化生产四个场景打造开放、共享的工业互联网生态圈，帮助企业实现生产过程智能控制。据中国电信广东分公司介绍，广东电信与一家电子信息产业上市公司合作，每天对其5 000余台设备的25万余条运行数据进行实时采集和分析，帮助企业开展智能排产、远程诊断、节拍优化，实现提质增效。通过物联网技术，该上市公

1 广东省人民政府办公厅．广东省人民政府办公厅关于印发广东省云计算发展规划（2014—2020年）的通知［EB/OL］．(2014-04-14)．http://zwgk.gd.gov.cn/006939748/201404/t20140414_489818.html.

司机床综合效率提升约20%，也节约了其20%的生产管理成本和耗材。[1]业内人士认为，加速推广工业互联网不仅有利于促进传统产业优化升级，也有利于催生一批新业态、新模式，为中国制造“换道超车”提供了难得机遇。

### 3.大数据

将计算机技术与科学工程领域有机结合，实现各领域海量数据的获取、存储、管理、深度分析和可视化展现。从IT（信息技术）到DT（数据技术），大数据使组织具有更强的洞察发现力、流程优化能力和科学决策力，可充分利用海量、高增长率和多样化的信息资产。从大数据中可以发现新知识、新规律，让企业进行更准确的商业决策。通过大数据提供的更好服务，关联全量数据分析可提高商业价值。

广东省政府发布的《广东省促进大数据发展行动计划（2016—2020年）》提出，将建设高水平的大数据研究创新平台。支持企业联合高校及相关研究机构，建设一批大数据企业技术中心、工程（技术）研究中心、重点实验室和应用中心，开展大数据关键技术、解决方案等研究。广东省的目标是用5年左右时间，打造全国数据应用先导区和大数据创业创新集聚区，抢占数据产业发展高地，建成具有国际竞争力的国家大数据综合试验区。珠三角国家大数据综合试验区是全国首批确定的跨区域类综合试验区，实施范围为5.6万平方千米，涵盖珠三角9市，功能上形成“一区两核三带”总体布局。按照批复，珠三角要围绕落实国家区域战略，更注重数据要素流通，以数据流引领技术流、物质流、资金流和人才流，支撑跨区域公共服务、社会治理和产业转移，促进区域一体化发展。以政府数据为例，广东省政务信息资源共享平台联通68个省级部门和21个地市及佛山市顺德区，共享数据超50亿条。在产业数据方面，广东电子信息产业总产值接近3万亿元，规模约占全国四分之一，而云计算、物联网、大数据在制造业企业的应用率均超过20%，也沉淀了海量的产业数据资源。[2]

### 4.智能制造

通过先进传感、仪器、监测、控制和过程优化技术与实践的组合，将信息和通信技术与制造环境融合在一起，形成赛博物理系统（CPS），实现工厂和企业中能量、生产率和成本的实时管理：“动态感知”可全面感知企业、车间、设备的实时运行状态；“实时分析”可对获取的业务实时运行状态数据进行及时、快速的分析；“自主决策”可按照设定规则，根据数据分析结果，自主做出判断和选择；“精准执行”可执行决策，对设备状态、车间和生产线运行做出优化调整。

截至2018年，全省建成国家级、省级创新中心6个、智能制造试点示范项目

---

1　毛鑫，孟盈如．广东加快工业互联网布局［EB/OL］．（2018-03-23）．http：//www.xinhuanet.com/2018-03/23/c_1122582548.htm.

2　中国电子信息产业发展研究院软件产业所．中国大数据产业发展评估报告（2018年）［EB/OL］．（2018-04-18）．https：//www.sohu.com/a/228692303_468714.

80个、机器人制造产业基地6个、大数据产业园15个。全省国家级、省级两化融合贯标试点企业分别达150家、1 000家，省级“双创”示范大企业达10家，省级“互联网+”小镇达26个，其中国家级示范小镇1个，4K电视用户达800万户。至2021年，全省将建成省级制造业创新中心20个，基本建成省级智能制造示范基地10个，建成省级大数据产业园20个、工业云平台10个。全省国家级、省级两化融合贯标试点企业分别达350家、2 200家，省级“双创”示范大企业达20家，省级“互联网+”小镇达30个，其中国家级示范小镇3个，4K电视用户达2 000万户。[1]

总体来说，新一代信息技术在市场供给侧可以支持广东企业提供更多类型的产品、服务，创建新的业务形态，为广东企业提升质量和效益；在需求侧则可满足用户大规模个性化定制需求，支持人类对美好未来的向往。作为新兴的生产力工具，它在整个珠三角、港珠澳甚至整个广东省的价值链流动中起到无可替代的赋能作用。

### （二）生物产业

《“十三五”生物产业发展规划》将生物产业的重点领域分为七类：生物医药产业、生物医学工程、生物农业、生物制造产业、生物能源产业、生物环保产业以及生物服务产业。同时，生物产业也是21世纪最为活跃、影响最为深远的新兴产业，是广东乃至全中国战略性新兴产业的主攻方向，对于中国抢占新一轮科技革命和产业革命制高点，加快壮大新产业、发展新经济、培育新动能，建设“健康中国”具有重要意义。根据《“十三五”国家战略性新兴产业发展规划》，为加快推动生物产业成为国民经济的支柱产业，规划期限为2016—2020年。[2]

作为中国的南大门，广东依靠得天独厚的地理优势，不仅在经济总量上做出对全国经济增长的重要贡献和发挥支撑作用，在生物医药产业亦排在全国前列。“十二五”期间，广东省生物技术服务等主要生物产业竞争力位居全国前列，珠三角地区已经发展成为国内最重要的生物医药产业集聚区之一。自从广东实施《广东省战略性新兴产业发展“十二五”规划》以来，随着现代生命科学快速发展，以及生物技术与信息、材料、能源等技术加速融合，高通量测序、基因组编辑和生物信息分析等现代生物技术突破与产业化快速演进，生物经济正加速成为继信息经济之后新的经济形态，对人类生产生活产生深远影响。靶向药物、细胞治疗、基因检测、智能型医疗器械、可穿戴即时监测设备、远程医疗、健康大数据等新技术加速普及应用，智慧医疗、精准医疗正在改变着传统的疾病预防、检测、治疗模式，为提高人

1 唐珩．广东推进全国智能制造示范区建设 拟建20个省级制造业创新中心［EB/OL］．(2017-07-26)．http：//news.ycwb.com/2017-07/26/content_25273542.htm.

2 中华人民共和国国务院．国务院关于印发“十三五”国家战略性新兴产业发展规划的通知［EB/OL］．(2016-12-19)．http：//www.gov.cn/zhengce/content/2016-12/19/content_5150090.htm.

民群众健康质量提供了新的手段。

此外，广东在分子诊断设备和试剂、干细胞存储与治疗、中医药现代提取分离、海洋生物基因筛选等细分领域还实现了一批关键技术的突破，其中部分技术已在全球处于领先地位。数据显示，2017年广东省生物医药产业实现产值远超过3 000亿元。其中，医药制造业实现产值1 500亿元，医疗器械产业实现产值350亿元，基因检测产业呈爆发式增长，年均增长速度超过50%。[1]生物质能正在成为推动广东省能源生产消费革命的重要力量，一个基于碳素循环利用的绿色经济模式正在建立。

### 1.敢为天下先，深圳走在前

深圳是中国改革开放的窗口和试验田，生物产业发展同样处于全国前列。近年来，深圳生命健康产业以年均15%的增速快速发展，在生物医药和基因测序等领域的优势突出。此外，深圳市也通过政策指导、人才引进和培养、创新能力和提升等，大力支持生物医药产业的发展，建设国家生物医药产业基地、深圳国家高新技术产业创新中心、深圳国际生物谷等一批重要载体。深圳市建成了250家各类创新载体，其中国家级21家。生物产业创新能力得到显著提升，形成了一批各具特色和优势的细分领域，涌现出了迈瑞、海王生物、海普瑞、翰宇药业、华大基因、北科生物、微芯生物等一批具有国际竞争力和良好品牌知名度的创新型企业。截至2018年上半年，深圳拥有各类生物企业超过7 000家，注册资金超过400亿元，从业人数超过30万人，已形成了产业集聚发展的良好态势。[2]深圳政府出台的《深圳国际生物谷总体发展规划（2013—2020年）》，要求其国际生物谷要坚持“大科学引领、大数据支撑、大产业发展、大健康服务”理念，重点发展生命信息、生物医学工程、生物医药和高端医疗、生命健康服务、生物资源开发、生物环保与制造等领域，力争打造成为“国际领先的生物科技创新中心、全球知名的生物产业集聚基地”。国际生物谷的搭建意在使深圳生物产业参与更多的国际竞争，整合全球优质资源，成为深圳生物产业发展壮大的重要抓手之一。

### 2.布局决定格局，广州打造国际生物岛

未来广州也将打造属于自己的生命科学创新的核心载体、学术交流的中心平台、产业导入的桥头堡、高精尖医疗服务的体验地。以广州国际生物岛、中新广州知识城、广州科学城等核心平台为支撑，广州正跻身生物医药产业总体发展水平全国第一梯队，成为具有全球影响力的生物医药健康产业重镇，参与全球竞争。

广州国际生物岛正被培育成为吸引国际高端项目、人才落户的“磁极”之一。针对罕见病中占主要比重的单基因遗传性疾病的产前检测，入驻企业与基因测序巨

---

1　罗仕．广东生物产业发展迅猛　占广东新兴产业比重约10%［EB/OL］.（2017-07-03）. http：//news.ycwb.com/2017-07/03/content_25168607.htm.

2　ACMR.近五年深圳生物产业年均增速16%［EB/OL］.（2015-08-12）. https：//www.http：//newskj.org/kjcy/2015081222457.html.

头 Illumina 公司联手将 MiniSeq 测序仪普及到基层医院，助力中国罕见病的精准检测。同时，广州国际生物岛也在精准医学领域发力。2018 年 5 月 20 日，广东省（赛莱拉）区域细胞制备中心二期工程正式启动。全国政协委员、赛莱拉干细胞中心陈海佳董事长介绍，他们将建成一个可容纳千万份细胞安全储存的“超级细胞工厂”，让细胞实现“自动化生产”、“规模化制备”和“个性化定制”。[1]目前广州国际生物岛内集聚的企业已逐步形成了药物研发、干细胞与再生医学、精准医疗、医疗器械和大健康管理咨询五大支柱产业板块，并且着手建设了以官洲国际生物论坛为代表的专业交流交易平台，以广州中以生物产业孵化基地为代表的国际合作平台，华南生物材料快速通关平台，再生科学重点实验室等公共实验技术平台；揭牌了赛默飞精准医疗客户体验中心、安捷伦客户培训中心、广东再生医学与健康实验室；挂牌了冷泉港（广州）生物医药产业基金、冷泉港（广州）科技成果转化中心、绿叶生命科学集团华南总部、绿叶 · 新日本科学再生医学中心等项目。

未来广州国际生物岛将继续坚持高端、创新、国际化的发展定位，对岛内资源进行精细化、人性化、国际化管理。目前，生物岛规划建设科技研发区、高端制造区、企业总部功能区、公共服务中心、文化休闲功能区和配套服务功能区六大功能区。根据这一规划，在未来的招商上，广州国际生物岛将遵循“人才培养-科学研究-技术开发-中试孵化-规模生产-营销服务”等产业链条发展规律，重点突破招商，继续在引进生物产业总部型企业、研发中心、重大平台等方面下功夫，将生物产业制造与生产等环节延伸到周边园区。此外，广州国际生物岛还将创建国家“千人计划”生物医药创新创业示范园区，把生物岛打造成生物产业投资与交易中心、研发高地，建成世界一流的生物产业园区、生物产业创新的“硅谷”和生物经济的“华尔街”。

### （三）高端装备与新材料产业

高端装备制造业是以高端技术为引领，决定着整个产业链综合竞争力的战略性新兴产业。它是现代产业体系的脊梁，也是推动工业转型升级的引擎。而新材料则涉及领域广泛，一般指新出现的具有优异性能和特殊功能的材料，或是传统材料改进后性能明显提高和产生新功能的材料，主要包括新型功能材料、高性能结构材料和先进复合材料，其范围随着经济发展、科技进步、产业升级不断发生变化。为了顺应制造业智能化、绿色化、服务化、国际化发展趋势，广东将统筹研发、制造、应用等各环节，加快突破关键技术、材料和核心部件，积极推动重大装备与系统的工程化、产业化应用，建设覆盖研发设计、制造和技术服务的高端制造产业体系。目前，广东高端装备与新材料产业已经覆盖以下几个关键领域：

---

1　林嘉敏．广东“超级细胞工厂”或明年建成，将成中国首个干细胞药厂［EB/OL］．(2018-05-21)．http://news.southcn.com/gd/content/2018-05/21/content_181946531.htm.

## 1.高端化智能制造

广东将进一步推进高档数控机床与工业机器人、增材制造装备、智能传感与控制装备、智能检测与装配装备、智能物流与仓储装备等关键技术装备发展。加快突破工业机器人控制器、减速器等关键技术和核心零部件，推动人工智能与机器人技术深度融合。发展高精度数控机床、工作母机、高端仪器仪表等重大设备，鼓励建设智能化生产线、智能工厂，提升重大智能成套设备集成水平。加快研制智能型服务机器人，丰富产品类别，拓展应用领域。发展智能制造服务业新业态和智能产品，推动智能制造装备企业开展一体化增值服务，推进完善智能制造生态体系。

在该领域的发展，广东省佛山市走在全省前列。它试图打造全球创客新都市（如图4-2所示）。该项目包括大沥“全球创客小镇”、三山“香港城”、丰树国际创智园等子项目。其中，全球创客小镇是在沥桂片区打造一个以全球智能制造生产性服务业集聚区为核心，将工作、居住、休闲、购物、娱乐、学习等功能融合于一体的片区小镇。该项目规划土地3 000亩，投资超500亿元，总建筑面积550万平方米。[1]

图4-2　广东佛山全球创客新都市

（图片来源　阳桦．聚力一环创新圈建设全球创客新都市［N］．佛山日报，2018-3-12）

该项目将面向全球引进高档数控机床、金属制品、有色金属加工等重点领域核心技术，深化互联网在制造领域的应用，着力构建智能制造生产性服务业全产业链，提升南海制造业自动化、智能化水平。同时，项目还将打造全球领先的云数据孵化平台。

## 2.遥感卫星应用

广东将在先进卫星遥感、通信、导航技术方面加大投入，支持开发具有自主知识产权的北斗卫星导航芯片、北斗/GPS双系统兼容芯片和多模芯片、多模接收终端系统以及导航传感一体化核心部器件。支持发展高精度测量型天线、高性能导航基带、高分辨率传感器、高精度卫星定位/导航/测绘终端等产品。积极拓展北斗卫

1　李静，毛蕾．广东南海建设全球创客新都市　175个项目“招亲”［EB/OL］．（2018-03-31）．http://epaper.oeeee.com/epaper/K/html/2018-03/13/content_14194.htm.

星系统在应急、救灾、气象监测、通用航空、智能交通、能源电力、公安国防等领域的综合应用，推动卫星及应用产业链不断向上下游延伸。

由于广东多山地，地质灾害频发。利用遥感卫星数据，广东省地质测绘部门可更好地对地质灾害进行实时监测、预警预报。例如，当强台风过境广东时，通过遥感卫星，救灾人员15分钟就能获得广东省内泥石流、塌方、城市水浸数据，为应急救灾工作提供了巨大帮助。除此以外，通过遥感卫星，救灾人员还能查看灾前数据，对灾害原因进行分析，对灾后重建进行评估。2018年10月19日，广东省地质测绘院与中国资源卫星应用中心签订战略合作协议，资源卫星中心的5颗亚米级卫星能够在短时间内对全国乃至全球的任何一个区域进行应急观测3到4次。出现地质灾害后，监测人员可以迅速提取监控数据。而中低分辨率卫星可以同时收集800千米范围内的数据，每2天即可全国覆盖。[1]

### 3.海洋工程装备

广东将发展深海探测、资源开发利用、海上作业保障装备及其关键系统和专用设备，提升海洋工程装备集成化、智能化、模块化设计和制造能力。重点推进物探船、深水半潜平台、钻井船、浮式生产储卸装置、多功能海洋功能船等主力海洋工程装备系列化研发。加快突破钻井生产储卸装置、浮式液化天然气储存和再气化装置等新型海洋工程装备研发设计和建造技术。加强海洋工程用高性能发动机等关键配套系统和设备研发及产业化，提升专业化配套能力。

目前，广东在高栏港区（如图4-3所示）打造珠江西岸先进装备制造业产业带。

图4-3　高栏港区

（图片来源　珠海高栏港经济区．厉害了！2018年高栏港区重大项目有49项，总投资1 065亿元［N］．南方日报，2018-2-24）

2017年5月24日，文昌9-2/9-3/10-3项目300万安全工时暨中心组块完工出海

1　冯善书．遥感卫星相助，广东地质测绘也有了“天眼”［EB/OL］．(2018-10-19)．http：//kb.southcn.com/content/2018-10/19/content_183721241.htm.

仪式在中海福陆重工有限公司场地举行，该项目中心组块是在广东省内建造的最大海上采气平台，随后将从珠海拖航起运，赴目的地进行海上浮托安装，将与已经安装就位的文昌9-2/9-3/10-3项目中心导管架共同组成完整的油气平台。另外，自广东省政府将珠海定位为珠江西岸先进装备制造业产业带的龙头以来，高栏港区作为珠海珠江西岸先进装备制造的核心区域，一直致力于打造高端先进装备制造业集群。

4.新材料产业

根据《广东省先进制造业发展“十三五”规划》，新材料产业作为广东省先进制造业6大重点发展产业之一，对打造具有国际竞争力的世界先进制造业基地，引领全省制造业结构调整和转型升级，使广东省从制造业大省向制造业强省转变具有重要战略意义。

广东省不仅强调新材料技术向高性能化、多功能化、绿色化发展，而且积极推动基础材料制造和关键战略材料生产水平提升。基础材料包括：基础零部件用钢铁材料，高强铝合金、高强韧钛合金、镁合金等有色金属材料，高端聚烯烃、特种合成橡胶及工程塑料等化工材料，以及先进建筑材料、先进轻纺材料等，推进材料生产过程的智能化和绿色化改造。关键战略材料包括：高性能碳纤维、芳纶纤维等高性能纤维及复合材料，高性能永磁、高效发光、高端催化等稀土功能材料，宽禁带半导体材料和新型显示材料，可降解和可循环利用的节能环保材料，修复、维护人体各种组织和器官的生物医用材料，以及高端装备用特种合金、新型能源材料等，提高材料成品率和性能稳定性，实现产业化和规模应用，努力进入全球高端制造业供应体系。当前广东省政府着力打造以广州、深圳、佛山、中山、肇庆等市为重点的高性能复合材料产业基地，和以广州、湛江、韶关、阳江等市为重点的高端精品钢材生产基地。

## （四）绿色低碳产业

低碳产业是以低能耗低污染为基础的产业，涉及电力、交通、建筑、冶金、化工、石化等部门以及在可再生能源及新能源、煤的清洁高效利用、油气资源和煤层气的勘探开发、二氧化碳捕获与埋存等领域开发的有效控制温室气体排放的新技术。广东省长期致力于坚持绿色低碳发展理念，并将以绿色低碳技术创新和应用作为未来五年的工作重点，引导绿色消费，推广绿色产品，大幅提升新能源的应用比例。另外，“十三五”时期广东应对气候变化、推进低碳发展也有了全面蓝图。广东省政府于2017年正式印发《广东省“十三五”控制温室气体排放工作实施方案》，并提出到2020年单位地区生产总值二氧化碳排放（碳强度）比2015年下降20.5%、碳排放总量得到有效控制的目标，推动全省二氧化碳排放在全国率先达到峰值。[1]

绿色低碳产业、数字创意产业、旅游产业

1 广东省发展和改革委员会. 广东省“十三五”能源结构调整实施方案［EB/OL］.（2017-12-26）. http://zwgk.gd.gov.cn/006939756/201712/t20171226_738919.html.

事实上，珠三角对实现上述目标也有一定的基础。广州、深圳已加入中国11省市“率先达峰城市联盟”，并分别宣布在2020年和2022年达峰。中山市也对外提出2023年左右达峰。因此，广东在绿色低碳产业的重心将投向以下关键领域：

1.清洁能源领域

广东将加快发展先进核电、高效光电光热、大型风电、高效储能、分布式能源等，加速提升新能源产品经济性，推动绿色能源发展。依托核电项目建设，重点发展大型先进压水堆、高温气冷堆、快堆及后处理技术装备，提升关键零部件配套能力。重点开发大功率风电机组及关键零部件、风电场智能化开发与运维、海上风电场施工等领域关键技术与设备；加强新型高效低成本太阳能电池技术研发，大力开发太阳能集成应用技术，促进先进太阳能技术产品应用和发电成本快速下降。

广东省海洋资源禀赋得天独厚。据估算，广东省浅水区海上风电可开发容量超过1 000万千瓦，近海深水区海上风电可开发容量超过5 000万千瓦，这是一个巨大的市场。海上风电是绿色、清洁能源，几乎没有污染物排放。以2030年建成3 000万千瓦海上风电项目为例，替代相应规模的燃煤发电量相当于节约标准煤2 600万吨，相当于每年减少二氧化碳排放约6 900万吨，对促进节能减排具有重要作用。全省已有6个在建海上风电项目，总装机容量162万千瓦，包括珠海桂山项目一期、粤电阳江沙扒、中广核阳江南鹏岛、三峡阳江沙扒、中节能阳江南鹏岛、粤电湛江外罗。[1]图4-4为广东已经投入使用的海上风电装机。广东未来10年新增电力需求，都可由海上风电提供有效供给，不仅大大提升了广东电力自给率，且全部为清洁能源，有力地促进广东从传统能源消费大省向清洁能源产业强省转型。

图4-4　广东海上风电装机

（图片来源　黄进，吴哲．广东海上风电发展进入快车道：2020年装机超1200万千瓦［N］．南方日报，2018-04-08）

1　黄进，吴哲．2020年广东建设海上风电装机容量超1 200万千瓦［EB/OL］．（2018-04-09）．http：//www.xinhuanet.com/power/2018-04/09/c_129846202.htm.

### 2.新能源汽车领域

广东作为全国重要汽车生产基地，一直以来高度重视新能源汽车产业发展。早在2010年，广东便成立新能源汽车发展工作联席会议，指导和推动新能源汽车产业发展。2018年6月，广东出台了《广东省人民政府关于加快新能源汽车产业创新发展的意见》，加快新能源汽车产业创新发展，促进汽车产业向电动化、智能化方向战略转型，持续增强新能源汽车产业核心竞争力。[1]通过这一创新之举，广东新能源汽车产业目前已涵盖了整车生产、三电（电池、电机、电控）、其他零部件及关键材料等环节，初步建立了完整的产业体系。广东将全面提升新能源汽车整车性能与技术水平，重点推进纯电动汽车、插电式混合动力汽车、增程式电动汽车的研发及产业化，鼓励发展特种用途电动汽车、短途纯电动汽车。加速电动汽车智能化技术应用创新，发展智能自动驾驶汽车。有序推进燃料电池汽车研发与产业化。大力推进动力电池技术研发，着力突破电池成组和系统集成技术，超前布局研发下一代动力电池和新体系动力电池，构建具有全球竞争力的动力电池产业链。推动动力电池梯次利用，建立上下游企业联动的动力电池回收利用体系。加快推动高功率密度、高转化效率、高适用性、无线充电、移动充电等新型充换电技术及装备研发，加快推进智能交通网络建设。

目前，多家初创型新能源汽车企业在广东落地生根，广汽新能源、比亚迪、广汽比亚迪、珠海银隆、北汽福田等车企已经形成规模化生产；东风日产、广汽丰田等部分传统车企已经进入了新能源汽车量产阶段；一汽大众华南基地、广汽本田也进入了新能源汽车生产准备阶段。上下游供应链不断完善，核心技术逐级实现突破，基本形成了以广州、深圳为核心，珠三角为相关配套，带动粤东、粤西两翼发展的产业格局。

### 3.先进环保领域

广东将大力实施水、大气、土壤污染防治行动计划，加快环保产业与新一代信息技术、先进制造技术深度融合，推动提升主要污染物监测及防治技术装备能力，积极推广先进环保产品。集中突破高浓度工业废水、挥发性有机物、土壤农药残留、水体及土壤重金属污染等一批关键治理技术，加快形成成套装备、核心零部件及配套材料本地化生产能力。积极发展高效生物菌剂与生物制剂、高效低耗生物工艺与装备以及生物-物化优化组合集成系统。大力推广应用离子交换树脂、生物滤料及填料、高效活性炭等环保材料和环保药剂。推动在环境监测中应用卫星和物联网技术，提高环境监管智能化水平。发展环境修复服务，推广合同环境服务，支持开展环境污染第三方治理和环境综合治理托管服务。

---

1　广东省住房和城乡建设厅．广东省人民政府关于加快新能源汽车产业创新发展的意见［EB/OL］．（2018-06-13）．http：//zwgk.gd.gov.cn/006939748/201806/t20180613_769686.html.

4.资源循环回收领域

广东强调节约、集约、循环利用的原则，完善资源循环利用基础设施和再生资源回收网络体系，推广“互联网+回收”新模式，推动资源循环利用产业发展壮大。推动冶金渣、化工渣、赤泥、磷石膏等产业废弃物综合利用，加强对工业固体废弃物中战略性稀贵金属的回收利用。大力推动共伴生矿和尾矿综合利用，提高资源深度加工和综合利用水平。

广东还将提升“城市矿产”开发和低值废弃物利用水平，重点推进研发废弃太阳能光伏板、报废动力电池、废碳纤维材料、废节能灯等新型废弃物的资源化利用及无公害化处理技术。加强机械产品再制造无损检测、绿色高效清洗、自动化表面与体积修复等技术攻关和装备研发，发展再制造产业。鼓励开展农林废弃物资源化利用。支持碳捕集、利用和封存技术研发与应用，发展碳循环产业。鼓励开展资源循环利用第三方服务。

（五）数字创意产业

数字创意产业是高新技术与人类创意融合发展的成果，既是文化产业发展的新动能，也是国民经济发展的新动能。该产业是2016年在《“十三五”国家战略性新兴产业发展规划的通知》中提出来的概念，其中提到“到2020年，形成文化引领、技术先进、链条完整的数字创意产业发展格局”[1]。根据国家金融与发展实验室发布的《中国文化金融发展报告（2018）》，对数字创意产业发展格局的理解可以如图4-5所示：

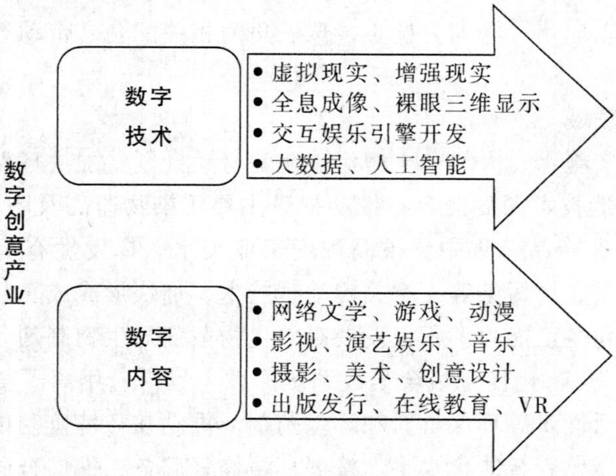


图4-5 数字创意产业发展格局

数字创意产业的特征可从两方面理解：一方面是数字技术，以虚拟现实、增强

1 广东省人民政府办公厅．广东省人民政府办公厅关于印发广东省战略性新兴产业发展“十三五”规划的通知［EB/OL］．（2017-09-06）．http：//zwgk.gd.gov.cn/006939748/201709/t20170906_721337.html.

现实、全息成像、裸眼三维图形显示（裸眼3D）、交互娱乐引擎开发、大数据、人工智能等数字技术为基础，以数字化、智能化、网络化的技术为支撑；另一方面是数字内容，包括网络文学、游戏、动漫、影视、演艺娱乐、音乐、摄影、美术、创意设计、出版发行、在线教育、VR等，构成了数字创意产业的内容内涵。为了贯彻"十三五"规划内容，广东将充分发挥其在大数据、物联网、人工智能技术等领域的技术优势，发展数字文化创意技术和装备，推动数字创意在电子商务、虚拟现实、医疗卫生、教育服务等领域的应用，培育更多新产品、新服务和多向交互融合的新型业态，形成数字创意产业无边界渗透格局。据了解，广东省2016年文化及相关产业增加值为4 256.63亿元，相关产业产值占全省地区生产总值比重达到5.26%，约占全国文化产业总量的1/7。[1]可以说，文化产业已成为广东国民经济重要的支柱性产业，广东省已经不再是人们印象中单纯的制造业大省，其文化产业大省的新形象呼之欲出。广东数字创意产业关键领域包括以下几个部分：

### 1.数字文化创意领域

广东不断积极跟随适应沉浸式体验、智能互动等趋势，加强内容和技术装备协同创新。加快虚拟现实、增强现实、全息成像、裸眼三维图形显示（裸眼3D）、交互娱乐引擎开发、文化资源数字化处理、互动影视等核心技术创新发展，加强大数据、物联网、人工智能等技术在数字文化创意创作生产领域的应用。研发具有自主知识产权的超感影院、混合现实娱乐、广播影视融合媒体制播等配套装备和平台，开拓消费新领域。充分挖掘岭南优秀文化资源，激发文化创意，适应互联网传播特点，创作优质、多样、个性化的数字创意内容产品。鼓励对艺术品、文化、非物质文化遗产等文化资源进行数字化转化和开发，促进优秀文化资源创造性转化。

截至2017年，广东数字出版总产值近2 000亿元，位居全国第一；动漫业总产值400亿元，占全国1/3强；网络音乐总产值约占全国的1/2，领跑全国；游戏业总收入1 345亿元，占全国总量的73.4%，占亚太地区的37.5%；游艺游戏设备生产和演艺设备制造产值占全国的4/5。未来广东将在这一基础上加大对数字创意产业的支持力度，继续释放政策红利，将其逐渐打造成广东全新的支柱产业。[2]

### 2.工业设计应用服务领域

广东持续积极推进设计服务与现代制造业、服务业、城乡建设、环境生态、文化创意等领域的协同创新。支持基于新技术、新工艺、新装备、新材料、新需求的工业设计应用研究，支持基于智能制造、制造业服务化的工业设计新标准和新模式。推动创意设计专业化、社会化发展，促进工业设计与企业战略、品牌深度融合，促进创新设计在产品设计、系统设计、工艺流程设计、商业模式和服务设计中的应用。支持建设基于互联网的3D打印创意社区，发展开源共享设计方案，探索

1 王忠耀．广东文化产业发展活力涌流［N］．光明日报，2018-05-10．
2 广东省工信部．广东已经出台多项措施推进发展数字创意产业［N］．经济参考报，2017-10-14．

个人工厂、社区工厂的商业化运作。提高城乡规划、建筑设计、景观设计和装饰设计水平，保持文化特色，提升文化品位。

工业设计对广东产业的带动优势非常明显。截至2017年年底，广东省工业设计对全省经济增长的贡献率约28%。在实施工业设计战略的各大企业中，已经有80%的企业开拓了新产品市场、70%的企业降低了产业生产的成本。各大制造类企业在工业设计领域中，在所获得的经济利润中，有40%的经济效益和25%的销售增长来自于工业设计。[1]特别是大型企业，设计研发的投入占到了整体销售经济效益的2.5%。这一数据体现出了工业设计在促进制造业转型升级中所具备的价值和意义。

#### 3.文化相关产业融合

广东将推动数字创意在电子商务、社交网络中的应用，发展虚拟现实购物、社交电商等营销新模式。推动数字创意在教育领域的应用，提升学习内容创意水平，加强数字文化教育产品开发和公共信息资源深度利用。加快创建健康服务大数据应用系统，实现医疗服务、医疗保障、健康管理、药品监管和综合管理等系统联网和信息共享。促进数字创意在展览展示、地理信息、公共管理、旅游以及三农等领域的集成应用。

2016年，数字创意产业首次被纳入国家战略性新兴产业发展规划，深圳、上海、北京等城市被联合国教科文组织命名为“设计之都”。

广东省深圳市是中国首个“设计之都”（如图4–6所示），已建立超越式发展格局，不仅在全国屹立潮头，而且已成为世界设计之都的核心成员。[2]目前，深圳市拥有各类工业设计机构逾6 000家，工业设计师及从业人员约15万人。深圳越来越多的企业不断加大设计创新投入，华为、飞亚达、光启、大疆创新、嘉兰图设计等龙头企业和机构，已设立了较大规模的设计中心。另外，动漫游戏是深圳发展创意内容产业的优势领域，以腾讯为例，腾讯不仅在游戏业市场份额占比近五成，并且其内容产业经过多年的布局，在动漫、影业、文学、电竞等领域也完成了深厚的积累。

### （六）战略性产业

战略性产业、农业产业

除了上述战略新兴产业之外，广东依旧坚持科学规划、前瞻布局，依托现有产业基础和创新能力，超前布局，发展空天海洋、未来网络、生命科学、核技术等战略性产业，加快颠覆性技术创新，抢占未来产业发展先机，把握未来产业发展主动权。

---

1 陈茂清．关于广东发展工业设计促进制造业转型升级现状分析与建议探讨［J］．科技风，2017（13）．

2 闻坤．深圳成为数字创意制造业城市典范［N］．深圳特区报，2018–11–16（6）．

图 4-6　广东深圳盐田国际创意港

（图片来源　国际在线. 老外看深圳："宽容失败"的设计之都［EB/OL］.（2012-06-27）. http: //news.qq.com/a/20120628/000782.htm）

### 1.空天海洋领域

广东将探索开展引力波等空间探测研究，提升深空探测、空间基础物理、空间利用等方面的研究能力，加快研制遥感、视频、高光谱、雷达等微小卫星，加快推进微小卫星空间应用，研发新一代无人机等新型航空装备，跟踪国际海洋技术和产业的发展方向，在天然气水合物（可燃冰）、深海矿产勘探与开发、海藻生物质能、海洋碳汇、海水综合利用、岛礁开发等领域，积极推进海洋资源综合利用关键技术研发和产业化应用。

在该领域，广东获得了喜人的成就。广东中山大学自主提出的"天琴计划"实施进入新阶段，空间引力波探测地面模拟装置重大科技基础设施在中山大学深圳校区建立，为中国的空间引力波探测提供了更完整的研究技术，让中国在空间领域有着更强的竞争力。中山大学作为广东省最好的大学之一，拥有更多的科研技术支持和创新能力。

同时，作为制造业大省，广东省齐聚中国民用无人机三大品牌——大疆、极飞和亿航，已成为中国无人机"智造"重要阵地。图 4-7 为广东制造的无人机应用于农业生产。它们均位于深圳、广州这样的粤港澳大湾区核心城市，仅深圳一座城市的产量就占据了全球民用小型无人机约 70% 的市场份额，300 多家无人机企业年销售额近 200 亿元；从深圳口岸出口的民用无人机占全国总量的 95% 以上。[1]

1　戴春晨. 无人机"三巨头"大疆、极飞和亿航集聚珠三角［EB/OL］.（2017-05-17）. https: //www.81uav.cn/uav-news/201705/17/24320.html.

图4-7　广东制造的无人机应用于农业生产

（图片来源　中国民用航空局综合司. 六省市试点"国补"植保无人机，单机补贴最高不超过3万元［EB/OL］.（2017-10-11）. http：//www.sohu.com/a/197578881_731542）

2.未来信息网络领域

广东将建设未来网络试验设施，解决未来网络和信息系统发展的科学技术问题，为空间网络、光网络和量子网络研究提供必要的实验验证条件。积极布局量子芯片、量子编程、量子软件以及相关材料和装置制备关键技术研发。加强类脑芯片、超导芯片、石墨烯存储等新原理组件研发，推进后摩尔定律时代微电子技术开发与应用。

在这个领域，深圳市再次走在了全国前列。首个国家重大科技基础设施项目——"未来网络试验设施"项目落户深圳市福田区，将针对互联网体系结构在可扩展性、安全性、实时性等方面的重大技术挑战，开展基础理论与组网核心机理等研究，以探索适合中国未来网络发展的技术路线和发展道路。值得注意的是，该项目将建设一个先进、开放、易使用、可持续发展的大规模通用未来网络试验设施，构建世界首个以链路层虚拟化为基础的深度虚拟网络，为架构灵活调整、资源弹性伸缩、流量全局调度、能力全面开放、运维智能高效的新一代信息基础设施建设提供基础理论和关键技术验证平台，能满足5G、虚拟现实等新业务、新应用的试验需求。

3.生命科学领域

广东将实施精准医学与干细胞重大科技专项研发方案，加快布局体细胞重编程技术研发，开发功能细胞获取新技术，构建基于干细胞与再生技术的医学新模式。依托国家基因库等重大平台，抓紧建立具有自主知识产权的基因编辑技术体系，推进基因编辑技术研发与应用。努力突破人工合成基因组、生物体系设计再造、人工生物调控等关键技术，加强合成生物技术研发与应用。

作为健康产业中的颠覆性创新技术，干细胞已被广泛应用于再生修复、抗衰老及精准医疗等领域，全民全生命周期健康保障迎来了新的曙光。2018年7月31日，广东医科大学与广州赛莱拉干细胞科技股份有限公司签署合作协议展开全面合作，共建产学研医联合体。双方将筹建广东省首家干细胞与精准医疗专科医院，共建人类资源队列样本库，共享科研平台，并开展干细胞临床研究工作及产品开发研究。[1]

4.核技术领域

广东将依托散裂中子源、加速器驱动嬗变研究装置、强流重离子加速器等重大科技基础设施，积极开展中子散射多学科研究、重离子前沿科学研究、核废料嬗变科学研究，持续推动核技术在工业、农业、医疗健康、环境保护、资源勘探、公共安全等领域应用。加快推动铅冷快堆、钍基熔盐堆等新核能系统试验验证和实验堆建设，加快开发新一代核能装备系统。

目前，广东建造的重离子加速器是用人工方法产生高速离子束流的装置，是探索基本相互作用、物质结构和宇宙演化的重要工具，也是研发关乎经济社会发展和国家安全的先进核技术的平台。为了探索原子核存在的极限和奇特结构、宇宙中从铁到铀元素的来源等重大前沿科学问题，中国科学院近代物理研究所提出建造重大科技基础设施——“强流重离子加速器装置”（High Intensity Heavy-ion Accelerator Facility，简称HIAF）。HIAF建设地址为广东省惠州市，申请国家投资16.2148亿元，建设周期7年。[2]

## （七）农业产业

改革开放40余年来，广东农业产业发展取得了巨大的成就。广东于2018年5月出台《中共广东省委广东省人民政府关于推进乡村振兴战略的实施意见》，明确指出要推进科技创新，构建现代农业产业体系、生产体系和经营体系，并提出了一系列战略性举措。目前，广东已经进入建设现代农业强省和实现农业现代化的重要时期，农业担负着为粤港澳大湾区以及广大人民群众提供安全、优质、鲜活农产品的重要任务。

“十二五”以来，广东农业现代化取得了长足发展，成为现代农业大省，以占全国约2%的耕地产出了约占全国6%的农业产值和10%的农业增加值。农产品进出口贸易总额为268.1亿美元、同比增长1.2%，其中出口总额为91.5亿美元、同比增长5.9%，多年稳居全国第3位。截至2017年初，育成农作物优良新品种203个，双季超级杂交稻年单产刷新了世界纪录，通过国家审定的畜禽新品种配

1 李秀婷. 广东省首家干细胞与精准医疗专科医院要来了［EB/OL］.（2018-08-02）. http://www.sohu.com/a/244872328_100116740.

2 中国科学院. HIAF工程概况［EB/OL］.（2017-01-22）. http://hiaf.impcas.ac.cn/article/detail-63.html.

套系31个，数量全国第一。

1.新型农业经营主体数量大幅增加

自2006年以来，广东省耕地流转规模不断加大，经济发展日趋活跃，农业经营单位等新型经营主体蓬勃发展。广东省第三次全国农业普查结果显示，根据2017年对2016年的统计数据，广东省农业经营户896.74万户，其中规模农业经营户15.88万户。农业经营单位8.08万个，农业经营单位数量较十年前增加了2.62倍。农业经营单位数量增加的主要原因是农民合作社数量大幅度增加，截至2017年初，全省以农业生产经营或服务为主的农民合作社数量达3万个，占农业经营单位的四成左右。分地区看，珠江三角洲和山区农业经营单位数量较多，分别占全省的30.9%和39.5%；东翼和西翼农业经营单位数量较少，分别占全省的7.6%和22.0%。[1]

2.农田水利设施不断完善

在过去的几个五年计划中，广东不断加大对农田水利建设的投资力度，农田水利设施不断完善，能正常使用的机电井、排灌站及能够使用的灌溉用水塘和水库数量不断增长。农田水利设施的不断完善使全省灌溉耕地面积不断增加。至2017年初，广东省灌溉耕地面积1 490.93千公顷，其中有喷灌、滴灌、渗灌设施的耕地面积161.80千公顷。全省有灌溉设施或水源、正常气候下灌溉耕地面积占全省实际耕种耕地面积的78.4%，有喷灌、滴灌、渗灌设施的耕地占灌溉耕地面积的10.9%。灌溉用水主要水源中，使用地表水的农户和农业生产单位占95.1%，使用地下水的占4.9%，而全国主要使用地表水的占69.5%，主要使用地下水的占30.5%，广东使用地表水的比重大大高于全国平均水平。

除了以上的农业发展成就之外，广东也在努力实施中央的乡村振兴战略。在广东，农业现代科学技术、现代生产方式正在改变着传统的种养方式，现代化的农业生产体系逐渐构建起来，形成广东特色农业产业。比如广东推动几万家企业经营休闲农业。2017年春节，广东佛山丹灶翰林湖农业公园（如图4-8所示）就吸引了近10万人次驾车游玩。[2]该公园2016年获得广东省农业厅的批准，成为广东省2016年一二三产业融合发展示范基地；2017年11月，它成为广东省首批农业公园。

作为广东省佛山市丹灶镇城市品质提升的重要项目，翰林湖农业公园以“耕读田园”为发展主题，将农业种养、农业观光和农业科普融为一体，形成“冬有桃李夏有荷，春有木棉秋有菊”的生态景象。它也渐渐成为农民的家园、市民的公园和游客的乐园。2017年9月，翰林湖农业公园荣获“2017亚洲都市景观奖”“城市公共空间优胜奖”第一名。由此可见，广东在特色农业发展方面走在了全国，甚至亚洲的前列。

---

1　广东省统计局．广东省第三次全国农业普查主要数据公报（第二号）［EB/OL］．(2018-02-02)．http：//www.gdstats.gov.cn/tjzl/tjgb/201801/t20180130_380160.html.

2　谭海琪．农业文明融入读书文化，南海丹灶翰林湖建设有新思路［N］．佛山日报，2017-12-15.

图 4-8　翰林湖农业公园

（图片来源　南海丹灶. 丹灶翰林湖为什么叫翰林湖？这是因为晴耕雨读…… [EB/OL]. (2018-01-30). https: //www.sohu.com/a/219875042_239251）

## （八）旅游产业

广东地处中国大陆最南端，位于南岭以南，南海之滨，地域广阔，历史悠久，具有丰富的自然和人文旅游资源。自改革开放以来，广东省是国内重要的旅游接待中心和旅游创汇中心，旅游业发展一直处于全国领先地位。根据国家旅游局数据，2017年广东省旅游总收入11 993亿元，同比增长14.95%；2017年旅游业增加值占广东全省地区生产总值比重达6.5%，旅游业综合贡献为15.1%，对社会就业综合贡献为19.5%，旅游及相关产业固定资产投资占全省同期全社会固定资产投资完成额的11.36%。同时，广东省旅行社由1 292家增加到2 128家，其中出境游组团社由151家增加到332家；[1] 截至2018年6月，广东省A级景区数量达到354家，其中5A级景区12个，4A级景区181个，3A级景区145个，2A级景区16个。[2]总体来说，广东旅游产业实现了产业融合与资源进一步整合，并形成多层次、全方位的“大旅游”发展格局，旅游投资进一步加快，国民经济的战略性支柱产业地位牢固确立。

此外，广东旅游业发展机遇还是很明显的。近年来，以互联网、物联网、云计算、大数据等为代表的现代信息技术飞速发展，旅游与信息化产业的融合进一步加快，“互联网+”在全国范围内全面推进，传统的旅游方式、旅游管理模式、旅游宣传推广方式、旅游业态正在发生颠覆性的变化，旅游电子商务、智慧旅游、虚拟

1　广州市旅游局. 广东省旅游业发展“十三五”规划 [EB/OL]. (2017-03-09). http: //zwgk.gd.gov.cn/006939748/201703/t20170309_695585.html.

2　佚名. 广东省旅游行业发展分析：三大一新构建新蓝图 [EB/OL]. (2018-11-13). http: //www.chyxx.com/industry/201811/691569.html.

旅游、数字酒店全面普及，将为广东旅游业创新发展增添新动力。

### 1.全域旅游

在地区篇已介绍了关于“十三五”期间，广东省旅游业发展围绕“一核、两带、三廊、五区”空间布局进行综合统筹规划。这标志着广东省从旅游大省向旅游强省转变，也是广东省正面临着的一个重要发展阶段。从“大”到“强”，意味着发展重点从数量到质量的转变，产品格局从“满天星星”到“众星拱月”的转换，地区格局从局部发达到全面发达的扩展，环境建设从建设景区环境到全面优化城乡环境的升级。

### 2.乡村旅游

广东省具有较丰富的乡村旅游资源，在粤港澳大湾区融合发展的大背景下，乡村旅游更加蒸蒸日上。截至2017年6月30日，在乡村旅游示范品牌的创建方面，广东共有24个创建单位开发了3A或4A级乡村旅游景点，49个创建单位打造了旅游特色镇（村），35个创建单位有休闲农业与乡村旅游示范县（镇、点），4个创建单位打造了中国乡村旅游创客示范基地，25个创建单位正在制定或出台了乡村民宿管理政策措施，48个创建单位积极打造了乡村旅游特色产品。[1]广东省乡村旅游有许多不同供给内容，见表4-2。

表4-2　乡村旅游种类

| 类型 | 细分类型 | 内容 |
| --- | --- | --- |
| 乡村体验类 | 农家乐 | 农家，农庄，庄园，烧烤，山庄 |
| | 农场 | 农场，农艺，农业，农科，农趣 |
| | 采摘果园、菜园 | 果蔬，草莓，葡萄，果园，采摘 |
| | 生态风光 | 森林，山地，峡谷，湿地，温泉，河流 |
| 生态类 | 田园风光 | 花卉，花田，花海，田园，樱花，茶田，梯田，谷田，油菜花 |
| | 乡村公园 | 公园 |
| | 古村古镇 | 古村，古镇，古建筑，原住民 |
| | 民俗村 | 节庆，民俗，风情 |
| 文化类 | 特色村镇 | 村，镇 |
| | 文创/艺术博物馆 | 小洲，博物馆，文创馆 |
| | 古驿道 | |
| | 绿道 | 徒步，骑行 |
| 户外活动类 | 漂流 | |
| | 户外基地 | 徒步，骑行，登山，垂钓，攀岩，潜水，露营，踏青，野趣 |
| 健康养生类 | | 度假，温泉，康养，养生，中医药，康复，疗养 |
| 红色文化类 | | 纪念馆，纪念碑，遗址，根据地 |

（资料来源　根据前瞻产业研究院提供资料整理）

1　佚名．广东省旅游行业发展分析：三大一新构建新蓝图［EB/OL］．（2018-11-13）．http://www.chyxx.com/industry/201811/691569.html.

2018年，广东旅游产业日趋完善，主题更加鲜明，“粤美乡村、魅力都市、风情岭南、毓秀山水、食在广东、康养胜地”六大主题旅游产品体系基本建成。旅游是产业间的黏合剂、催化剂，广东省内文化、体育、教育、农业、园林、水利等资源都可以通过旅游这一产业连接起来。因此，产业融合的理念为广东旅游行业提供了一个全新的思路：构建一个完善的旅游产业体系，从而满足游客和市民多元化、个性化的旅游需求，达到提升人民生活品质的目的。

## 四、广东省战略性新兴产业发展促进产业集聚

广东省战略性新兴产业发展“十三五”规划要求：实施珠三角地区优化发展和粤东西北地区振兴发展两大战略，根据各地产业发展基础和创新资源优势，坚持因地制宜、因业布局、因时施策，突出战略性、前瞻性，加快形成点面结合、优势互补、错位发展、协调共享的新兴产业发展格局。

### （一）建设战略性新兴产业策源地

广东省将抓住推进全面创新改革试验和建设珠三角国家自主创新示范区的契机，加快要素资源集聚，支持创新资源富集的城市形成以扩散知识技术为主要特征的新兴产业策源地，增强新兴产业自主发展能力。深入推进全面创新改革试验，加快完善科技管理体制、人才流动机制、科技成果转化机制，增强市场主体创新活力。支持建设一批国际一流的高水平大学和科研机构，着重发展特色学科、优势学科，强化重点领域基础研究，加强新兴产业原始创新能力，加快突破新兴产业领域关键核心技术。加快重大科技基础设施建设，支持建设一批新兴产业创新中心、制造业创新中心和技术创新中心，加快推进企业设立高水平研发平台，推进新一代信息技术、智能制造、生物医药、新材料等领域原创性、颠覆性、支撑性、关键性技术开发。深化政产学研检合作，完善合作机制，加强协同创新平台建设，打造一批政产学研检协同创新的创业创新高地。

### （二）优化新兴产业区域协同发展格局

广东省将立足各地区战略性新兴产业发展基础，发挥比较优势，促进生产要素合理流动和创新资源优化配置，推动形成新兴产业协同发展格局。依托广州和深圳创新资源集聚、科技金融活跃、产业基础扎实等优势，充分发挥中心城市对广东省战略性新兴产业发展的引领作用。强化珠三角地区对广东省战略性新兴产业发展的支撑作用，着力促进珠三角地区新型平板显示、智能制造、生物医药等产业集聚创新发展，提高珠江东岸电子信息产业和珠江西岸先进装备制造产业综合竞争力，努力将珠三角地区建设成为全球重要的战略性新兴产业集聚区。充分发挥珠三角地区在人才、技术、产业等方面对粤东西北地区的辐射带动作用，支持粤东西北地区在先进基础材料、生物育种、海洋生物、资源综合利用等领域实现跨越式发展。推进

珠三角与粤东西北地区区域新兴产业功能性合作，促进珠三角城市间、珠三角经济圈间、珠三角与粤东西北地区间实现优势互补良性互动发展。

### （三）培育战略性新兴产业集群

广东省战略性新兴产业发展离不开对高新技术产业开发区、高技术产业基地、战略性新兴产业基地和各地特色产业园区现有基础的依托，因此应着力培育一批特色优势产业集群，不断增强产业集群在产业规模、技术水平、创新要素等方面的集聚效应和领先优势，推动形成各具特色的战略性新兴产业发展集聚区。依托珠三角地区尤其是珠江东岸地区电子信息产业发展基础，进一步增强新一代通信、新型显示、新型电子元器件等产业集群竞争力，培育形成物联网、卫星导航、移动互联网等新兴产业集群。依托珠江西岸地区的先进制造业尤其是装备制造业发展基础，发展壮大智能制造、航空、轨道交通、海洋工程装备、新能源等产业集群。依托珠三角中心城市，培育形成基因检测、基因工程药物、高端疫苗、生物育种等细分领域产业集群。依托粤东西北地区传统制造、海洋、农业等产业基础，培育壮大金属新材料、海洋生物、资源综合利用等产业集群。依托工业设计和文化创意产业基础，推动形成以数字文化创意技术和装备为载体，以数字文化创意内容为表现形式的数字创意产业集群。

## 五、广东省战略性新兴产业发展需要完善体制机制和政策体系

为了深入实施创新驱动发展战略，广东省将系统性推进全面创新改革试验，推进重点领域和关键环节改革，加速集聚知识、技术、资金、人才等创新要素，营造有利于战略性新兴产业发展的生态环境。

### （一）优化新兴产业管理模式

广东省将加快推进适应新产业、新业态、新模式发展需要的制度建设，破除阻碍新兴产业发展的体制机制障碍，为战略性新兴产业发展创造宽松的制度环境。同时，广东省还需要加快转变政府职能，按照简政放权、放管结合、优化服务的改革要求，加大行政审批改革力度，进一步向各地市下放省级管理权限。深化商事制度改革，深入推进市场准入负面清单试点工作，充分发挥市场在资源配置中的决定性作用，由市场选择新兴产业的技术方向，更好发挥企业作为技术创新、产品创新的主体作用。推行“互联网+”经济政策创新，探索在医疗健康、教育、金融、交通等领域开展“互联网+”政策创新试点，破除传统管理理念方式制约，逐步完善有利于新产业、新业态、新模式发展的制度规则和管理机制。

另外，广东省将深化科技体制改革。推动政府科技管理方式从以项目管理为主向以创新治理为主转变，改革科研项目审批制度和政府科技资金投入配置办法，健

全对新兴产业基础和共性技术研究的支持机制，深化科研机构体制改革，完善科技成果转化机制和创新评价制度，完善科研人员激励政策，建立面向市场需求、产学研紧密结合、灵活高效的科研体制，为新兴产业发展提供科技支撑。并且，广东省将致力于加强知识产权保护与运用。引导社会主体实施知识产权管理国家标准，加强高价值知识产权创造和前瞻性战略性布局，加快构建新兴产业专利池，努力提升专利质量。培育发展一批产业知识产权联盟，组织开展重点产业专利分析和预警，引导产业创新发展。完善知识产权快速维权机制，健全知识产权信用监管体系，积极探索新业态新模式创新成果保护机制。完善知识产权市场交易规则和机制，建设覆盖粤港澳、连通海内外的知识产权交易平台。推广知识产权质押融资，探索开展知识产权证券化试点，完善知识产权运营体系。

### （二）完善产业技术创新体系

广东省战略性新兴产业发展将围绕产业链部署创新链，推进构建以企业为主体、政产学研用结合的新兴产业技术创新体系，夯实战略性新兴产业创新能力支撑体系，强化重大科技基础设施建设。加快推进散裂中子源、加速器驱动嬗变系统研究装置和强流离子加速器装置、国家基因库二期、国家超级计算中心等国家重大科技基础设施建设。启动实施省重大科技基础设施建设计划，将广东省建设成为国家重大科技基础设施的重要集聚区。争取国家在广东省布局建设综合性国家科学中心。依托重大科技基础设施，开展前沿技术研究，带动提升民用非动力核技术、生物医药、生物医学工程、新材料、节能环保等新兴产业创新能力。

广东省将在未来几年内组织实施重大科技专项。在计算与通信集成芯片、移动互联关键技术与器件、云计算与大数据管理技术、智能机器人、新能源汽车电池及动力系统、增材制造（3D打印）技术、新型印刷显示技术与材料、第三代半导体材料与器件、精准医学与干细胞、无人智能技术等领域实施重大科技专项，加快突破一批产业关键核心技术，培育一批新兴产业技术创新源。

广东省将加强重大创新平台建设。围绕新兴产业重点领域，探索企业主导、院校协作、多元投资、成果分享的新模式，整合产业链上下游创新资源，建设一批国家级和省级制造业创新中心、新兴产业创新中心和技术创新中心，增强新兴产业集成创新、协同创新能力。加强国家和省级重大创新平台建设，加大新型研发机构培育和支持力度，完善一批产业技术创新服务平台，着力补齐开放型区域产业创新体系短板。鼓励骨干企业牵头组建产业技术创新联盟，建立产学研用协同创新平台。

广东省将打造创新创业示范基地。加快推进实施省新兴产业“双创”示范基地三年行动计划，打造一批创新创业要素集聚、服务专业、布局优化的创新创业平台，不断激发创新创业动力和活力。实施科技企业孵化器倍增计划，依托高新区、专业镇、大学科技园、产学研结合示范基地等创新载体，以培育战略性新兴产业源头企业和企业家为目标，加快构建“众创空间＋孵化器＋加速器”科技创业孵化链，提高孵化器的科技创新成果转化率和在孵企业毕业率。

广东省将全面提升企业创新能力。围绕提升企业创新能力和竞争力，完善培育创新型企业的配套政策措施，引导创新要素向企业集聚，加快培育创新型领军企业，扶持发展各领域骨干企业，支持发展专精特新企业，培育形成规模较大、国际竞争力较强的战略性新兴产业创新型企业集群。实施新兴产业创新企业百强工程，重点培育核心技术突出、集成创新能力强、引领重要产业发展的创新型企业，推动形成一批有全球影响力的创新领军企业。继续实施战略性新兴产业骨干企业培育计划，着力培育专精特新中小创新型企业。

广东省将深入实施技术标准战略。实施战略性新兴产业标准体系规划与路线图，支持企业参与或主导国际标准、国家标准、行业标准和地方标准的制（修）订，及时将先进技术转化为标准，促进技术创新、标准研制与产业化协调发展。组织实施标准和质量提升工程。推进省内国家级和省级新兴产业领域计量测试中心、质检中心、质量控制与技术评价公共服务平台等公共平台建设，推动相关公共服务平台开放共享。成立战略性新兴产业计量科技创新联盟。

### （三）推动创新成果转化应用

广东省“十三五”规划要求不断完善创新成果转化机制，加强重大科技成果转化应用支持力度，促进科技成果在广东有效转化。因此，广东省将完善科技成果转化机制。加快完善科技成果、知识产权归属和利益分享机制，提高骨干团队、主要发明人成果转化收益比例。开展经营性领域技术入股改革试点。探索建立符合科技成果特点和转化规律的管理新模式，破除制约科技成果转化的制度性障碍，打通科技成果向现实生产力转化的通道。

同时，广东省政府将组织实施重大科技成果转化专项。依托国家高技术产业基地和省级战略性新兴产业基地建设，围绕新一代超高速无线局域网、先进高分子材料、新型显示、新能源汽车等领域，推动一批关键核心技术和产品实现产业化；依托国家高技术产业基地和省级战略性新兴产业基地，打造20个左右特色鲜明、大中小企业协同发展的优势产业集群和特色产业链。

不仅如此，广东省还将推动新技术新产品示范应用。推动落实国家关于加大创新产品和服务的政府采购政策，试行创新产品与服务远期约定政府购买制度。完善首台（套）重大技术装备推广示范应用政策，开展国内首台（套）重大技术装备保险补偿机制试点。运用政府和社会资本合作（PPP）模式，引导社会资本参与重大工程建设，推进创新产品的研发和规模化应用。探索建立创新药物进入医保目录的绿色通道。依托珠三角国家大数据综合试验区、基因检测技术应用示范中心等国家级试点示范工程，加快推动大数据、云计算、基因检测等领域创新成果转化应用。

新兴产业军民深度融合也将成为广东未来的重要发展方向。建立广东国防科技工业技术成果产业化应用推广中心，推动军民两用技术互融互通和成果转化运用，积极促进海洋工程装备、新材料和新能源、军工电子信息、航空航天和空间信息技术、无人智能装备等领域军用技术向广东民用领域转移转化。推进军工企业与民用企业深度合作，培育壮大一批具有专精特色的“民参军”企业，打造一批军民融合示范基地，促进战略性新兴产业发展与国防工业良性互动。

### （四）强化产业发展人才支撑

广东省“十三五”规划指明了深化人才发展体制机制改革和政策创新的方向，要求加速集聚掌握核心技术、引领产业发展的高端人才，强化利益激励机制，最大限度激发创新活力和创造潜能。

广东省将优化高层次人才引进政策。落实公安部关于支持广东创新驱动发展和自由贸易试验区建设的出入境政策。争取国家给予更加开放便利的出入境政策，探索开展技术移民制度、海外人才永久居留、出入境便利服务等试点，营造引进高层次人才的政策环境，从更大范围引进高层次人才，深化人才发展体制机制改革和政策创新，建立具有国际竞争力的人才发展环境。

并且，广东省不断加快引进高层次人才，深入实施“珠江人才计划”“海外青年引进计划（博士后资助项目）”等，针对广东战略性新兴产业重点领域发展需要，加大海外创新科研团队和高层次领军人才的引进力度，“靶向”弥补产业技术短板。鼓励柔性使用海外人才，支持有条件的地市建设海外人才离岸创新创业基地，充分发挥国（境）外人才的作用。支持广东企业在国（境）外设立研发中心、分支机构、孵化载体，就地吸引和使用人才。另外，全省将培养更大批的创新型人才。实施“广东特支计划”，大力培养一批本土高层次人才。深入推进高水平大学和高水平理工科大学建设，深化高校创新创业教育改革，在学位授权、研究生招生政策、人才和产学研合作平台等方面加大改革力度，加大战略性新兴产业重点领域人才培养力度。开展校企联合培养试点，推进高职院校与企业合作举办二级学院，开展现代学徒制试点。进一步推进中外合作办学，引进世界知名大学到广东办学，建设一批与港澳台地区合作办学项目，以及若干专业化、开放式、国际化特色学院，高起点培养新兴产业创新型人才。

为了更好地完善人才激励保障机制，广东省更将进一步深化职称制度改革，有序下放职称评审权限，推动高等学校、科研院所、新型研发机构、国有企业、高新技术企业、大型骨干企业自主评审。这要求广东鼓励科技人员离岗创业，支持科技人员创业兼职。大力推进“扬帆计划”，扶持粤东西北地区引进培养紧缺拔尖人才。推行人才“优粤卡”服务，实施人才安居工程，为高层次人才在粤工作生活提供良好配套服务。

### （五）积极拓展新兴产业开放合作

广东省将实施更加积极主动、互利共赢的对外开放战略，抓住“一带一路”建设契机，构建战略性新兴产业合作新机制，拓展开放发展新路径，打造创新发展新优势。一方面，深化粤港澳新兴产业合作成为新的发展方向。发挥毗邻港澳的优势，探索更加开放的创新政策、更加灵活的合作模式，深入推进建设粤港澳创新圈，打造粤港澳大湾区。积极承接和孵化港澳新兴产业科技项目，推动粤港澳合作共建科技成果转化和国际技术转让平台，推进粤港科技创新走廊、深港创新圈建设，联合港澳设立产学研创新联盟，在生物医药、智能制造、高端电子信息等领域加强产业技术合作。另一方面，广东省会稳步实施国际科技合作提升计划，积极参与国际科技合作计划、国际大科学计划和大科学工程，承担和组织国际重大科技合作项目，增强在基础研究和重大全球性问题等新兴产业领域的科技创新能力。鼓励境外投资者来粤设立研发机构，引导其在粤建设战略性新兴产业大区域研发中心或国际科技创新中心，并引导外资研发机构参与广东科技计划项目。依托中以合作产业园、中德金属生态城、佛山中德工业服务区、广州中乌巴顿焊接研究院、中德（中山）生物医药产业园、汕头中欧区域合作试点等重大国际合作创新平台，探索建设一批国际联合创新中心或国际产学研创新联盟。最重要的是，广东省将实施新兴产业国际合作计划，支持本土企业引进先进技术和设备，鼓励企业开展参股并购、联合研发、专利交叉许可等方面的国际合作，支持有条件的骨干高新技术企业加快布局建设一批海外研发机构，充分利用全球创新资源。推动新兴产业国际产能合作，支持广东轨道交通装备、航空装备、海洋工程装备等领域新兴产业企业与“一带一路”沿线国家和地区加强重大项目合作，推动高端制造业产能输出，带动轨道交通、船舶、网络通信等优质装备和产品输出。

### （六）完善投融资政策体系

广东将积极运用政策性金融工具和市场化手段，发挥财政资金引导作用，创新投融资方式，多渠道增加新兴产业发展投入，实现对新兴产业创新过程的全覆盖。加大普惠性财税政策支持力度。进一步优化研发准备金、科技创新券等政策设计，推行更加普惠的产业扶持政策，强化需求侧政策对新兴产业发展的引导和推动作用。积极争取国家加大对广东在研发费用加计扣除税收优惠等方面的支持力度，引导企业加大研发投入。

广东省将优化财政资金引导投入方式。充分发挥省科技创新基金作用，优化基金运作模式，完善向社会资本适度让利的基金收益分配机制，吸引社会资本联合设立一批新兴产业创业投资基金，加大对战略性新兴产业种子期、初创期和早中期创新型企业的支持力度。发挥现有装备制造、集成电路等产业发展基金作用，引导社会资本投向战略性新兴产业重大项目，拓宽新兴产业直接融资渠道。积极发展创业投资，培育多元创业投资主体，多渠道拓宽创业投资资金。推进创业板改革创新，充分发挥创业板对战略性新兴产业企业融资的重要平台作用。推动建立区域性股权交易市场与全国中小企业股份转让系统的转板机制。支持符合条件的企业发行战略性新兴产业专项债券、"双创"孵化债券等创新品种融资。充分发挥国家和省专项建设基金作用，引导金融机构加大对战略性新兴产业融资支持力度。

同时，广东省还将加强金融产品和服务创新。鼓励金融机构开发针对战略性新兴产业企业的集合债券、集合票据等信贷产品。在珠三角地区全面开展全国专利保险试点，常态化开展专利执行保险、侵犯专利权责任保险，探索知识产权综合责任保险、知识产权海外侵权责任保险、发明专利授权保险和专利代理人执业保险等专利保险新险种。开展科技、金融、产业融合创新发展试验，鼓励金融机构创新产品和服务，支持设立科技支行、科技小额贷款公司等金融机构或组织。鼓励符合条件的银行业金融机构在依法合规、风险可控的前提下，探索开展投贷联动试点，与创业投资、股权投资机构实现投贷联动，加大对新兴产业领域创新型企业的金融支持力度。

## 阅读拓展

### 广东省建设全国首批"中国制造2025"试点示范城市群

珠江西岸制造业到2025年要达到与德国制造业"同场竞技、同步赛跑"的水平！该区域要成为具有世界影响力和国际竞争力的制造业基地、创新中心。这是记者从3月30日召开的2017年广东省推进"珠江西岸先进装备制造产业带"建设联席会议获悉的。副省长袁宝成出席会议并讲话。袁宝成强调，珠江西岸六市一区、韶关市、云浮市和省直有关部门要认真贯彻落实胡春华书记在珠江西岸先进装备制造产业带建设工作会议上的讲话精神，加大工作推进力度，严格落实目标责任制，以"钉钉子"的精神扎实推进珠江西岸先进装备制造产业带建设各项工作。

联席会议上印发了《珠江西岸"六市一区"创建"中国制造2025"试点示范城市群实施方案》(审议稿)，提出力争到2025年，珠江西岸地区制造业发展水平进入全球制造业"第二梯队"，达到与德国制造业"同场竞技、同步赛跑"的水平，成为具有世界影响力和国际竞争力的制造业基地、创新中心，为全国制造业转型升级提供先行先试的成功经验。

根据该实施方案计划，到2019年，“六市一区”规模以上工业增加值达11 660.36亿元，制造业高新技术企业增速从2017年起连续3年每年增长15%，装备制造业投资额年均增长20%。届时，针对投资超1亿元的装备制造项目，要新引进800个，推进700个开工和470个投产。

从现在到2025年，珠江西岸将优先发展先进装备制造业、大力发展战略性新兴产业等。其中珠海、佛山、中山、顺德区将重点打造国内领先的智能制造装备基地；以佛山为核心，发展整车制造；以中山为核心，发展新能源装备。

工信部2016年开展“中国制造2025”试点示范城市群申报，计划3至5年后在全国率先建立一批新型制造业强市和强区，探索具有推广意义的制造业转型路径。当年9月，珠江西岸“六市一区”成为首批示范城市群之一。

“六市一区”是指珠海、佛山、中山、江门、阳江、肇庆及顺德区。广东省2014年围绕上述“六市一区”打造“珠江西岸先进装备制造业产业带”，并申报“中国制造2025”试点示范城市群。2016年以来，韶关、云浮相继加入该产业带。

（资料来源　广东省建设全国首批“中国制造2025”试点示范城市群［N］. 南方日报，2017-03-31.）

## 学习成果

### 主要概念和观念

主要概念

广东省战略性新兴产业发展“十三五”规划　新一代信息技术产业　生物产业　高端装备与新材料产业　绿色低碳产业　数字创意产业　战略性产业　农业产业　旅游产业

主要观念

★ 战略性新兴产业代表新一轮科技革命和产业变革的方向，是培育发展新动能，获取未来竞争新优势的关键领域。

★ 广东省战略性新兴产业在“十二五”时期取得长足进展的同时，仍面临着整体创新水平不高，发展层次有待提升，高性能芯片、基因工程等关键核心技术竞争力不足，高端智能制造装备以及制造业所需关键原材料仍需大量依赖进口等挑战。

★ 广东省战略性新兴产业发展重点是：新一代信息技术产业、生物产业、高端装备与新材料产业、绿色低碳产业、数字创意产业和战略性产业。

★ 广东省战略性新兴产业发展“十三五”规划要求：将实施珠三角地区优化发展和粤东、粤西、粤北地区振兴发展两大战略。

★ 广东将系统性推进全面营造有利于战略性新兴产业发展的生态环境。

## 实务自测题

1.从广东省人民政府相关的网站或报刊中阅读并搜索，对比分析广东在“十二五”规划中和“十三五”规划中对产业发展的规划方向的异同；

2.分析广东省战略性新兴产业发展规划中哪些行业的发展与“中国制造2025”战略相辅相成，为什么广东具备该类产业的发展基础？

## 成果形式

实训课业：结合广东省政府相关网站信息，以PPT形式分析广东省战略性新兴产业发展“十三五”规划的总体框架以及体系。

## 学习成果考核

本模块的学习成果考核见表4-3。

表4-3　“广东商业环境分析产业篇”学习成果考核参考表

| 评估指标 | 评估标准 | 评价成绩（分） |
|---|---|---|
| 自我学习（20%） | 在确定长期学习目标时，能根据各种信息和资源确定要实现的多个目标及途径，明确可能影响计划实现的因素，确认实现目标的时限，制定行动要点和时间表，预计困难和变化；在实施学习计划时，能保证重点、调整落实、处理困难、选择方法，通过复杂的课程和技能训练提高工作能力；在检查学习进度和成果时，能汇总学习成果、成功经验和已实现的目标，证明新学到的东西能有效运用于新选择的职业或工作任务中 | |
| 信息处理（15%） | 在获取信息时，能分析复杂工作任务，比较不同信息来源的优势和限制条件，选择适当技术发现和搜寻信息；在开发信息时，能辨别信息真伪，定性核校、分析综合、解读与验证资料，建立较大规模的数据库，用计算机生成新的信息；在展示信息时，能用新闻方式发布、平面方式展示、网络技术传递，能利用信息预测趋势、进行新的设计，能收集信息并反馈，评估使用效果 | |

续表

| 评估指标 | 评估标准 | 评价成绩（分） |
| --- | --- | --- |
| 数字应用（10%） | 在解读数据信息时，能组织大型数据采集活动，通过调查和实验获取、整理与加工数据；在进行数据计算时，能从事多步骤的复杂计算，并统计与分析数据；在展示和使用数据信息时，能选择合适的方法阐明和比较计算结果，检查并论证其合理性，设计并绘制图表，根据结果做出推论，说明和指导工作 | |
| 与人交流（10%） | 在交谈讨论中，始终把握会议主题，认真聆听他人讲话内容并进行交流；主持会议或会谈，全面准确表述复杂事件或观点；在当众讲演时，能为讲演做准备，把握讲演的内容、方式，借助各种手段强化主题；在阅读和获取资料时，能为一个问题或课题找到相关资料，看懂资料的思路、要点、价值和问题，分析、筛选和利用资料表达主题；在书面表达时，能熟悉专业文书、把握基本要求，组织利用素材、说明内容要点，掌握写作技巧、恰当表达主题，采用适当风格、增强说服力 | |
| 与人合作（10%） | 在调整合作目标时，能发现各方问题，协调利益关系，进行有效沟通，调整合作计划与工作顺序；在控制合作进程时，能整合协调各方资源，妥善处理矛盾，排除消极因素，激发工作热情；在达到合作目标的过程中，能及时全面检查工作成效，不断改善合作方式 | |
| 解决问题（20%） | 在揭示复杂问题和提出问题的对策时，能分析探讨问题的实质，提出解决问题的最优方案，并证明这种方案的合理性；在制订计划、实施解决办法时，能制订并实施获得认可的详细计划与方案，并能在实施中寻求信息反馈，评估进度；在检查问题、分析结果时，能选择有效检查方法，分析总结、提出解决同类问题的建议与方案 | |
| 革新创新（15%） | 在提出创新意见时，能客观分析事物发展与需求之间的矛盾，提出独特的改进意见和方法；在做出创新方案时，能根据实际需要，设计并实施创新工作方案，并在条件变化时坚持创新活动；在评估创新方案时，能按常规方式和专业要求，对创新方案和结果进行检测并预测风险，能针对问题调整工作方案、总结经验、指导他人，提出进一步创新和改进的方法 | |
| 总成绩（100%） | | |
| 团队互评评语 | | |

# 模块五

## 广东商业环境 国际篇

### 学习目标

通过本模块学习，应该达到以下目标：

理论目标：理解广东开展与海上丝绸之路沿线国家和地区合作与交流的必要性及可行性。

实务目标：了解和把握广东承接海上丝绸之路沿线国家和地区离岸服务外包业务现状和广东地区跨境电商合作情况。

案例目标：运用所学广东与海上丝绸之路沿线国家和地区科技合作与交流情况案例，分析广东在对外科技合作中的优势和对外合作的机遇。

实训目标：在切实体验广东与有关海上丝绸之路沿线国家和地区旅游业和教育合作情况，分析“一带一路”国家和地区与广东省合作旅游业和教育业的可能性。

## 案例引入

### 广东交出与“一带一路”沿线国家和地区贸易往来的“成绩单”

2018年8月27日，推进“一带一路”建设工作5周年座谈会在北京召开。会议指出，共建“一带一路”顺应了全球治理体系变革的内在要求，彰显了同舟共济、权责共担的命运共同体意识，为完善全球治理体系变革提供了新思路新方案。广东交出与“一带一路”沿线国家和地区贸易往来五年“成绩单”：

——2013年至2018年上半年，广东与“一带一路”沿线国家和地区进出口保持良好的发展态势，进出口总值达71 248.3亿元；

——2013年至2017年，广东与“一带一路”沿线国家和地区进出口值从1.11万亿元增长至1.5万亿元，年均增长率高达7.8%；

——2018年上半年，广东与“一带一路”沿线国家和地区进出口值为7 289.5亿元，增长1.7%，占广东省外贸进出口总值的22.5%。

5年来，广东围绕打造“一带一路”战略枢纽、经贸合作中心和重要引擎的目标，多措并举深化与沿线国家和地区合作，畅通互利共赢的贸易之路。

民企贡献60%的进出口值

来广东8年，马里商人阿里创办了贸易公司，给家乡同胞带去“广东制造”。“手机最受欢迎，在我家乡几乎人手一台。”阿里说，近年生意还越来越红火。

广东制造业企业正着力开辟外贸“新蓝海”。广东大族粤铭激光集团股份有限公司目前“一带一路”出口贸易总额占公司业务比重近80%。“沿线国家工业发展处于上升期，对大型机械设备需求很大。”该公司海外销售经理刘旭辉说。

粤企个性化、定制化产品广受沿线客户青睐。“今年一季度公司出口增长超过50%，增长最快的就是‘一带一路’市场。”广州百福电气设备有限公司总经理张学美说，针对不同地区客户的定制产品是一大亮点。

中国家电名牌之一的志高集团则拿下了“一带一路”沿线10%的市场份额。志高集团董事局主席兼总裁李兴浩说，目前公司自主品牌已销往全球150多个国家和地区。

2018年上半年，广东省民营企业对“一带一路”沿线国家和地区进出口4 320亿元，占比近60%。

卖产品更卖技术和服务

2018年3月26日，广州云从人工智能技术有限公司与津巴布韦政府签订战略合作框架协议。“我们不仅卖产品，还要探索将人工智能技术出口到国外。”公司副总经理叶晗说。

云从科技才刚迈开进入“一带一路”的步伐，更多的广东企业已利用新兴技术叩开市场大门。

凭借2 600多项专利技术，全球最大的兼容与再生打印耗材企业珠海天威飞马股份有限公司在沿线市场份额逐年提升。“每年研发投入数千万元，才有新技术，才能打动海外客户。”公司海外营销中心市场总监王新深有感触。

从“微笑曲线”底端的加工贸易到两端的技术研发、产业链服务，广东与“一带一路”沿线国家和地区贸易正迈入新的发展阶段，贸易结构不断优化。

2018年上半年，广东以一般贸易方式对“一带一路”沿线国家和地区进出口4 420亿元，增长10.3%，占比达60.6%，相比2013年提升4.7个百分点。从产品来看，出口机电产品3 092亿元，增长0.7%，占比达68.8%；其中出口手机351.3亿元，增长45.7%。

贸易便利化水平加速提升

5年来，广东实施系列贸易通关便利化举措，推动与“一带一路”贸易畅通。

“尤其在中欧推动贸易便利化合作方面，广东和荷兰走在了前列。”荷兰史基浦机场海关关长杨坎普称，广东正通过国际关际合作，提升贸易便利化水平。

目前，广州海关已与荷兰史基浦机场和鹿特丹港、德国汉堡港等建立中欧“安智贸”（安全智能贸易）航线9条，涵盖空运、海运进出口4种方式。通过一次通关、一次报验、全程监控，“安智贸”可极大提高货物通关效率，便利国际贸易。广州海关相关负责人表示，未来还将与部分“一带一路”沿线国家和地区就风险管理、无纸化通关、边境管理协调等方面进行合作。

5年来，仅广州与白云机场航线网络覆盖的25个“一带一路”沿线国家和地区进出口值，就从2013年的1 441.8亿元增长至2017年的2 213.1亿元，年均增长11.3%。

作为“一带一路”上的重要节点，广东还致力搭建经贸合作平台，加强与沿线国家和地区贸易往来。

目前，总投资25亿元的中拉经贸合作园已开园运作。此外，广东已连续举办5届“广东21世纪海上丝绸之路国际博览会”，2017年，来自79个国家和地区的6 000多家境内外企业参展参会；粤港联合赴泰国、马来西亚、越南开展经贸交流，在沿线国家和地区组织举办展会99场。

（资料来源　根据南方日报相关资料整理而成，http：//news.southcn.com/gd）

## 学习内容

海上丝绸之路是古代中国与外国交通贸易和文化交往的海上通道，也称“海上陶瓷之路”和“海上香料之路”。历史上，该海上路线一直是沟通东西方经济文化的重要桥梁，而东南亚地区自古就是海上丝绸之路的重要枢纽和组成部分。因此，为了深化中国与东盟的合作，中国政府提出“21世纪海上丝绸之路”的跨地区合作新模式。

### 一、广东开展与海上丝绸之路沿线国家和地区合作与交流的必要性及可行性

建设21世纪海上丝绸之路，是传承古代中国与海上丝绸之路沿线各国的友好往来传统，促进新一轮改革开放的重要举措，广东作为中国海上丝绸之路的发祥地和改革开放的先行省，与世界各国尤其是海上丝绸之路沿线国家和地区的经贸、文化、旅游交往将更加紧密。

#### （一）推动广东与海上丝绸之路沿线国家和地区科技合作交流的必要性

##### 1.当前形势下的必要性

推动与海上丝绸之路沿线国家和地区科技合作与交流体现了维护海洋权益的必要性。自2010年美国实施“重返亚太”战略以来，中国周边安全形势日趋严峻。另外，受冷战遗留的历史问题与冷战后现实冲突的影响，如处理不好，极易酿成危机。中国在处理如何突破美国亚太平衡战略所导致的“东紧”困境这一问题时，“21世纪海上丝绸之路”就成了一个很好的选择。实际上，“21世纪海上丝绸之路”是中国发展转向的重要组成部分，它暂时避开了地缘政治拥挤不堪的东亚，转向大有可为的西线，达到扬长（经济贸易、基础设施）避短（军事、安全压力）的目的。[1]

##### 2.文化传承下中国崛起的必要性体现

新一届中央领导集体重视国际话语权的建设，“中国梦”“新型大国关系”等概念的提出，都表明要让国际社会看到更多“中国话语权”。“21世纪海上丝绸之路”的提出也是这一诉求的体现。近年来，亚太成为世界经济发展最快的地区，这个地区有影响的大国纷纷提出本国对该区域发展的构想，美国、日本等西方国家都提出过类似于“丝绸之路”这样的设计，但中国的“21世纪海上丝绸之路”提法最有历史的文化底蕴与现实的可行性。因为中国所提出的“21世纪海上丝绸之路”是对绵延两千多年的中国古代海上丝绸之路精神的传承与发扬，是古老的中华文明对人类和谐美好精神的贡献，它体现的价值内涵主要包括互联互通、开放包容、合作共赢、命运共同。

1 林宏宇．“海上丝绸之路”国际战略意义透析［J］．人民论坛，2014（25）：50-51．

### 3.地区合作与发展的必要性

"21世纪海上丝绸之路"的提出，可视为中国政府推动亚太区域构建国家认同的有效途径。海上丝绸之路连接的是东亚、南亚，沟通太平洋与印度洋，是地缘上的"东盟-中亚"区域，有利于得到该区域内国家的认同。中国和该区域内国家经济往来便利，能够发挥在该地区的经济优势。目前，中国和东盟已建成世界上最大的发展中国家自由贸易区，中国连续4年成为东盟第一大贸易伙伴，东盟是中国第三大贸易伙伴。通过共建"21世纪海上丝绸之路"，将大力推动该区城的建设，必将成为海上丝绸之路沿线各国人民的共同意愿。这既有助于构建区域内国家的认同和合作，也有助于增强中国的亲和力，有助于中国的和平崛起。

### 4.科技规律发展的必要性

中国与海上丝绸之路沿线国家和地区长期以来关系密切，不仅在文化习俗和经济往来上联系密切，在科技交流上自古以来就有，中国的造纸术和火药也有力推动了沿线国家的发展。随着各国科技力量的加强，国家之间科技沟通与合作交流也越来越频繁，基于中国和沿线国家和地区科技交流与合作的技术水平，决定了双方科技交流必将进一步密切发展。

## （二）推动广东与海上丝绸之路沿线国家和地区合作与交流的可行性

作为海上丝绸之路形成之后两千多年来始终长盛不衰的唯一港口，广州及其所属的广东势必将在建设"21世纪海上丝绸之路"中扮演无可替代的角色。这不仅仅因为广东是海上丝绸之路最早的发源地之一，更是因为在当下，广东具有其他沿海省份不可比拟的经济优势。

"建设海上丝绸之路，有利于拓展国际市场。会使中国与东盟之间形成统一大市场，并使得中国-东盟自由贸易区建设实现实质性飞跃。"中山大学管理学院教授、第十一届广东省政协委员梁琦向记者介绍了建设海上丝绸之路的重要意义，"还可以为中国沿海城市提供支撑和发展空间，有利于港口行业、经济贸易、科技创新、生态环境与人文交流等方面的发展，促进东南沿海地区的繁荣与长期稳定"。[1]

在建设"21世纪海上丝绸之路"的过程中，广东有着得天独厚的优势。广东是海洋文明传入中国的窗口，是中国近代工业和民族工业的发源地之一，具有历史优势；对比长三角或者京津唐或者京津冀，广东毗邻港澳，通江达海，具有通道与地缘优势；粤籍华侨华人生活在东南亚各国，他们对于岭南文化具有共通性和认同感；广东是中国的经济大省、人口大省，也是创新理念最先进的地方，和海上丝绸之路上其他地方相比，这是广东独有的优势。因此，在重建海上丝绸之路的过程

1 王志亮．海上丝路的广东优势［EB/OL］．（2014-07-29）．http：//gd.people.com.cn/n/2014/0729/c123932-21816729.html.

中，广东具有历史、区位和文化三方面的优势。

自2010年中国-东盟自贸区建立以来，广东与东盟10国在农业、能源、制造、加工业等领域的合作不断加强，双边经贸关系不断深化。目前，东盟已成为广东第二大贸易伙伴，广东省对东盟的进出口贸易达到8 673.8亿元，同比增长13.4%，贸易总额和贸易增速均超越美国。2018年上半年，广东省对东盟进出口贸易为4 193.3亿元，同比增长5.2%。[1]除了经济领域内的数字变化之外，近年来广东在东盟国家还组织了丰富多彩的文化交流活动，举办了多场"广东文化周"活动，还与东盟建立了广东省对外合作交流联席会议。广东将以建设"21世纪海上丝绸之路"为契机，不断深化、推进与东盟各国的经贸合作，同时进一步深化与东盟华侨华人的联谊交流，加快与东盟文化教育的融通共进，增强广东文化对东盟地区的辐射力、影响力。

## 二、广东承接海上丝绸之路沿线国家和地区离岸服务外包业务现状

随着中国服务经济发展时代的到来，服务经济在国民经济发展中的作用也越来越大，特别是作为服务经济大省的广东，其服务产业与海上丝绸之路沿线国家和地区的合作也呈现发展趋势。

### （一）广东承接海上丝绸之路沿线国家和地区离岸服务外包的规模和增速

广东省商务厅服务贸易与商贸服务业处调研员林小平在会上透露，广东省的服务业净出口总额实现了从2010年的510亿美元到2016年的1 407亿美元的增长，年均增速高达18%。广东省对外贸易占全国对外贸易的比重也由原来的6%（2010年）提高到了13.4%（2016年）。在近几年，对外贸易中的服务外包、文化创意、服务旅游、会展等领域都取得了长足进步。在服务外包方面，2010年广东省的服务外包合同金额为33.6亿美元，到了2016年合同金额就达到了237.78亿美元，年均增长达到了37.9%。

广东作为海上丝绸之路的重要港口之一，自"一带一路"倡议提出之后，广东省在积极增强与海上丝绸之路沿线国家和地区在经济层面的合作的同时也带动了服务外包与海上丝绸之路沿线国家和地区的进一步合作。2016年广东省承接海上丝绸之路沿线国家和地区服务外包为5.01亿美元。从增速来说，2015年广东承接海上丝绸之路沿线国家和地区服务外包的增速达71.3%，外包执行金额从2014年的8.94亿美元，增长到了2016年的15.01亿美元，年均增速达到了29.5%，远远高于全国承接海上丝绸之路沿线国家和地区服务外包执行金额的年均11%的增速水平。[2]

---

1 东莞市贸促会．广东省主要贸易伙伴贸易环境分析（东盟篇）[EB/OL]．(2018-12-05)．http://www.dg.gov.cn/304093920/0807/201812/10cba495337c4dc386469ca81d32b6f8.shtml.

2 佚名．去年广东承接海丝国家服务外包超5亿美元 [EB/OL]．(2017-11-21)．http://tradeinservices.mofcom.gov.cn/article/news/gnxw/201711/49369.html.

从数据分析中可以看出，东南亚国家是广东省承接服务外包的主要地点，规模高达6.69亿美元（2015年）。旅行、运输服务和其他服务（如维修服务）等在2016年广州服务贸易出口中所占比重排名前三位。未来知识型经济将会成为广东服务外包的优势领域。

## （二）广东承接海上丝绸之路沿线离岸服务外包主要来源地区

如表5-1所示，广东承接海上丝绸之路沿线离岸服务外包的主要来源地区为东南亚国家，2015年，广东承接东南亚国家离岸服务外包执行额为6.69亿美元，占海上丝绸之路沿线国家和地区离岸服务外包执行额的48.90%，这说明东南亚地区是广东承接海上丝绸之路沿线离岸服务外包的主要来源地。2015年，广东承接西亚国家、东北非五国和南亚国家的离岸服务外包执行额分别为2.56亿美元、2.43亿美元和2亿美元，分别占广东承接海上丝绸之路沿线国家和地区离岸服务外包执行额的18.71%、17.76%和14.61%，说明这些地区对广东承接海上丝绸之路沿线地区离岸服务外包的规模也有着重要的影响。

表5-1　2015年广东承接海上丝绸之路沿线服务外包来源的地区分布情况

| 海上丝绸之路沿线地区 | 执行额（亿美元） | 占比（%） |
|---|---|---|
| 东南亚国家 | 6.69 | 48.90 |
| 西亚国家 | 2.56 | 18.71 |
| 东北非五国 | 2.43 | 17.76 |
| 南亚国家 | 2.00 | 14.61 |
| 总计 | 13.68 | 99.98 |

（资料来源　根据广东省商务厅提供的统计数据整理而成，http：//www.gddoftec.gov.cn）

## （三）广东承接海上丝绸之路沿线离岸服务外包主要来源国家

如表5-2所示，广东承接海上丝绸之路沿线国家和地区服务外包的主要来源国家为新加坡、马来西亚、莫桑比克和巴基斯坦等12个国家。在这12个国家中，新加坡规模最大，为3.21亿美元，马来西亚和莫桑比克的规模也都在1亿美元以上；其他9个国家虽然规模没有达到1亿美元，但其中一些国家的增速很快，如肯尼亚为7 141.20%，表明这些国家正日益成为对广东服务外包发包的主要增长来源国家，因此，对这些国家服务发包市场应给予更多重视。

## （四）广东承接海上丝绸之路沿线国家和地区离岸服务外包主要业务类型

根据我们对样本企业所做的调研，广东承接海上丝绸之路沿线国家和地区离岸服务外包的主要业务类型包括信息技术外包（Information Technology Outsourcing,

表5-2　　2015年广东承接海上丝绸之路沿线服务外包主要来源国家情况

| 国家 | 规模（亿美元） | 增速（%） | 国家 | 规模（亿美元） | 增速（%） |
|---|---|---|---|---|---|
| 新加坡 | 3.21 | -16.38 | 斯里兰卡 | 0.59 | 1 639.38 |
| 马来西亚 | 1.31 | 780.94 | 坦桑尼亚 | 0.58 | 150.84 |
| 莫桑比克 | 1.12 | 336 412.86 | 沙特阿拉伯 | 0.51 | 82.46 |
| 巴基斯坦 | 0.98 | 19 672.20 | 肯尼亚 | 0.49 | 7 741.20 |
| 柬埔寨 | 0.79 | 151.11 | 阿拉伯联合酋长国 | 0.45 | 21.58 |
| 缅甸 | 0.64 | 5 485.40 | 埃塞俄比亚 | 0.44 | 69.98 |

（资料来源　根据广东省商务厅提供的统计数据整理而成，http：//www.gddoftec.gov.cn/）

以下简称ITO）、商务流程外包（Business Process Outsourcing，以下简称BPO）、知识流程外包（Knowledge Process Outsourcing，以下简称KPO）（见表5-3）。其中，ITO业务主要包括软件研发与开发、系统集成、IT咨询和软件测试等；BPO业务主要包括供应链管理、呼叫中心、人力资源管理、财务管理和客户关系管理等；KPO业务主要包括工业设计、工程设计、产品技术研发、数据管理与服务和决策支持系统等。总体来看，海上丝绸之路沿线国家和地区服务外包企业对广东的服务发包业务类型齐全，具体发包业务内容也非常丰富，这表明海上丝绸之路沿线国家和地区的服务发包市场类型齐全、内容丰富，应对其服务需求给予更多满足。

表5-3　　广东企业承接海上丝绸之路沿线国家和地区离岸服务外包业务类型

| 业务类型 | 细分业务（按业务量由高到低排序） |
|---|---|
| ITO | 软件研发与开发、系统集成、IT咨询、软件测试等 |
| BPO | 供应链管理、呼叫中心、人力资源管理、财务管理、客户关系管理等 |
| KPO | 工业设计、工程设计、产品技术研发、数据管理与服务、决策支持系统等 |

（资料来源　根据56家服务外包企业调研样本整理而成）

### （五）广东承接海上丝绸之路沿线国家和地区服务外包来源渠道情况

我们对56家样本企业承接海上丝绸之路沿线国家和地区服务外包业务来源渠道所做的调研表明，有22家样本企业为老客户介绍新客户，占调研样本企业的39.29%；有19家样本企业为企业国外分公司或办事处直接接包，占调研样本企业的33.92%；有16家样本企业为参加论坛、交易会等国际交易平台，占调研样本企业的28.57%；其他渠道还有跨国公司国内公司发包，平面、网络、中介机构的宣传和搭桥，国内其他企业转包等（见表5-4）。总的来看，广东承接海上丝绸之路沿线国家和地区服务外包的来源渠道多，这些渠道也很有效，因此今后将多加推广。

表5-4　　广东企业承接海上丝绸之路沿线国家和地区服务外包的来源渠道情况

| 渠道类型 | 样本企业数量（家） | 占比（%） |
| --- | --- | --- |
| 老客户介绍新客户 | 22 | 39.29 |
| 企业国外分公司或办事处直接接包 | 19 | 33.92 |
| 参加论坛、交易会等国际交易平台 | 16 | 28.57 |
| 跨国公司国内公司发包 | 9 | 16.07 |
| 平面、网络、中介机构宣传和搭桥 | 9 | 16.07 |
| 国内其他企业转包 | 7 | 12.5 |
| 通过境外路演活动获得国际业务 | 3 | 5.36 |
| 政府信息化工程 | 2 | 3.57 |
| 调研样本企业有效填写数量 | 56 | 100.00 |

（资料来源　根据56家服务外包企业调研样本整理而成）

### （六）广东承接海上丝绸之路沿线国家和地区离岸服务外包未来发展趋势

通过上述分析，我们对广东承接海上丝绸之路沿线国家和地区离岸服务外包的未来发展趋势可做如下判断：从规模上看，广东承接海上丝绸之路沿线国家和地区服务外包的规模将会继续较快增长，伴随着广东与海上丝绸之路沿线国家和地区经贸合作的不断加强，在不远的将来，海上丝绸之路沿线国家和地区将成为广东离岸服务外包的第一来源地区；从增速上看，广东承接海上丝绸之路沿线国家和地区服务外包的速度仍将呈高速增长之势，具体到海上丝绸之路沿线国家和地区的主要区域分布上看，东南亚会保持稳定增长，南亚、西亚和东北非区域将会保持快速增长；从业务上看，随着海上丝绸之路沿线国家和地区经济的快速发展，广东承接的服务外包业务将更为丰富，附加值也会越来越高。总之，我们对广东与海上丝绸之路沿线国家和地区服务外包产业的合作发展充满期待。

## 三、广东地区跨境电商合作情况

在“十三五”良好开局的带动下，广东省各城市继续完善促进跨境电商发展措施，积极主动扩大对外开放，面对国际环境新变化和国内发展新要求，进一步完善对外开放战略布局，加快构建开放型经济新体制，坚持稳中求进的工作总基调，全面落实新发展理念，以供给侧结构性改革为主线，以国家“一带一路”倡议统领对外开放，推动更深层次、更高水平的对外开放。

## （一）中国跨境电子商务发展情况分析

在外贸经济不断下滑的情况下，中国政府连续出台政策促进跨境电商的发展，规范业务的流程，如2013年7月，国务院颁发《关于促进进出口稳增长、调结构的若干意见》，同年8月转发《商务部等部门关于实施支持跨境电子商务零售出口有关政策意见的通知》；2014年5月，国务院发布《关于支持外贸稳定增长若干意见》，着重提到为增强外贸企业竞争力需加快国际展会、电子商务、内外贸结合商品市场等贸易平台建设。2014年56号文件（即《关于跨境贸易电子商务进出境货物、物品有关监管事宜的公告》）中首次明确了能够从事跨境电子商务企业的资质，指出电子商务企业或商家须在海关认可的电子商务平台上进行跨境进出口交易；针对跨境电子商务，明确提出了“货物”和“物品”两个概念，并对其采用不同的监管方式；要求电子商务企业针对过境货物和物品填写相应清单，清单按月汇总，形成“清单核放、汇总申报、一次报关”的通关模式，并将跨境电子商务货物进出口纳入一般贸易体系中。此外，海关总署在2014年的57号文件中，提出1210代码（即保税跨境贸易电子商务），与其在12号文件中提出的9610代码（即跨境贸易电子商务）加以区别，并指出在特殊监管区域和保税监管场所之外的进出口商品不适用此代码。因此，从以上一系列举措中可以看出中国政府实现外贸转型升级的决心。

在政府部门的大力推动下，中国跨境电子商务的发展也呈现出可喜的态势。《2017年度中国电子商务市场数据监测报告》发布了2017年中国电子商务及各细分领域发展现状等，包括B2B电商、零售电商、生活服务电商、跨境电商等。报告显示，2017年中国跨境电商交易规模为8.06万亿元，同比增长20.3%（如图5-1所示）。

**图5-1　2012—2017年中国跨境电商交易规模**

（资料来源　中国电子商务研究中心，http：//www.100ec.cn）

跨境电商作为中国外贸的新增点，得到了中央政府的持续关注。2017年，国务院总理李克强再次在政府工作报告中提及跨境电商，将跨境电商发展作为“坚持对外开放的基本国策”的工作项目之一。

出口跨境电商是中国当前主体，进口电商占比不断提高。由于中国制造业在成本及规模上具有较大优势，同时受到一带一路政策及资本市场推动，中国目前跨境电商主要以出口为主。在政策基本面保持利好的情况下，进口跨境电商市场仍将保持平稳增长。在跨境电商进出口结构方面，电子商务研究中心监测数据显示，2017年中国跨境电商的出口占比达到78.2%，进口比例为21.8%（如图5-2所示）。

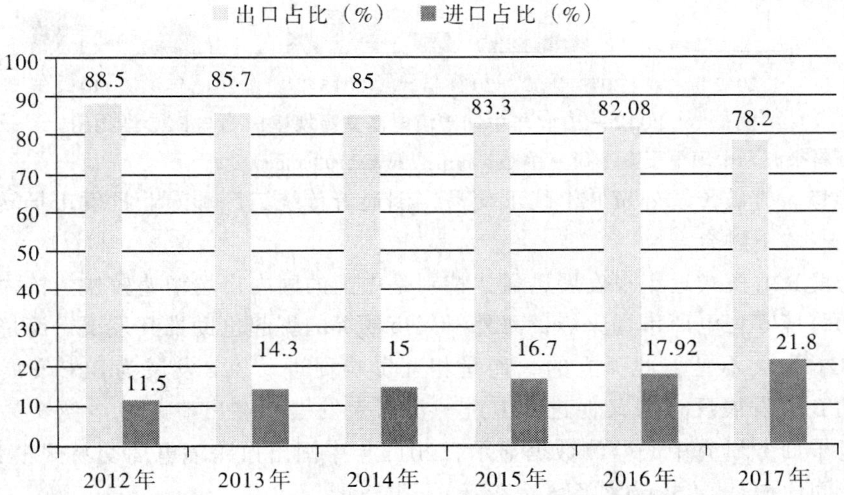


**图5-2　2012—2017年中国跨境电商交易规模进出口结构图**

（资料来源　中国电子商务研究中心，http：//www.100ec.cn）

从中央到地方的跨境电商政策导向来看，出口跨境电商仍占据主导地位。从全球范围内来看，中国网购产品受到各国热捧，具备良好的发展基础。中国、美国、英国、德国和日本是全球跨境电商的主要出口国，其中，中国作为“世界工厂”，在产品品类的丰富度、价格以及产能上具备竞争优势。

进口跨境电商目前强势品类为母婴、美妆个护、保健品等，正品保障至关重要。另外消费者对于品牌的主动感知较强，所以正品保障成为跨境电商赢得客户和持续发展的关键能力，商品溯源成为行业标配。而物流资源是正品保障和降低成本的重要资产。在跨境电商模式结构方面，中国电子商务研究中心监测数据显示，2017年中国跨境电商的交易模式中跨境电商B2B交易占比达85.2%，跨境电商B2C交易占比14.8%（如图5-3所示）。

在跨境电商中，B2B模式成为中小外贸企业的首选模式，当前跨境B2B平台正逐渐从信息服务平台向在线交易平台转变。B2B交易的线上化在全球来说都是不可

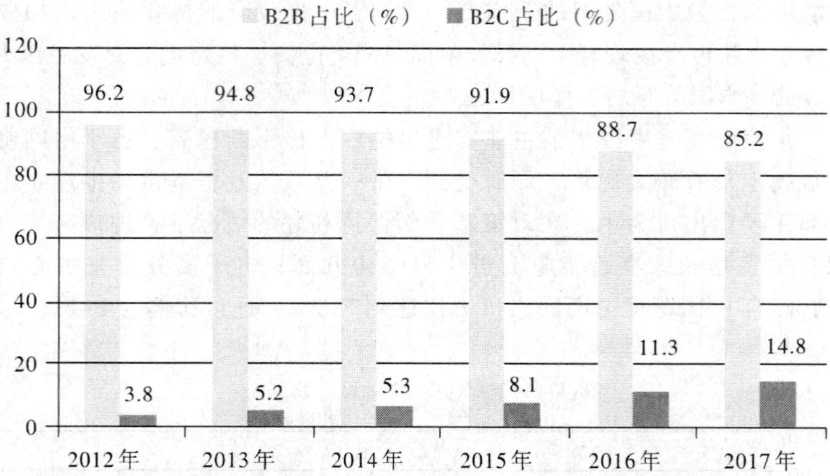


**图 5-3　2012—2017 年中国跨境电商交易规模 B2B 与 B2C 结构图**

（资料来源　中国电子商务研究中心，http：//www.100ec.cn）

逆的趋势。打破传统外贸 B2B 线下交易，倒逼着传统工厂和专业批发市场转型，促进线上与线下融合。

跨境 B2C 模式近年来发展迅猛，特别是中国的国内市场增速较快。国内消费升级带动跨境零售电商市场火爆，海外新兴市场等的崛起也助推其发展。跨境 B2B 和跨境 B2C 发展不是彼此孤立的，而是相互影响促进。B2B 发展为 B2C 发展创造条件，而 B2C 发展反过来又促进 B2B 进一步深入发展。在出口跨境电商交易规模方面，电子商务研究中心监测数据显示，2017 年中国出口跨境电商交易规模为 6.3 万亿元，同比增长 14.5%（如图 5-4 所示）。

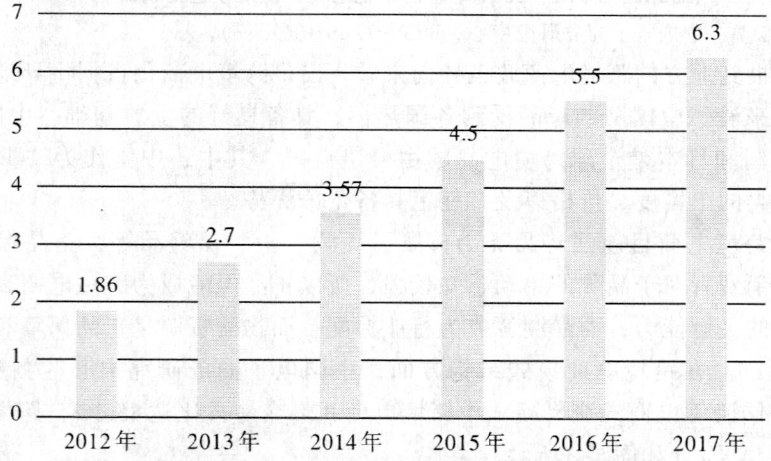


**图 5-4　2012—2017 年中国出口跨境电商市场交易规模**

（资料来源　中国电子商务研究中心，http：//www.100ec.cn）

借势政策扶持、行业发展环境的逐步完善影响，2017年中国出口跨境电商取得了长足的发展。在传统外贸转型升级的过程中扮演着重要的角色，跨境电商占进出口总额比例逐步提高。中国是世界上重要的产品出口大国，在整体出口总量相对稳定的情况下，出口跨境电商逐步取代了一般贸易，成长性良好。

跨境出口电商的高速增长源于：采用电商方式对传统一般贸易方式的替代，电商对传统线下零售的取代，产品更具性价比，便利度提升后引致的新增消费需求。电子商务研究中心监测数据显示，2017年中国出口跨境电商十大投融资案例（见表5-5），通拓科技（Tomtop）、价之链、萨拉摩尔（SellMore）、有棵树、赛维网络、踏浪者（Tide Buy）、洋葱海外仓（Onion）、呼嘭（PingPong）、星商（StarMerX）、拓拉思（Toolots）等企业上榜。

表5-5　2017年中国出口跨境电商十大融资案例

| 融资方 | 地点 | 时间 | 轮次 | 融资金额 | 投资方 |
|---|---|---|---|---|---|
| 通拓科技 | 深圳 | 2017.5 | 并购 | 29亿元人民币 | 华鼎股份 |
| 价之链 | 深圳 | 2017.7 | 收购 | 11亿元人民币 | 浔兴股份 |
| 萨拉摩尔 | 深圳 | 2017.11 | 收购 | 11亿元人民币 | 山鼎设计 |
| 有棵树 | 深圳 | 2017.1 | C+轮 | 4亿元人民币 | 方正和生、中倍金石、华益资本等 |
| 赛维网络 | 深圳 | 2017.8 | 定向增发 | 2.22亿元人民币 | 鑫瑞集泰 |
| 踏浪者 | 北京 | 2017.3 | B轮 | 2亿元人民币 | 亚商资本、华营投资、考拉基金等 |
| 洋葱海外仓 | 广州 | 2017年第3季度 | C轮 | 2亿元人民币 | 赛富基金 |
| 呼嘭 | 杭州 | 2017.3 | B1轮 | 1亿元人民币 | 广发倍德、富达基金等 |
| 星商 | 深圳 | 2017.12 | B轮 | 1亿元人民币 | 海尔投资、盈信国富、四方承宇 |
| 拓拉思 | 杭州 | 2017.11 | Pre-A轮 | 1 240万美元 | 香港磐通资本等 |

（资料来源　中国电子商务研究中心，http：//www.100ec.cn）

2017年中国出口跨境电商十大融资，合计总额超64亿元人民币，占出口电商融资总额的89.7%，前三的收并购占据融资金额大头，具体为华鼎股份以29亿元并购通拓科技；浔兴股份以11亿元收购价之链；山鼎设计以11亿元收购萨拉摩尔。此外，由方正和生领投共4亿元投资有棵树等。

2018年跨境出口电商对于融资的需求依然存在，行业内企业竞争越来越激烈，企业需要通过融资的手段实现快速发展，以规模化的发展塑造自己的核心竞争力及竞争壁垒。同时，优质的标的被上市公司收购、并购的现象还将继续，企业通过资本打造企业品牌化之路将开启。电子商务研究中心监测数据显示，2017年进口跨境电商市场交易规模达到17 600亿元，同比增长46.7%，2017年进口跨境电商占跨境电商总体规模比例为20.3%。

2017年进口跨境电商在激烈竞争中不断提升用户体验，同时仍以增长的趋势向前发展。中国政府对跨境电商的政策进行不断的调整与制定，让跨境电商在更舒适的政策环境下自由发展，同时又不失规范化，有序进行，让国民与国际接轨。

中国鼓励进口，已宣布下调部分消费品关税，进口关税的调整对跨境电商平台是一个直接利好，将减少海淘税收监管的盲区，促进更多国外产品通过正规渠道进入国内，从而实现消费留在国内，税收留在国内，也会让商品的品质和供应链管控更有保证。

### （二）广东与海上丝绸之路沿线国家和地区跨境电商合作的潜力分析

广东省外贸发展一直处于全国首位，在跨境电商成为新的经济增长点后，更是大大提高了广东外贸发展的地位。

广东省的服务外包产业和跨境电商合作

#### 1.广东跨境电子商务基本情况

2017年，广东跨境电子商务进出口达441.9亿元，同比增长93.8%，规模居全国第一；市场采购出口815.1亿元，月均增幅达21.1%。省统计局提供的数据亦显示，2018年上半年广东省外贸进出口同比增长2.7%，其中跨境电子商务同比增长82.1%，继续居全国首位。

广东集聚的出口跨境电商企业最多。中国电子商务研究中心报告显示，2017年，中国出口跨境电商卖家主要集中在广东（24.8%）、浙江（16.8%）、江苏（11.3%）、北京（8.6%）、上海（6.5%）、福建（5.4%）、山东（3.6%）、河南（3.2%）、其他（19.8%）。从近年来发布的企业分布数据可以看出，自2013年起，广东已超越浙江，成为全国跨境电商企业份额最高的省份，并于近两年持续保持领先地位。

此外，电子商务研究中心（100EC.CN）监测数据显示，2017年，中国出口跨境电商卖家品类主要分布在：3C电子产品20.8%、服装服饰9.5%、家居园艺6.5%、户外用品5.4%、健康美容5%、鞋帽箱包4.7%、母婴玩具3.3%、汽车配件3.1%、灯光照明2.8%、安全监控2.2%。作为中国3C电子产品生产的龙头省份，广东为开展跨境电子商务提供了货源保障。

#### 2.广东发展跨境电子商务的优势

广东是中国外向型经济最发达的区域，自1985年以来广东外贸总额已经连续33年居全国首位。

（1）广东对外贸易发达

近年来，广东外贸总额占全国外贸总额的1/4左右。2018年1—5月广东省中外合作企业进出口总额约22.01亿美元，中外合资企业进出口总额约19.49亿美元，外商独资企业进出口总额约2.5199亿美元。[1]

（2）广东电子商务基础好

广东是中国电子商务发展水平较高的省份之一，电商交易额和发展状况都处于全国领先水平。《2017年广州市电商数据白皮书》披露，在2017年全国分省网络零售交易额排名中，作为拥有广州、深圳、汕头、东莞、揭阳5个国家电子商务示范城市的电商大省，广东省以7 046.23亿元居全国首位，超过全国总量的1/5。广东省2017年网络零售交易量为198.17亿件，分城市看，广州市以全年3 185.05亿元居全省网络零售交易额第一，占全省交易额的45.2%。深圳、佛山、东莞、中山分列第2至5位。排名前五位城市的网络零售交易额占全省交易额的92%。

（3）广东产业基础好，优质货源丰富

广东经济实力雄厚，经济总量常年保持全国第一，广东所在的珠江三角洲经济区是中国三大经济区之一。广东工业门类齐全，电子信息、电器机械、石油化工、纺织服装、食品饮料、建筑材料六大支柱产业在全国优势明显。广东发达的工业基础为电子商务提供了品类丰富、质优价廉的网货产品，其中，广州、深圳、东莞是全国电子商务十大货源中心。

（4）有良好的政策环境

广东各级政府非常支持电子商务的发展，出台了一系列支持电子商务和跨境电子商务发展的政策，为电子商务发展保驾护航。从2012年开始，广东启动了“广货网上行”活动以大力推进广东制造内销，成效显著；2013年2月，广东省政府办公厅发布了《关于加快发展电子商务的意见》，提出放宽电子商务企业市场准入条件、允许企业在登记注册时冠“电子商务”行业名称、给予电子商务企业税收优惠、引进知名电商总部政府给予奖励等措施；2015年，广东省政府出台了《广东省促进外贸稳定增长和转型升级若干措施》，在该措施中明确提出全面推广跨境电子商务出口业务，鼓励各地和企业开展跨境电子商务进口业务试点，并从2015年5月15日起，实行“全年无休日、货到海关监管场所24小时内办结”的海关手续。

（5）毗邻港澳的地理优势

广东毗邻香港、澳门，粤港澳经济关联度高、产业互补性强，CEPA及其补充协议的签订和广东自贸区的获批使得粤港澳三地联系更为紧密。特别是香港拥有天然良港和发达的航运业，广东可以凭借毗邻港澳的地理优势，通过香港小包邮政、

1　国家统计局．广东省进出口情况最新数据［EB/OL］．（2018-07-10）．http：//www.chinairn.com/news/20180710/170525231.shtml.

航空专线或海上航运等物流方式，将跨境电商出口的商品运输至世界各地。[1]

## 四、广东与海上丝绸之路沿线国家和地区科技合作与交流情况

广东作为改革开放的前沿，近年来积极融入到与海上丝绸之路沿线国家和地区的国际科技交流与合作中，目前，已基本形成了开放创新的国际科技合作格局，初步形成了以经济带动科技，政府为主导、企业为主体、民间来参与，产学研一体并依托市场化运作的科技合作竞争格局。

### （一）广东与海上丝绸之路沿线国家和地区国际科技合作与交流的总体现状

随着经济全球化带动研发国际化迅猛发展，国际科技合作深化与发展成为实施开放式创新的战略选择。广东围绕建设“创新广东”和“幸福广东”的需求，加强科技发展的国际战略布局，主动参与国际科技、经济的合作与竞争，积极融入国际科技创新网络，不断提升科研机构的科研实力和高新企业的创新能力，为经济社会发展提供强大支撑，是实现创新发展的重要举措。目前，广东省已同海上丝绸之路沿线的40多个国家和地区建立了科技交流与合作关系，签署了50多项合作协议，基本形成了开放创新的国际科技合作格局。

广东省的科技合作与交流、高等教育国际合作

#### 1.引进—消化—吸收成就斐然，前期合作成绩突出

改革开放四十年，广东紧紧抓住国际产业转移的机遇，引进大批先进技术装备，使广东成为世界制造业最为密集的地区之一，极大地增强了广东科技实力。广东省统计局发布的数据显示，2017年广东省全年实现地区生产总值89 879.23亿元，比上一年增长7.5%。总量连续29年位居全国第一位。[2]广东与主要海上丝绸之路沿线国家和地区合作发展情况如下：

（1）广东省在新能源与节能、精密制造、中医药研究和重大疾病防治等领域与欧盟展开科技合作，在广州大学城建设“科技服务国际创新园”，集聚欧美等科技创新资源；同时与新加坡等国家在人才资源、研发条件、信息资源等领域开展广泛合作与共享，并实施了“中新知识城”这一标志性项目。

（2）近年来，把以色列作为对外科技合作的优先国家，根据中以两国及广东省人民政府与以色列政府签署的《关于促进产业研究和开发的技术创新合作协议》，广东省科技厅和东莞市人民政府积极探索具有鲜明特色的“官助民办”“三资融合”“国际合作”的产业园区建设模式，充分调动民间资本及国际资本，有效整合国内外先进的水处理环保技术和东莞市强大的产业化能力，开展协同创新，打造国际先进、国内领先的水处理专业产业园区，推动创新集群建设，在高新区内形成新兴产

1　陈德宝，徐德友．广东省跨境电子商务发展战略分析［J］．商业经济研究，2016（6）．

2　广东省统计局．2017年广东国民经济和社会发展统计公报［EB/OL］．（2018-03-02）．http://www.gdstats.gov.cn/tjzl/tjgb/201803/t20180302_381919.html.

业集群，推动区域经济可持续发展。

目前，以色列水务集团、以色列IDE海水淡化技术集团等近30家创新型企业已签署“国家水处理技术国际创新园”入园协议。

广东省与以色列政府的相关部门分别就加强高技术产业、科研创新、公交新能源等领域合作建立联合工作小组，在水处理技术、环保、新能源、基因测序应用、高能物理等领域推动联合攻关，务实高效推动重点领域的高层次合作。

东莞松山湖中以国际科技合作产业园首批引入12家水处理技术等领域的以色列企业，并将共建中以研发中心和联合知识创新中心。以色列理工学院与汕头大学在特拉维夫签署合作办学协议，将在汕头合作设立广东以色列理工学院，同时搭建创新平台和中小企业创新园区，推动以色列科技人才、创新经验和先进技术落户广东。

（3）广东省农业科学院等农业科研机构与国际水稻研究所建立了长期合作关系。先后从国际水稻所引进近8 000份水稻突变体材料，培育出一批抗稻瘟病新品种（品系）。引进国际水稻研究所实地养分管理技术，通过合作，创新水稻“三控”施肥技术，成为广东继水稻抛秧技术以来第一个年推广应用面积超过千万亩的水稻栽培技术。近四年在广东和华南地区累计推广超过了5 000万亩。国际水稻研究所的 Roland Buresh 博士因此获得广东省人民政府首届国际友谊贡献奖。

广东省农科院还与国际香蕉改良网络合作，先后从国际香蕉种质资源库引进3批共185份种质，选育出抗枯萎病、高产、优质的品种9个，累计推广面积600多万亩，产值400多亿元，为广东香蕉产业的健康发展做出重要贡献。

广东省农科院在与国际半干旱热带作物研究所长期合作的基础上，研制出国内外第一张高密度花生基因芯片；构建了国内外第一张花生栽培种分子遗传连锁图谱，成功培育出抗黄曲霉花生品种。形成的“中国南方花生雨养地区花生增产技术”在广东及南方各省区推广应用，使雨养地区的花生产量提高20%～30%，受到联合国粮农组织的好评。

**2.高新技术产品出口长期位居国内首位，科技实力雄厚，为国际科技合作奠定基础**

三胜产业研究中心数据显示：2017年11月中国高新技术产品出口额为4 629.90亿元，1—11月累计出口额40 259.26亿元，累计同比增速为13.2%，而广东省则连续多年保持全国高新技术产品出口销售收入第一。[1]

在广东高新技术产品出口结构中，根据商品的技术类型，计算机与通信技术类产品占主导地位；电子技术类产品作为第二大类高新技术出口产品，在整个商品出口额中的比重仍有所提高。

---

1 三胜产业研究中心．2017年1—11月中国高新技术产品出口额统计［EB/OL］．（2018-01-15）．http：//www.china1baogao.com/data/20180115/3734004.html.

2017年，广东省全年货物进出口总额68 155.9亿元，比上年增长8.0%。其中，出口42 186.8亿元，增长6.7%；进口25 969.1亿元，增长10.1%。进出口差额（出口减进口）16 217.7亿元，比上年增加276.3亿元。其中“一带一路”沿线国家和地区进出口额15 032.2亿元，增长14.9%。全省纳入统计的跨境电子商务进出口额441.9亿元，增长93.8%。全年新签外商直接投资项目15 528个，比上年增长90.3%。实际使用外商直接投资金额1 383.5亿元，增长6.4%。其中“一带一路”沿线国家和地区对广东直接投资金额31.3亿元，增长48.1%。全年经核准境外新增中方实际投资额87.5亿美元，比上年下降57.7%。对外承包工程完成营业额181.0亿美元，下降0.4%；对外劳务合作新签劳务人员合同工资总额7.3亿美元，劳务人员实际收入总额8.7亿美元；承包工程和劳务合作年末在外人员共8.57万人。[1]广东高新技术产业以及外贸的发展对此具有重要的推动作用。

广东高新技术产业在走向国际化的过程中，以市场为导向，以产品为龙头，将资金、技术、人才、信息、材料等生产要素进行全方位优化组合，形成了广东高新技术产业发展的多样化模式。一种是“中-中-外”模式，即利用国内科技成果，在国内实现商品化与产业化，将产品推向国际市场。第二种是“外-中-外”模式，即利用国外科技成果，在国内生产出产品再推往国际市场。第三种是“外-中-中”模式，利用国外科技成果，在国内生产出产品填补国内市场空白继而占领国内市场。第四种是“中-外-中”式，即利用国内科技成果，在国外开发生产，产品在国内销售。自1999年开始的中国国际高新技术成果交易会成为广东高新技术企业内引外联的窗口，全省2/3的高新技术企业通过ISO系列标准及质量体系认证等国际质量认证，高新技术产品达到国际先进水平以上的超过50%，广东正从高新技术产业大省向高新技术产业强省迈进。[2]

广东地区经济和社会发展统计公报数据显示，2017年年末，全年科技成果达2 509项，其中基础理论成果204项，应用技术成果2 257项，软科学成果48项。全年专利申请受理总量62.78万件，增长36.0%；其中，发明专利申请受理量18.26万件，增长30.9%。全年专利授权总量33.26万件，增长28.4%，居全国首位；其中，发明专利授权量4.57万件，增长18.4%。全年《专利合作条约》国际专利申请受理量2.68万件，增长13.8%，居全国首位。截至2017年年底，全省有效发明专利量20.85万件，居全国首位，每万人口发明专利拥有量18.96件。全年共有56 024家企业申请专利45.54万件。其中，21 757家企业有发明专利申请14.03万件。全年共有43 932家企业获得专利授权24.10万件。其中，9 186家企业有发明专利授权3.71万件。全年经各级科技行政部门登记技术合同17 423项；技术合同成交额979.48亿

1　广东省统计局．2017年广东国民经济和社会发展统计公报［EB/OL］．（2018-03-02）．http：//epaper.southcn.com/nfdaily/html/2018-03/02/content_7705696.htm.

2　余赤思．做好科技兴贸，促进贸兴科技［J］．广东科技，2002（10）：38-39.

元，比上年增长20.2%。

全省高新技术企业3.3万家；高新技术产品产值6.7万亿元，增长10.0%。拥有国家工程实验室13家，国家工程研究中心23家，国家地方联合创新平台66家；已建立省级工程研究中心4 215家，国家认定企业技术中心94家，省级企业技术中心265家，认定技术创新专业镇434个。

全省共有建成或在建的国家产品质量监督检验中心61个，建成或在建省级授权产品质量监督检验机构214个；全省共有在建的国家产业计量测试中心1个，建成或在建的省级产业计量测试中心5个；法定计量检定机构136个，省质监局专项授权计量技术机构19个，特种设备综合检验机构28个；标准化技术机构13个，在建的国家技术标准创新基地2个，国家标准检验检测验证点2个；法定产品质量监督检验机构26个。截至2017年底，获得资质认定计量认证的实验室2 485家，获得质量、环境、职业健康三大管理体系认证企业104 513家，获得3C产品认证的企业17 500家。

全省共有天气雷达11部，卫星云图接收站点2个，地震观测台站685个，地震台网10个，近岸海域各类海洋观测、监测站点1 560个（含各县局）。测绘部门共出版地图79种，出版测绘图书29种。[1]

### 3.国际科技合作发展呈集中性

目前，广东技术引进的80%、高技术产品出口的65%、国际科技会议的90%集中在深穗两市。目前广东与国外相关科研机构建立各类研发平台，开展应用基础研究和联合开发，提升广东相关科研机构研发和创新能力，构建开放型区域创新体系。广东通过与海上丝绸之路沿线国家和地区组建联合实验室、联合研究单元、技术转移机构等多种方式，合作共建研发平台。上述所有的研究中心和试验室大多集中在珠江三角洲地区。

目前为有效对接国际创新资源，全面推进珠三角国际科技合作与交流建设，佛山高新区、东莞松山湖区都积极加强和国外的合作，为其产业集群引进技术、人才和项目，包括引进国外大学和科研机构的科技成果与本地企业对接、引进国际创新人才团队、引进国际合作项目、寻求国际著名大学和科研机构建立研发机构和技术平台的机会、协助企业在贸易投资等方面拓展国际市场、组织本地的企业精英赴国外培训等。

从上述布局来看，广东与海上丝绸之路沿线国家和地区的国际科技合作与交流的发展呈现地域集中性。

### 4.广东在对外科技合作中的优势突出

广东作为中国改革开放的先行省份，经济基础雄厚，在与海上丝绸之路沿线国

1　广东省统计局．2017年广东国民经济和社会发展统计公报［EB/OL］．(2018-03-02)．http：//epaper.southcn.com/nfdaily/html/2018-03/02/content_7705696.htm.

家和地区进行科技合作与交流中具有的优势突出，主要表现在：

（1）经济优势

广东由于改革开放较早，经济积累较多，经济基础雄厚，具有明显的外向型经济的特征，同时和东南亚、南亚等地区各国交往又具有得天独厚的地域优势，因此在经济上具有持续发展的优势，能够充分发挥贸易网络带动科技发展的优势。在科技合作方面具有资金上、资本上的便利。

（2）政策优势明显

广东在国际科技合作方面进行了持久的发展，在推进与海上丝绸之路沿线国家和地区的合作中有重点任务和重点地区以及优势方向，同时在人才和资本结构中也相应出台了一系列相关的政策措施，如广东省科技厅出台系列重大创新政策法规，全面深化科技体制改革。出台《关于全面深化科技体制改革加快创新驱动发展的决定》、“科技创新12条”等高含金量的政策文件，出台全国第一部鼓励创新的地方性法规《广东省自主创新促进条例》等，这些政策带有明显的前瞻性，引领了广东国际科技合作道路的发展方向。[1]

（3）区位优势明显

广东省地处珠江三角洲，经过改革开放具备了完善的基础设施和雄厚的资金优势。海上丝绸之路经由中国东南、西南沿海地区转入印度洋、太平洋，再联通到西亚、北非、东非和大洋洲等地区具有明显的地缘优势和区位优势。2016年2月19日，国务院原则上同意了《广州市城市总体规划（2011—2020年）》。在批复文件中，广州被定位为“中国重要的中心城市国际商贸中心和综合交通枢纽”。这是广州城市定位首次上升到全球、国际层面的体现，是广州近几年来定位最高的一次。根据国务院的意见，广州要当好改革开放排头兵、创新发展先行者，以制度创新为核心，建设好自贸区，贯彻“一带一路”倡议，将自由贸易试验区建设成为粤港澳深度合作示范区、“21世纪海上丝绸之路”重要枢纽和全国新一轮改革开放先行地。目前广东省所依托的具有现代化优势的高效港口和发达的交通运输工具，为广东省与海上丝绸之路沿线国家和地区开展国际科技合作与交流提供了重要的物质支持和地域依托，成为国内参与海上丝绸之路建设最便利的省份之一。

## （二）广东实施国际科技合作的主要任务、重点领域及重点国家和地区

### 1.主要任务

（1）广泛利用资源，形成区域合作的新格局

根据《广东中长期科技发展规划纲要》的规划发展，目前广东国际科技合作，特别是与海上丝绸之路沿线国家和地区的科技合作与交流主要发展格局如下：

1　朱文博浩，孙波．广东与海上丝绸之路沿线国家科技合作与交流研究［J］．广东科技，2016（6）：47-49.

①发展和利用东盟、南亚以及阿拉伯国家的国际科技资源，实现重点突破。

②进一步扩大与新加坡、马来西亚等国家的双边合作，力争在基础研究、前沿技术、高技术及其产业化等领域取得实质突破。

③进一步扩大与西亚、北非、东非各国的合作领域，取长补短，优势互补，共同发展。

④不断扩大技术援助和技术输出，开展技术服务和技术培训，帮助科技型企业开拓市场。

⑤深化与阿拉伯国家的科技合作，特别是在能源方面的技术合作。

⑥加强与东盟、亚太经合组织、经济合作与发展组织等国际组织与国际专业组织的合作与交流，不断开辟新的国际科技合作与交流渠道。[1]

（2）通过政府支持实施重点国际科技合作项目

①在政策执行层面上，通过在省内各级科技计划项目的管理中增加国际科技合作计划项目的数量和经费，将国际科技合作当成科技计划项目的重点支持领域。

②围绕广东中长期科技发展规划推进各项重要任务和科技专项，鼓励广东省内有关企业、高校、科研院所积极参与国家和广东省的重点国际科技合作计划及双边项目。

③加强各界与海上丝绸之路沿线国家和地区科技合作及其相关科研机构的联系往来，积极实施重点国际科技合作，并纳入到政府科技合作的计划中来。

（3）利用国际智力资源，引进海外顶尖科技人才

积极拓展国际科技交流范围、探索建立长效的人员交流机制，充分利用国际智力资源，积极结合广东实际，做到发现一批，引进一批。从政府层面积极实施“引智”计划，建立国际人才引进专项基金，吸引具有海外背景的顶尖科技人才，引进一批顶尖的海外专家、学科带头人和优秀团队来粤工作或开展合作研究、学术交流和技术服务；大力资助国内高级科技人才、科技领军人才参与国际科技合作研究与学术交流。努力办好各类留学人员科技园、创业园，完善落实各项优惠政策，发挥广东侨乡优势和对外开放经济优势，吸引留学人员归国创业或就业。

（4）建设国际化的产学研科技合作基地

根据广东科技教育发展需要，依托有优势、有特色的重点高校、科研机构和科技型企业，建立一批高水平的国际合作研究中心、联合实验室或研发基地，强化在前沿技术和基础科学领域的合作研究。同时吸引外资企业、著名大学和科研机构在广东设立区域总部、研发中心等研发型分支机构。通过建设国际科技合作基地的模式，有效实施人才-资源技术-服务平台，形成国际化产学研基地，展现国际科技合作新模式。

---

1　洪凯. 广东国际科技合作的对策研究［J］. 科技管理研究，2009（6）：191-193.

（5）大力加强对外科技援助的渠道和形式

目前广东省有的产业面临产业升级换代，比如电力设备等，已经开始向非洲等国转移技术设备。在农业及农产品加工、信息通信、医药及中医药、医疗器械以及一般制造业等领域，也开始逐步向东盟、中亚、南亚国家转移推广，派出相关科技专家对这些国家的科技人员进行多种形式的技术培训等。同时在能源和资源开发等方面积极和阿拉伯国家进行技术合作。通过这些合作，不仅扩大了技术和服务输出，同时有利于引进国家产业升级，又推动了我国高技术产品出口。

（6）加强政府间科技政策和管理等领域的国际合作

鉴于与海上丝绸之路沿线国家和地区的科技交流频繁，加强科技发展政策、科技管理等领域的合作，不仅可以提高区域间科技合作与交流的水平，还有助于推动区域间的协调发展和经济发展。目前主要的措施是和国外政府机构建立经常性的合作与交流机制，开展合作研究。通过政府间的合作互派访问学者、建立科技信息及科学数据共享机制等，积极推动民间科技合作与交流，积极吸收国外先进的研究成果和经验，为提高广东科技决策现代化水平提供依据。

（7）加强和国际财团的联系和技术交流

国际财团由于资金实力强大，技术力量雄厚，一直在国际经济合作与交流中扮演重要角色，广东既需要与海上丝绸之路沿线国家和地区进行交流与合作，也需要加强与西方主要国家的交流与合作，同时利用财团的资金和技术优势，持续地发展广东与海上丝绸之路沿线国家和地区的科技交流与合作。2000年以来广东电子商务等信息科技的发展就和国际财团的加入密不可分，2015年南沙跨境电子商务开通后至今一直就有香港财团的加入，为跨境电子商务的发展提供不同程度的支持。

**2.广东开展国际科技合作的重点领域**

（1）能源、水资源和环境保护技术

包括：石油、天然气的开采与综合利用技术等清洁能源技术，风能、太阳能、生物质能等可再生能源技术，先进核能开发与利用，节能和资源节约技术，清洁生产和循环经济，水资源优化配置技术，重点流域水污染防治技术与示范，节水技术，海水淡化及综合利用技术以及复杂金属矿采选冶关键技术等。

（2）生物技术

包括：重大慢性疾病与传染病防治技术、中医药新制剂和中药制药工艺与设备、生物技术药物、重大疾病防治药物、生物催化和生物转化技术、新型医用精密诊断及治疗仪器、海洋活性物质等。

（3）现代农业技术

包括：农产品加工技术，绿色农业、节水农业技术，现代农业技术开发集成与农业机械化、信息化技术，农村社区生活环境综合整治技术、农村绿色住宅建设技术，粮食单产及综合生产技术，农林生物质综合利用技术，农村新兴产业发展技术，农村生态环保技术，农村社区资源循环利用和可再生能源技术以及农村饮水安全技术等。

（4）信息技术

包括：基于下一代移动通信系统的系统设备、终端产品、专用芯片及应用软件，适应新一代高速宽带信息网的网络产品、数字音视频技术与产品高端家电，光传输技术与产品，新型显示设备及材料，新型电子元器件等数字家庭产品和技术；基于Linux的中间件与应用软件，面向网络公共系统的支撑服务平台、资源管理平台以及应用平台软件，应用软件，嵌入式软件，信息安全产品与系统，超大规模集成电路设计等软件与集成电路关键技术等。

（5）重大设备制造技术、绿色制造技术与先进制造关键技术

包括：流程工业的绿色化、自动化及装备制造技术、制造业信息化集成技术与系统、射频标签技术、智能机器人技术、极端制造技术以及微纳制造技术与工艺等。

（6）新材料关键技术

包括：环境友好材料、特种功能材料、高性能陶瓷结构材料、新型建筑材料、特种工程塑料及新型催化剂等。

（7）现代服务业关键技术

包括：电子商务、电子政务、金融保险、现代物流、智能交通管理系统和信息增值服务。

（8）基础科学与前沿技术

包括：纳米技术、空天技术、海洋技术、基础学科和科学前沿的重大问题。

**3.重点国家和地区**

根据广东的特点，当前广东和海上丝绸之路沿线国家和地区的交流合作伙伴中，主要通过实施“引进来”和“走出去”以及对外科技援助三种方式进行对外合作与交流，三种方式面向的主要国家和地区见表5-6：

表5-6　**三种方式面向的主要国家和地区**

| | |
|---|---|
| “引进来”的重点国家和地区 | 日本、韩国、新加坡、马来西亚等 |
| “走出去”的重点国家和地区 | 印度、巴基斯坦、海湾国家等 |
| 对外科技援助的重点国家和地区 | 越南、泰国、印度尼西亚、缅甸、菲律宾、墨西哥等 |

## 五、广东与海上丝绸之路沿线国家和地区旅游业合作情况

作为关乎民生幸福的朝阳产业，旅游业的高质量发展，是人们追求产业型和消

费升级的必然要求，是能有效提升人民物质文化需求满足度的现代服务业。旅游业能拓展就业，带来收入的递增，其对经济发展的推动力日益明显。

## （一）广东与海上丝绸之路沿线国家和地区旅游业合作背景与前景

### 1.广东与海上丝绸之路沿线国家和地区旅游业合作背景

中国正处于新型工业化、信息化、城镇化和农业现代化快速推进期，实现新四化的融合发展成为旅游业重要的发展方针。历经改革开放四十年，中国的旅游业发生了质的突变，产业规模扩大与产业体系完善的同时，旅游的全方位、宽领域、多层次日趋完备，旅游业正经历着空前的革命浪潮，创新型旅游进一步丰富了旅游业的大格局，这也使中国向世界旅游强国的目标更进一步。

广东省与海丝沿线国家和地区旅游业合作

2013年9月和10月，“一带”（丝绸之路经济带）与“一路”（21世纪海上丝绸之路）的核心概念被先后提出，国内外开始广泛关注“一带一路”倡议的具体实施方案以及自身与该倡议的合作模式。习近平总书记在“一路”中圈定的5省市（海南、浙江、广东、福建、上海）应各自发挥自身优势，在“一带一路”背景下，继续扩大经济辐射效应，以点带面，让经济实力强、开放程度高的沿海经济区作为经济高效发展的引擎，全面带动国内整体经济的协调发展。

2014年10月31日，广东东莞21世纪海上丝绸之路国际博览会正式拉开帷幕，标志着广东与海上丝绸之路沿线国家和地区的合作迈入新阶段，这将给双方带来更多合作机会与更大的投资空间。期间，广东省领导在此次博览会发表了系列讲话，其中重点谈到：作为对外经贸大省，广东将以此为契机，以与海上丝绸之路沿线国家和地区广阔的合作前景为重要依托，积极投身于“新海上丝绸之路”的建设，立足广东与有关海上丝绸之路沿线国家和地区合作的新起点，进一步巩固和加强与沿线国家和地区的合作，实现多方开放合作的利益共谋、共创与共享。

2015年10月17日，以“一带一路”为文化背景的“城市旅游联盟”在开封建立，参与者是中国30多个“一带一路”沿线城市，旨在升华新背景下旅游合作内涵，深化区域旅游合作，包括旅游文化推广、旅游品牌打造、旅游市场拓展、旅游营销转型、多方旅游合作交流等方面，将有效地推动丝绸之路沿线城市文化旅游交流和经济社会协调发展。

### 2.广东与海上丝绸之路沿线国家和地区旅游业合作前景

构建“21世纪海上丝绸之路”传承历史、面向未来、顺应时代潮流，是国家在经济新常态下提出的新的发展方向，符合中国与海上丝绸之路沿线国家和地区的共同利益。早在2000年前，广东就与东南亚地区开展了贸易往来。广东地处中国南部沿海对外开放前沿，海陆空交通发达，是中国通往东南亚、南亚、中东、北非等海上丝绸之路沿线地区最便捷的交通枢纽，与沿线国家和地区互联、互通、互利，诸多经贸领域具备深化合作的优势与基础。改革开放40多年来，广东对外开放合作不断扩大，广东与海上丝绸之路沿线国家和地区服务经济交流合作发展到了一个新阶段。

广东是对外经贸大省，是中国乃至世界重要的出口基地之一，在诸多经济领域与海上丝绸之路沿线国家和地区有着较强的合作需求及互补性。可以预见，在“十三五”期间，“走出去、引进来”将是广东经济稳定增长的重要方向。

在面临建设“21世纪海上丝绸之路”的形势和机遇下，广东积极参与国家发展规划的部署工作，全面筹划与新丝绸之路的对接工作，对加强广东与海上丝绸之路沿线国家和地区的旅游合作有着极大促进作用。广东作为全国最大的旅游客源地和集散地之一，是海上丝绸之路旅游合作中的重要枢纽，为海上丝绸之路合作的顺利开展提供了更加坚实的平台基础。自2011年以来，海上丝绸之路沿线国家新加坡、马来西亚、印度尼西亚、泰国、韩国与广东的旅游合作交流活动开展频密。在新的时代背景下，与海上丝绸之路沿线国家开展深层次合作，进而达成更多、更广、更全面的合作共识，是广东在推进与海上丝绸之路沿线国家和地区的合作需要解决的重大问题，即借力新丝绸之路，携手海上丝绸之路沿线国家和地区共同抓住海上丝绸之路旅游经济新增长点，进而逐步实现旅游业的转型与升级。

### （二）广东与有关海上丝绸之路沿线国家和地区旅游业合作分析

（1）广东与新加坡

新加坡旅游局发布的2017年新加坡旅游报告显示，赴新加坡旅游人次高达1 740万，同比增长6.2%，旅游收入为268亿美元，增长了3.9%。其中，最主要的客源国就是中国。

从2014年开始，为深化广东与沿线国家和地区的旅游合作，巩固和开拓潜在与增长强劲的旅游客源市场，进一步提升广东旅游国际知名度和海上丝绸之路品牌影响力，广东省旅游局对传统旅游推广进行深层次的模式创新，积极加强与沿线国家和地区的高层对话，建立不同区域的海外旅游合作推广中心。2014年11月18日，广东省在新加坡举办广东新加坡旅游合作交流会。这表明新加坡是广东重要的客源市场之一，旅游人数的激增也会给双方在旅游交流上带来更好的合作契机。

（2）广东与马来西亚

旅游业作为马来西亚的重要经济命脉，在马来西亚的外汇收入结构中占据重要地位。广东与马来西亚在地缘、人缘、文化中互联互通，交流甚广，因而在区域旅游市场中呈现明显的深度合作优势及较强的互补性。

2017年5月10日17：00，G-CONNECT办公室·马来西亚全球战略合作部驻华（广州）代表处、全球企业家联盟（中国）在广州君悦酒店会议大厅正式启动，广东与马来西亚进一步深化双方交流往来，推动中马友好合作迈上新台阶。

广东绿草人股份有限公司、广东云计算大数据关键技术的龙头企业云宏信息科技股份有限公司分别与G-CONNECT办公室·马来西亚全球战略合作部驻华（广州）代表处签署了战略合作协议。双方将在发展国际创新、绿色经济、硅谷投资环境、丝绸之路经济、云计算、大数据和其他相关的IT贸易、商业贸易发展等项目方面展开务实合作，促进中马两国经贸关系的发展。

（3）广东与印度尼西亚

中国和印度尼西亚是海上邻邦，从明代郑和下西洋开始到现在建立起全面战略合作伙伴关系，双方的真挚合作交流开始较早，合作机制也日益完善，在政治安全、经济合作以及社会人文三大领域形成了统筹两国合作的“三驾马车”。目前，中国已成为印度尼西亚第二大出口海外市场和第一进口贸易国，并且是其在世界范围内的最大贸易伙伴国，双方的合作势头强劲，除经贸领域外，防务、海上、航天、科技、人文等领域的合作也在不断拓展，而雅加达至万隆高铁项目的开工，也成为双方合作的示范性工程。广东作为中国的“南大门”，在中国改革开放40多年来，既是经济发展龙头，又是在当前背景下中国对东盟友好交流合作的重要前沿平台。作为东盟国家的核心成员国，印度尼西亚从古至今就与中国广东省经济贸易合作交流甚多，既是“21世纪海上丝绸之路”的重要枢纽，又是广东将贸易产品输送至东盟境内开放市场的重要转口基地。

2017年赴印度尼西亚中国大陆游客达205.9万人次，中国连续两年成为印度尼西亚第一大外国游客来源地。2018年1月，印度尼西亚旅游部还在北京举办了印度尼西亚旅游战略研讨会，印度尼西亚旅游部长阿里夫在会上表示，欢迎中国体育爱好者和游客前往印度尼西亚观赛、旅游。

马蜂窝大数据显示，雅加达最受中国自由行游客关注的景点有独立广场、雅加达老城、印度尼西亚缩影公园、安佐尔梦幻公园和国立博物馆。

亚运会开始前，印度尼西亚政府就采取了一系列措施来吸引游客前往印度尼西亚旅游观赛。为接待游客，印度尼西亚旅游部推出了75个旅游套餐，计划吸引15万~20万名外国游客赴雅加达和巨港旅游、观赛，其中大部分来自中国、新加坡和马来西亚。

（4）广东与泰国

在广东出境游市场，泰国一直位于东南亚旅游的“龙头”地位，是广东人选择最多的旅游目的地国家。来自泰国国家旅游局的信息显示，中国客源市场一直高居泰国旅游业榜首，2017年中国赴泰国游客预计达到950万人次，为泰国带来约5 000亿泰铢（1元约合5泰铢）的旅游收入。尤其是广东地区的客源市场，发展更成熟。因此，泰国旅游部门对广东旅游市场相当重视。

泰国的曼谷、清迈、芭堤雅一直是中国游客赴泰的首选目的地，为了进一步拓展客源市场，泰国目前正在与泰国当地的有关部门和旅游产品供应商沟通，加大对于普吉岛附近的董里、甲米岛等资源的开发，并针对广东等高端市场推出包括医疗旅游、婚礼蜜月旅游以及奢华旅游在内的多元化旅游产品。为了丰富中国游客的旅游体验，泰国国家旅游局将多方面提升酒店服务、餐饮配套、交通设施等的保障能力，并多渠道开发深度游主题活动。

## 六、广东与“一带一路”沿线国家和地区高等教育国际合作情况

“一带一路”倡议作为中国与沿线各国加强经济文化联系的纽带，在高等教育领域发挥日益重要作用。作为重要的公共产品之一，高等教育国际化的发展有利于增进中国与“一带一路”沿线国家和地区间的民心相通。

### （一）广东与“一带一路”沿线国家和地区高等教育国际合作的比较优势

#### 1.区位优势

从地理上看，广东一直是“一带一路”的重要节点和出发点，作为华南地区的政治、文化和经济中心，它面向亚太，地处东亚-东南亚-大洋洲沿海经济走廊的中心位置。广东省高校可以凭借这一有利的地理位置，围绕“一带一路”倡议，在文化、贸易、金融、交通、基建、旅游等领域，做好专业共建；通过与沿线国家和地区开展高等教育合作，了解其政治、文化、宗教以及社情民意，更好地服务“一带一路”倡议；培养“一带一路”需要的国际化人才，继而服务区域经济的发展；为广东省承接“一带一路”倡议，提供及时的理论指导和决策参考。广东高校还可以借助区位优势，开办有针对性的高端联合培养项目，重点与“一带一路”沿线国家和地区有影响力的人物、企业、智库等开展科教领域的合作与交流，增强沿线国家和地区精英阶层对“一带一路”倡议的认同感，帮助他们加深了解中国国情和现状，使其成为能够胜任在政治、经济、社会、文化等诸领域与中国合作的复合型近华、爱华人才。

#### 2.文化优势

历史上，由于广东远离中原，受中国传统文化的影响较小，加之广东人特有的冒险精神，这使得广东人与相对保守的、信奉中庸之道的中原地区人群形成了鲜明对比，也使得广东与含“一带一路”沿线国家和地区在内的海外国家和地区一直保持着稳定的经贸往来。在这个过程中文化的交流不可或缺，而对于交流的双方而言，这是一个相互学习和融合的过程。这一过程结果必然导致广东对于外来文化的吸收、包容程度远远高于其他地区。勇于接受新奇事物的广东人在中西方影响下形成了其独特的文化，被赋予了较强的开放意识，也使得广东省更易于对外来的文化教育交流和合作产生认同感，双方也更易于达成合作的意向。同时，这一双向的文化交流过程还促进了岭南文化在海外的传播。广东省是中国进行海上贸易和移民出洋最早、最多的省份。据不完全统计，广东省现有3 000多万名海外侨胞，其中有

60%左右的侨胞定居在“一带一路”沿线国家和地区。他们讲粤语、品粤菜、听粤剧。哪里有侨胞，哪里就有岭南文化。文化上的共通性和认同感，为广东省在沿线国家和地区开展高等教育合作奠定了广泛的文化基础。

3.经济优势

广东省经济发展和对高等教育的投入相对于“一带一路”沿线国家和地区具有一定的比较优势。一方面，广东省人民生活水平的提高为对外开展高等教育的国际合作提供了良好的物质基础和发展契机。根据发达国家以往的经验，当人均地区生产总值超过3 000美元后，对高等教育的需求会凸显。作为国内生产总值第一的广东省，其人均地区生产总值在1万美元以上，珠三角城市人均地区生产总值则在1.5万美元上下，因此，广东省已经具备了大力发展高等教育合作的大众物质基础。随着收入的提高，人们要求接受更高层次的、国际化的高等教育的思想日益增强，广东省庞大的教育消费群体对“一带一路”沿线国家和地区的优质高等教育资源表现出极大的兴趣，新加坡、印度、马来西亚等国已成为广大珠三角地区学生的目标国。另一方面，伴随着广东经济的腾飞，政府加大了对高等教育的经费投入，同时广东省高等教育体制改革也为高等教育产业吸引了大批的民间资本，从而使广东高等教育迎来了一个高速发展阶段。广东高等教育水平的提高以及广东省与“一带一路”国家和地区在经济领域不断加深的交流和合作，为广东高等教育向“一带一路”沿线高等教育相对薄弱的国家和地区输出高等教育资源提供了良好的合作契机。同时，广东的消费水平相对低于传统教育强国如欧美国家，较低的学费和生活费用也吸引大批“一带一路”沿线国家和地区留学生来粤留学。

4.巨大的创新需求市场

广东经济社会正经历着由工业经济时代走向知识经济时代的重大历史转折期。广东省要将自身所具备的制造业优势转化为发展新经济的动力，就需要源源不断地为传统制造业融入创新要素。在制造业发达、创新需求旺盛的深圳、佛山、中山等珠三角地区，广东省现有的高等教育资源远远满足不了产业转型升级的智力支撑需求，而“一带一路”国家拥有众多优质的高等教育资源，如俄罗斯的计算机和信息专业、自动控制专业在世界上享有盛誉；以色列则以生命科学、计算机科学和数学领域闻名于世界科技界。与之合作无疑将推动广东国际科技创新中心的建立，有助于广东省搭建世界一流水平的产学研协同创新平台，从而为珠三角乃至整个广东企业的产业转型升级与培育提供技术支撑与服务，加快珠三角强大的生产制造能力转型落地的速度。

5.政府的支持

高等教育国际合作和交流的发展离不开地方政府的支持。广东省政府和各级政府近几年来，不遗余力地积极创造条件，加大力度鼓励广东高校全面布局，引进与广东省经济建设休戚相关的学科专业的合作项目或机构，并鼓励广东省特色高校专业“走出去”，与“一带一路”沿线国家和地区的同行合作办学，成立一批中外合作办学品牌项目。政府已明确提出到2020年，广东将重点引进3～5所国外知名大学落户到珠三角各主要城市，建立高等教育机构；鼓励广东各高校拓展与国（境）外高水平大学交流与合作的广度和深度；积极推动出国交流学分互认项目、交换生项目和联合培养项目细则的制定和实施，实现优势互补、互利双赢的效果，以进一步提升广东国际化办学的层次和水平。

在地方政府的支持下，卡内基梅隆大学联手中山大学、顺德区政府三方共建产学研协同创新平台——国际联合研究院，围绕国内外重大创新项目成立研究团队。中山市专门成立高水平大学建设领导小组，并与广东外语外贸大学、考文垂大学达成了初步合作意向，计划借助考文垂大学最突出的汽车工程和汽车设计专业，促进地方产业转型升级。

### （二）广东与“一带一路”沿线国家和地区高等教育国际合作现状

#### 1.“一带一路”沿线国家和地区的界定及其高等教育水平发展概况

中国的“一带一路”倡议描绘了一幅贯穿亚欧非大陆，一头连活跃东亚经济圈，一头接发达欧洲经济圈，涵盖中间广大腹地的“路线图”。自倡议提出起，它激发了沿线国家和地区合作发展的意愿，已经得到了国际社会的广泛关注和积极响应，已经有100多个国家和国际组织参与其中，截至2019年8月底，已有136个国家和30个国际组织与中国签署了195份共建“一带一路”合作文件（见表5-7）。作为一个开放的合作框架，可以预见，未来将会有越来越多的国家和地区参与到“一带一路”的建设中来。

综观已与中国达成“一带一路”合作协议的国家，不难发现这些国家的高等教育发展水平不一。根据联合国教科文组织官方公布资料，按照高等教育毛入学率的高低，可以将“一带一路”沿线国家的高等教育水平分为三类。

第一类为高等教育毛入学率小于15%的国家，即其高等教育的普及程度处于精英教育阶段，共有11个，分别是：阿富汗、肯尼亚、土库曼斯坦、乌兹别克斯坦、巴基斯坦、也门、不丹、马尔代夫、孟加拉国、缅甸和卡塔尔。根据其毛入学率低的原因又可以将第一类国家分为两种，其一是以肯尼亚和阿富汗为代表的国家，经济落后是阻碍其高等教育发展的主要原因；其二是以卡塔尔为代表的高收入国家，其高等教育毛入学率低的原因是由于作为资源型国家，对高技术人才的需求量很少，从而限制了其高等教育的发展。

第二类为高等教育毛入学率在15%～50%的国家，共有28个，分别是：柬埔寨、伊拉克、尼泊尔、老挝、斯里兰卡、阿塞拜疆、波黑、塔吉克斯坦、越南、印度、文莱、阿曼、科威特、叙利亚、印度尼西亚、埃及、格鲁吉亚、菲律宾、阿拉伯联合酋长国、马来西亚、马其顿、巴林、摩尔多瓦、巴勒斯坦、亚美尼亚、约

表5-7　　已与中国签署共建"一带一路"合作协议的国家

| 区域 | 签署协议国家 |
| --- | --- |
| 非洲 | 苏丹、南非、塞内加尔、塞拉利昂、科特迪瓦、索马里、喀麦隆、南苏丹、塞舌尔、几内亚、加纳、赞比亚、莫桑比克、加蓬、纳米比亚、毛里塔尼亚、安哥拉、吉布提、埃塞俄比亚、肯尼亚、尼日利亚、乍得、刚果布、津巴布韦、阿尔及利亚、坦桑尼亚、布隆迪、佛得角、乌干达、冈比亚、多哥、卢旺达、摩洛哥、马达加斯加、突尼斯、利比亚、埃及、赤道几内亚、利比里亚、莱索托、科摩罗、贝宁、马里 |
| 亚洲 | 韩国、蒙古国、新加坡、东帝汶、马来西亚、缅甸、柬埔寨、越南、老挝、文莱、巴基斯坦、斯里兰卡、孟加拉国、尼泊尔、马尔代夫、阿拉伯联合酋长国、科威特、土耳其、卡塔尔、阿曼、黎巴嫩、沙特阿拉伯、巴林、伊朗、伊拉克、阿富汗、阿塞拜疆、格鲁吉亚、亚美尼亚、哈萨克斯坦、吉尔吉斯斯坦、塔吉克斯坦、乌兹别克斯坦、泰国、印度尼西亚、菲律宾、也门 |
| 欧洲 | 塞浦路斯、俄罗斯、奥地利、希腊、波兰、塞尔维亚、捷克、保加利亚、斯洛伐克、阿尔巴尼亚、克罗地亚、波黑、黑山、爱沙尼亚、立陶宛、斯洛文尼亚、匈牙利、北马其顿共和国、罗马尼亚、拉脱维亚、乌克兰、白俄罗斯、摩尔多瓦、马耳他、葡萄牙、意大利、卢森堡 |
| 大洋洲 | 新西兰、巴布亚新几内亚、萨摩亚、纽埃、斐济、密克罗尼西亚联邦、库克群岛、汤加、瓦努阿图、所罗门群岛 |
| 南美洲 | 智利、圭亚那、玻利维亚、乌拉圭、委内瑞拉、苏里南、厄瓜多尔、秘鲁 |
| 北美洲 | 哥斯达黎加、巴拿马、萨尔瓦多、多米尼加、特立尼达和多巴哥、安提瓜和巴布达、多米尼克、格林纳达、巴巴多斯、古巴、牙买加 |

（资料来源　刘梦．已同中国签订共建"一带一路"合作文件的国家一览［EB/OL］．（2019-04-12）．https：//www.yidaiyilu.gov.cn/gbjg/gbgk/77073.htm）

旦、吉尔吉斯斯坦和黎巴嫩。这一类别的国家主要是发展中的经济体，其高等教育毛入学率与世界平均水平接近，经济发展总体水平高于第一类国家，政府对高等教育的发展也较为重视。其中一些苏联的加盟共和国依靠苏联时期政府的大量投入实现了高等教育的规模扩张，在苏联解体后大力发展了私立的高等教育，借助民间资本推动高等教育的快速增长。

第三类国家的高等教育毛入学率在50%以上，共有26个，分别是泰国、罗马尼亚、斯洛伐克、哈萨克斯坦、黑山、塞尔维亚、匈牙利、沙特阿拉伯、伊朗、阿尔巴尼亚、克罗地亚、蒙古国、捷克、拉脱维亚、保加利亚、以色列、立陶宛、波兰、俄罗斯、爱沙尼亚、乌克兰、土耳其、斯洛文尼亚、新加坡、白俄罗斯和希腊。这一类别的国家主要是高收入的发达国家和新兴经济体国家，其高等教育毛入学率远远超过世界平均水平。除新加坡、沙特阿拉伯、泰国等几个亚洲国家外，这一类别国家大部分属于欧洲国家，这与它们的经济高速发展和政府长期以来对高等教育的重视是密不可分的，经济的快速发展催生对高素质的劳动力的需求，使得各国政府舍得对高等教育加大投入力度。

英国文化协会在2012年的《关于全球高等教育未来发展报告趋势》中指出："未来全球高等教育的发展将受经济发展、人口增长、世界贸易增多等因素驱动而呈现持续增长的趋势。"在全球经济一体化和教育国际化的背景下可以预见未来，"一带一路"沿线国家和地区的高等教育将得到进一步的发展。部分属于第二类别的国家，如印度、伊朗、马来西亚和土耳其等，将逐步进入高等教育普及化阶段，这是因为随着其经济的发展，其劳动力市场对于高素质和高技能的知识型人才的需求将不断增加，跨国的教育交流和合作以及信息技术的发展和互联网教育技术的应用，将进一步推动这些国家高等教育的发展。而部分高等教育已经处在普及化阶段的南欧和东欧国家将面临人口老龄化和低生育率等问题，其高等教育资源可能出现某种程度上的过剩，未来高等教育的发展将呈现缓慢增长甚至负增长。但预计这些国家将会通过扩大海外招生计划等方式，弥补本国高等教育人数的短缺，并加大对高等教育经费的投入以缓解地方高校的经营压力。而受限于经济发展水平、宗教信仰以及社会动荡等因素制约，少数的低收入国家如阿富汗、肯尼亚的高等教育状况在未来一段时间内很难发生根本性的转变。

2.广东省与"一带一路"国家和地区开展高等教育合作状况

改革开放后，广东省高校与其他各地院校一同进入了全面快速发展时期。国家提出了"教育要面向现代化，面向世界，面向未来"的发展方向。高校办学自主权得到强化，各高校与国际学术界的校际交流合作日益增加，面对巨大的需求市场，广东高校立足自身实际，纷纷成立了处理国际交流与合作事务的专门机构，统筹管理高校国际交流与合作，并相应制定出国际合作与交流的工作规划，开展全方位、多层次、宽领域的教育国际交流与合作。这在客观上也推动了广东省高校与"一带一路"沿线国家和地区在高等教育领域的合作。

中外合作办学在各高校落地开花，成为对外宣传广东省、广东经济与广东文化的重要途径之一。高等教育的国际合作引进了海外优秀教育资源，助力广东部分薄弱学科的建设，填补了省内的学科空白，推动了高等教育课程体系的国际化，增强了广东高校大学生的国际竞争力，很大程度上实现了高校师资和学生的国际化。据不完全统计，目前广东高校有超过200个中外合作办学项目和机构，其在读学生为3万余人，部分项目和机构见表5-8和表5-9。广东出国留学生在全国位居前列，留学目的地不乏"一带一路"沿线国家和地区的高校。同时，来粤留学生的规模稳步扩大，来自"一带一路"沿线国家和地区的留学生数不断增加。仅2014年，俄罗斯、泰国、印度尼西亚、印度、巴基斯坦和哈萨克斯坦6个"一带一路"的沿线国家就位列来粤留学生生源地排名的前10位。

表5-8　广东省根据原《中外合作办学暂行规定》依法批准设立和举办，现经复核通过的中外合作办学机构和项目

| | |
|---|---|
| 中外合作办学项目 | 1.中山大学与美国明尼苏达大学合作举办高级管理人员工商管理硕士学位教育项目 |
| | 2.中山大学与法国里昂第三大学合作举办国际贸易硕士学位教育项目 |
| | 3.广州大学与法国昂热大学、尼斯大学合作举办旅游管理专业本科教育项目 |
| | 4.广东外语外贸大学与英国利兹大学合作举办英语教学硕士学位教育项目 |
| | 5.华南师范大学与澳大利亚南昆士兰大学合作举办商学学士学位教育项目 |
| | 6.广州大学与澳大利亚詹姆斯·库克大学合作举办国际会计商学硕士学位教育项目 |
| | 7.广东技术师范学院与英国哈德斯菲尔德大学合作举办教育管理与发展学士学位教育项目 |
| 内地与港澳台地区合作办学项目 | 1.清华大学与香港中文大学合作举办工商管理硕士（金融与财务方向）学位教育项目 |
| | 2.清华大学与香港中文大学合作举办高级管理人员物流与供应链管理理学硕士学位教育项目 |

中外高等教育办学合作有多种方式，按合作地点的不同可分为境内的高等教育合作和境外的高等教育合作。

境内广东省与“一带一路”沿线国家和地区的高等教育合作可分为学历教育中外合作（含中外合作办学机构和项目）和非学历教育中外合作。根据教育部相关规定，国内中外合作办学本科及本科以上层次的须由教育部审核批复才可办学与招生，即学历教育中外合作办学，其依据《中外合作办学条例》及其实施办法，必须由所在地的省级人民政府或教育行政部门提出意见后，报教育部批准。教育部在中外合作办学方面审批手续十分严格，包括合作协议教学责任方、学生管理、教学管理等方面的评估和复核。本科以下层次的中外合作办学机构和项目由省教育厅进行审核批复。

目前，在教育部网站上公布的广东省与“一带一路”沿线国家和地区合作办学项目有3项，分别是广东工业大学与印度韦洛尔理工大学合作举办动画专业本科教育项目、北京大学与新加坡国立大学合作举办西方经济学专业硕士研究生教育项目和北京大学与新加坡国立大学合作举办企业管理专业（金融工程）硕士研究生教育项目，其占广东省整个中外合作办学项目的10%。其中本科层次合作项目1项，硕

士及以上层次办学2项。

表5-9　　广东省依据《中外合作办学条例》及其实施办法批准设立和举办的中外合作办学机构与中外合作办学项目（含内地与港澳台地区合作办学机构和内地与港澳台地区合作办学项目）

| | |
|---|---|
| 中外合作办学机构 | 1. 中山大学中法核工程与技术学院 |
| | 2. 中山大学-卡内基梅隆大学联合工程学院 |
| | 3. 暨南大学伯明翰大学联合学院 |
| 内地与港澳台地区合作办学机构 | 1. 北京师范大学-香港浸会大学联合国际学院 |
| | 2. 香港中文大学（深圳） |
| 中外合作办学项目 | 1. 中山大学与法国格勒诺布尔管理学院合作举办工商管理博士学位教育项目 |
| | 2. 南方医科大学与葡萄牙里斯本工商管理大学合作举办公共卫生政策与管理博士学位教育项目 |
| | 3. 广东工业大学与印度韦洛尔理工大学合作举办动画专业本科教育项目 |
| | 4. 华南农业大学与爱尔兰都柏林大学合作举办生物科学专业本科教育项目 |
| | 5. 广东外语外贸大学与英国雷丁大学合作举办英语教育硕士学位教育项目 |
| | 6. 华南师范大学增城学院与美国贝尔维尤大学合作举办物流管理专业本科教育项目 |
| | 7. 华南理工大学广州学院与美国乔治亚州托马斯大学合作举办宝石及材料工艺学（珠宝鉴定与营销）专业本科教育项目 |
| | 8. 华南师范大学与英国阿伯丁大学合作举办金融学专业本科教育项目 |
| | 9. 广东外语外贸大学与葡萄牙科英布拉大学合作举办葡萄牙语语言文学硕士学位教育项目 |
| 内地与港澳台地区合作办学项目 | 1. 北京大学与香港大学合作举办经济学和金融学硕士研究生教育项目 |
| | 2. 北京大学与香港中文大学合作举办金融学专业硕士研究生教育项目 |
| | 3. 北京大学与香港科技大学合作举办工商管理硕士学位教育项目 |

从与“一带一路”国家和地区合作的省内高校分布来看，这些高校主要集中在广州、深圳、珠海等珠三角发展较快的城市。这主要是由于这些城市发展较早，经济文化水平高，地理位置优越，与国外的经济文化交流比较频繁，与其他城市相比，更具中外合作交流的机会和实力。从专业分布来看，现有的合作领域主要集中在工商管理类、外国语言类、信息技术类和经济类专业，专业发展布局较为不平

衡，理工专业的中外合作项目相对较少，对于国内及省内急需的高尖端专业鲜有合作。

与学历教育的中外合作项目发展相比，广东非学历教育中外合作办学发展较快，与"一带一路"沿线国家和地区的合作项目在数量上明显高于学历教育。由于后者不需要经过全国统一高等院校入学考试，实行独立招生，只需经省级人民政府或相应教育行政部门审批后，报国家相关教育行政部门备案即可，办学方式相对灵活，管理成本低。在非学历教育中外合作办学中，预科项目比重最大，其合作模式较为松散。以外语的听说读写培训为主，以基础专业课教授为辅。广东各高校普遍通过开设国际学院在与含"一带一路"沿线国家和地区在内国外大学共建合作项目，以"1+3""2+2"等培养模式满足不同层次学生海外留学的需求。其中，广东外语外贸大学、华南农业大学、广东工业大学、广东金融学院等高校的国际学院已初具规模。其国内学习时间为1～2年，国外学习时间为2～4年，学业结束后获得相应专业的副学士或学士学位。

随着国内外教育合作的深化，中国境内还出现了全新的中外合作办学类型，即由中国高校与国外大学联合创办、独立办学的国际化大学。广东有2个与"一带一路"沿线国家和地区高校的合作项目，分别是广东以色列理工学院（2013年）和深圳北理莫斯科大学（2015年）。

落户深圳东部大学城（龙岗）的国际化大学——深圳北理莫斯科大学于2015年获得教育部正式发文批准筹设。它由深圳市政府牵头，北京理工大学和莫斯科大学合作，是国内第一所引进俄罗斯优质教育资源的合作大学，学校采用汉语、俄语、英语三种语言进行教学，学生毕业可以拿到莫斯科大学和深圳北理莫斯科大学颁发的两个文凭。

由汕头大学和以色列理工学院共同创办的广东以色列理工学院在2013年开始正式筹备，于2017年招生。它将自己定位为一所具有国际公认高水平教育、科研和创新能力的研究型大学。学院计划设置工学院、理学院和生命科学学院三个学院，开设化学工程、材料工程、环境工程、机械工程、化学、数学、物理、生物技术和食品工程、生物、生物化学工程共10个专业。根据协议，办学初期，六成左右的教师将来自以色列理工学院，剩余的教职将在全球范围内公开招聘。据规划，至2025年，广东以色列理工学院（筹）在校生人数将达到5 000余人，其中本科生占80%，研究生占20%。按照学院的招生计划，90%学生来自中国大陆，10%为国际生（含中国港澳台地区学生）。在大陆生源中，广东的学生将会占到六至七成。这两所高水平大学的建立在一定程度上提升了广东与"一带一路"沿线国家和地区高等教育合作的深度和水平，标志着广东在与"一带一路"沿线国家和地区高等教育合作领域走在了其他地区的前面。

### 3.广东省与“一带一路”沿线国家和地区高等教育合作

在境外与“一带一路”沿线国家和地区的高等教育合作领域中，国际影响力最大、合作院校分布最广的是由教育部直属单位国家汉办（国家汉语国际推广领导小组办公室）创立的孔子学院项目，孔子学院作为中国教育“走出去”的重要典范，已经成为中国对外文化教育交流的重要平台。截至2017年12月31日，全球146个国家（地区）建立了525所孔子学院和1 113个孔子课堂。作为全国高校的一部分，广东高校为海外孔子学院输送了各类专业型人才，如孔子学院中方院长、汉语教师和志愿者，奔赴“一带一路”沿线国家和地区与海外合作方开展汉语教学，传播中国传统文化。广东外语外贸大学依托其语言优势与俄罗斯乌拉尔联邦大学创办了省内第一所省属高校与“一带一路”沿线国家和地区高校合办的孔子学院。中山大学、华南师范大学、暨南大学和广州大学也分别在“一带一路”沿线国家和地区建有各自的海外孔子学院及孔子课堂。值得关注的是，在“一带一路”倡议提出后，越来越多的沿线国家和地区对中国孔子学院发出了办学邀请。这说明中国高等教育发展模式和发展成就在海外具有一定的市场，受到更多国家和地区人们的青睐与重视。

## 阅读拓展

广东参与“一带一路”为何持续领跑，答案看过来！

国家信息中心连续三年发布的“一带一路”大数据系列报告显示，广东在全国各省市“一带一路”参与度指数排名中，连续三年位居第一。广东为何能够持续领跑？我们试着从近日发布的《中国广东企业“一带一路”走出去行动报告2018》中寻找答案。

广东与“一带一路”沿线国家（64国）进出口情况

这份报告显示，2017年，广东与“一带一路”沿线国家进出口贸易额15 036.9亿元，同比增长14.9%，占全省进出口总额的22.1%。与“海上丝绸之路”沿线重点14国进出口贸易额同比增长14.6%，高于全省8%的进出口增幅。广东在“一带一路”沿线国家设立境外企业（机构）118家，实际投资2.9亿美元。

2018年上半年，广东与“一带一路”沿线国家进出口贸易额7 289.5亿元，同比增长1.7%，占全省进出口总额的22.5%。广东在“一带一路”沿线国家设立企业（机构）90家，实际投资2.2亿美元，同比增长21.7%。

广东大力推进企业研发创新，促进“走出去”企业增强品牌实力和营销能力，使企业参与“一带一路”建设的空间和广度得到不断拓展，企业在全球价值链中的地位不断提升。其中，重大项目国际产能合作成为广东“一带一路”建设的关键抓手。广东与“一带一路”沿线国家国际产能合作稳步推进，对外投资加速流向实体经济。特别是制造业，对外投资加快，协议投资增长49.5%。

国际产业合作成效显著，海洋产业成亮点

“一带一路”倡议提出五年来，广东大力提升开放型经济发展水平，着力培育开放合作新优势，全方位对外开放新格局进一步形成，国际产业合作规模不断扩大。广东将国际产业合作重点放在丝绸之路沿线国家，搭建国际产业合作平台，推动优势产能面向“一带一路”沿线市场需求，推动企业深度参与“一带一路”建设。

报告指出，广东是中国的制造业大省。近年来，广东制造业企业不断发展科技实力，依靠高端加工设备和先进加工工艺，逐渐取代劳动密集型、低技术含量的生产加工，推动广东制造业转型升级，向中高端迈进。同时，广东的服务贸易发展开放程度日益提升，资源能源产业合作有序推进，旅游产业合作也逐渐彰显出自己的特色。

值得一提的是，广东省地区海洋经济连续23年居全国首位，发展海洋经济潜力巨大，海洋经济已经成为广东经济发展新的增长极。一方面培育海洋产业国际合作新引擎，使海洋产业国际合作朝多元化、高层次发展。以惠尔海工为代表的一批大型海工装备集团在新技术、新产品研发方面取得重大突破，海工装备制造业已成为广东参与“一带一路”建设的前沿领域。广东鼓励和引导企业赴东盟和南太平洋国家进行远洋渔业合作，扶持远洋渔业综合基地建设，完善远洋渔业在补给、仓储、加工、营销等方面的产业链。

另一方面，通过中国海洋经济博览会促进国际交流合作，这对促进广东与国外政府、企业、行业机构、科研院所在海洋资源开发、海洋经济发展、海洋科技创新、海洋生态文明建设等方面开展交流合作、实现多方共赢具有积极的推动作用。海博会邀请海上丝绸之路沿线国家商协会和跨国公司代表参会参展，对广东深化与丝绸之路经济带和海上丝绸之路沿线国家的海洋产业合作具有积极的促进作用。

文化产业走出去成果丰硕，创新“文化+金融”模式

近年来，广东文化产业持续快速发展，结构布局不断优化，质量效益显著提升，秉持开放包容的精神，密切开展与“一带一路”沿线国家和地区的文化交流，不断跃上新的台阶。

广东文化丰富而独特。岭南文化具有巨大的发展潜力，也是广东大力发展现代文化产业的创意资源。图5-5为独具岭南文化特色的岭南水上飞狮。优越的区位优势和得天独厚的粤侨商脉，也成为广东文化“走出去”独特的地缘和人文优势。

此外，广东由于得改革开放之先机，文化产业起步较早，实力在全国居于领先地位。文化及相关产业增加值连续15年居全国各省市首位，成为广东国民经济重要支柱性产业。在此基础上，广东推进文化体制改革和现代文化市场建设，做大做

强广播影视、演艺娱乐、文化装备制造等文化产业。发展数字出版、财经信息、动漫游戏、网络音乐等新兴产业，加强网络版权保护，建设创意文化产业强省。

图5-5　岭南之水上飞狮

（图片来源　陶瓷网. 丹蒙娜丽莎瓷砖携手2015第三届CCTV贺岁杯水上双狮争霸赛伴你喜气洋洋迎新春［EB/OL］.（2015-02-12）. http：//news.taoci.com/qiye/20150212115004.htm.）

同时，在资金方面，广东还相继组建3支百亿元量级的广东省新媒体产业基金、广东南方媒体融合发展投资基金和全媒体文化产业基金，以及总规模50亿元的珠影越秀影视文化产业发展投资基金等，为文化产业发展注入强大动能。广东的国际文化交流活动异彩纷呈，文化产业国际知名度日益提升。

报告指出，近年来，广东文化“走出去”稳步增长，成绩突出，文化产品出口年均增长约20%。2017年，广东文化产品进出口总额为437.6亿美元，其中，文化产品出口420.4亿美元，覆盖160多个国家和地区，前四位出口文化产品的贸易伙伴依次为美国、香港、欧盟、东盟。对“一带一路”国家出口66.94亿美元，同比增长28.5%，在出版、动漫、游戏、创意设计、文化设备制造等领域培育了一批具有国际竞争力的重点出口企业和品牌。

（资料来源　广东推进“一带一路”建设工作领导小组办公室供稿（节选））

## 学习成果

### 主要概念和观念

主要概念

广东省的服务外包产业　广东省的跨境电商合作　广东省的科技合作与交流

广东省的旅游产业合作　广东省的高等教育国际合作

主要观念

★ 广东是中国离岸服务外包接包能力最强的省份之一，广东在服务外包各种类型业务领域里都有着很强的竞争能力，这种竞争能力在承接海上丝绸之路沿线国家离岸服务外包方面更为明显。

★ 广东跨境电子商务交易额列全国第一。广东集聚的出口跨境电商企业最多。

★ 广东作为中国改革开放的先行省份，经济基础雄厚，在与海上丝绸之路沿线国家进行科技合作与交流中具有突出的优势。

★ 广东省将加强与沿线国家和地区间旅游企业的横向合作，鼓励星级酒店缔结业务合作关系，开展业务往来，互相学习，促进服务水平和管理水平的提高，共同推动跨区域旅游线路和产品，推动旅游资源整合。

★ 通过进一步扩大教育开放程度，在继续加强与港澳教育合作与交流的基础上，争取与更多国外高水平大学建立合作关系，建立具有港澳国际化特色的教育体系和具有示范作用的国际化试验区，进而提高广东省高等教育的整体水平，打造中国南方"教育高地"。

## 实务自测题

1.从最近的杂志或报纸上搜索您所属地区对广东省的相关报道，分析广东省与您所属地区在服务外包、跨境电商、高新科技、旅游产业、高等教育方面有哪些合作。

2.请根据搜索的资料，分析您所属地区在未来五年可能与广东省合作的产业。

## 成果形式

实训课业：结合广东省的经济、政治、文化特色，撰写一份《我的家乡与广东省合作发展的可行性报告》。

## 学习成果考核

本模块的学习成果考核见表5-10。

表5-10　　“广东商业环境国际篇”学习成果考核参考表

| 评估指标 | 评估标准 | 评价成绩（分） |
| --- | --- | --- |
| 自我学习（20%） | 在确定长期学习目标时，能根据各种信息和资源确定要实现的多个目标及途径，明确可能影响计划实现的因素，确认实现目标的时限，制定行动要点和时间表，预计困难和变化；在实施学习计划时，能保证重点、调整落实、处理困难、选择方法，通过复杂的课程和技能训练提高工作能力；在检查学习进度和成果时，能汇总学习成果、成功经验和已实现的目标，证明新学到的东西能有效运用于新选择的职业或工作任务中 | |
| 信息处理（15%） | 在获取信息时，能分析复杂工作任务，比较不同信息来源的优势和限制条件，选择适当技术发现和搜寻信息；在开发信息时，能辨别信息真伪，定性核校、分析综合、解读与验证资料，建立较大规模的数据库，用计算机生成新的信息；在展示信息时，能用新闻方式发布、平面方式展示、网络技术传递，能利用信息预测趋势、进行新的设计，能收集信息并反馈，评估使用效果 | |
| 数字应用（10%） | 在解读数据信息时，能组织大型数据采集活动，通过调查和实验获取、整理与加工数据；在进行数据计算时，能从事多步骤的复杂计算，并统计与分析数据；在展示和使用数据信息时，能选择合适的方法阐明和比较计算结果，检查并论证其合理性，设计并绘制图表，根据结果作出推论，说明和指导工作 | |
| 与人交流（10%） | 在交谈讨论中，始终把握会议主题，认真聆听他人讲话内容并进行交流；主持会议或会谈，全面准确表述复杂事件或观点；在当众讲演时，能为讲演做准备，把握讲演的内容、方式，借助各种手段强化主题；在阅读和获取资料时，能为一个问题或课题找到相关资料，看懂资料的思路、要点、价值和问题，分析、筛选和利用资料表达主题；在书面表达时，能熟悉专业文书、把握基本要求，组织利用素材、说明内容要点，掌握写作技巧、恰当表达主题，采用适当风格、增强说服力 | |

续表

| 评估指标 | 评估标准 | 评价成绩（分） |
| --- | --- | --- |
| 与人合作<br>（10%） | 在调整合作目标时，能发现各方问题，协调利益关系，进行有效沟通，调整合作计划与工作顺序；在控制合作进程时，能整合协调各方资源，妥善处理矛盾，排除消极因素，激发工作热情；在达到合作目标的过程中，能及时全面检查工作成效，不断改善合作方式 | |
| 解决问题<br>（20%） | 在揭示复杂问题和提出问题的对策时，能分析探讨问题的实质，提出解决问题的最优方案，并证明这种方案的合理性；在制订计划、实施解决办法时，能制订并实施获得认可的详细计划与方案，并能在实施中寻求信息反馈，评估进度；在检查问题、分析结果时，能选择有效检查方法，分析总结、提出解决同类问题的建议与方案 | |
| 革新创新<br>（15%） | 在提出创新意见时，能客观分析事物发展与需求之间的矛盾，提出独特的改进意见和方法；在做出创新方案时，能根据实际需要，设计并实施创新工作方案，并在条件变化时坚持创新活动；在评估创新方案时，能按常规方式和专业要求，对创新方案和结果进行检测并预测风险，能针对问题调整工作方案、总结经验、指导他人，提出进一步创新和改进的方法 | |
| 总成绩<br>（100%） | | |
| 团队互评评语 | | |

［1］卡德怀特．商业环境概论［M］．孟领，译．北京：经济管理出版社，2011.

［2］王道文．国际商业：国际商业环境要素（中国版）［M］．上海：上海财经大学出版社，2013.

［3］SINAY J．商业竞争环境下的安全管理［M］．天津开发区（南港工业区）管委会，译．北京：中国石化出版社，2016.

［4］张扬．商业环境变迁与企业存亡——一个逻辑推演［M］．北京：经济科学出版社，2016.

［5］黎建新．消费者环境责任行为的成因与促进策略研究［M］．北京：清华大学出版社，2015.

［6］王振全．城市居民能源消费的经济-环境评价——方法与应用［M］．北京：中国石化出版社，2015.

［7］张惠远，邹首民，王金南．广东省环境保护战略研究［M］．北京：中国环境科学出版社，2007.

［8］《广东省环境保护规划》编委会．广东省环境保护规划［M］．北京：中国环境科学出版社，2006.

［9］刘正刚．粤商好儒［M］．广州：中山大学出版社，2016.

［10］邓可斌，丁重．粤商经营之道：多元化与专业化的抉择［M］．北京：经济科学出版社，2009.

［11］张晓辉．近代粤商与社会经济［M］．广州：广东人民出版社，2018.

［12］张晓辉．近代粤港澳经济史研究［M］．北京：中国社会科学出版社，2018.

［13］国世平．粤港澳大湾区规划和全球定位［M］．广州：广东人民出版社，2018.

［14］马化腾．粤港澳大湾区：数字化革命开启中国湾区时代［M］．北京：中信出版社，2018.

［15］秦玉才，姜骁军．粤港澳大湾区融合发展规划研究［M］．杭州：浙江大学出版社，2018.

［16］封小云．粤港澳区域经济发展战略研究［M］．广州：暨南大学出版社，2017.

［17］周华．粤港澳合作与广东新一轮发展［M］．北京：社会科学文献出版社，2015.

［18］张光南．粤港澳合作：政商手册——服务贸易“负面清单”［M］．北京：中国社会科学出版社，2016.

［19］马丽蓉．“一带一路”软环境建设与中国中东人文外交［M］．北京：社会科学文献出版社，2016.

［20］林毅夫．“一带一路”2.0：中国引领下的丝路新格局［M］．杭州：浙江大学出版社，2018.

［21］刘伟，张辉．一带一路：区域与国别经济比较研究［M］．北京：北京大学出版社，2018.

［22］国家信息中心“一带一路”大数据中心．“一带一路”大数据报告（2017）［M］．北京：商务印书馆，2017.

［23］杨成玉．“一带一路”倡议下中国对外直接投资与出口贸易转型升级［M］．北京：中国社会科学出版社，2018.

［24］郑通涛．“一带一路”视角下的文化交流与传播［M］．北京：世界图书出版公司，2017.

［25］中国-东盟环境保护合作中心，中国-上海合作组织环境保护合作中心．“一带一路”生态环境蓝皮书——沿线区域环保合作和国家生态环境状况报告［M］．北京：中国环境科学出版社，2017.

［26］薛力．“一带一路”与改革开放［M］．北京：中国社会科学出版社，2018.

［27］国务院发展研究中心“一带一路”课题组．“一带一路”经济走廊：畅通与繁荣［M］．北京：中国发展出版社，2018.